동아시아세계 속의 일본율령국가 연구
― 百濟王氏를 중심으로 ―

동아시아세계 속의 일본율령국가 연구
─ 百濟王氏를 중심으로 ─

송완범 지음

경인문화사

현재 지구는 '코로나바이러스19'로 인해 대단히 혼란스럽다. 이제 세계는 코로나사태 이전과 이후로 나누어질 것이라고 이야기하지만, 금년은 광복(光復), 해방(解放) 75주년이 되는 해요, 한·일국교정상화 55주년의 해이기도 하다. 금년의 의미는 한·중·일의 동아시아에 있어서 '역사문제'가 과거의 문제가 아닌 현재의 문제이자 경우에 따라서는 언제든지 미래의 문제가 될 수 있다는 사실을 재확인시켜주었다는 점이다. 일본의 수뇌는 '동아시아공동체'론을 역설하고 한국의 수뇌는 한국이 동아시아에서 중국·러시아와 일본·미국의 가운데에서 중요한 역할을 담당할 수 있다는 '한국역할론'을 강조하지만 한·중·일 삼국사이의 '역사문제'의 해결이 없고서는 그 말들은 어딘가 공허한 정치적인 수사에 지나지 않아 보인다. 또 유럽에서 유럽연합(EU)이 성사되었다고 해서 동아시아세계의 블록화도 금방 가능하지 않겠는가 하는 발상은 호사가와 낙관론자들의 원망(願望)에 지나지 않아 보인다.

1995년에 필자는 동경대학의 대학원에서 일본유학을 시작했는데 그 해는 불황 속에 허덕이고 있던 일본열도를 뒤흔든 두 가지의 큰 사건이 일어났던 해이기도 했다. 먼저 하나는 6,400명 이상의 희생자를 낳았던 '한신아와지(阪神淡路)대지진'이다.[1] 그리고 또 하나는 '오움진리교'에 의한 동경도심 한복판에서의 사린가스 살포에 의한 무차별테러사건이다.[2] 두 사건은

---

1) 1995년 1월17일(화) 새벽5시46분에 발생한 매그니튜드7.3의 이 지진은 일본의 효고(兵庫)현, 오사카(大阪)부, 교토(京都)부 그 중에서도 고베(神戸)시에 엄청난 피해를 안겼다. 2011년의 동일본대지진 이전까지는 제2차 세계대전 이후의 최대 규모라고 말해진다.

2) 1995년 3월20일(월)의 동경도심의 지하철역에서 출근 러시아워시간대인 오전 8시

천재(天災)와 인재(人災)라는 상이점이 있지만, 거의 같은 시기에 연이어 터진 두 사건이 준 충격은 상상을 절하는 것이었다. 일본인들이 '헤이세이 (平成)불황'이라는 경제적 불황에 시달리고 있을 때 일어난 두 사건은 정신적 공황마저 안겨주었다. 돌이켜보면 1995년부터 2005년까지의 10년간의 유학생활에서 느꼈던 일본인의 마음이란 '불안'이라는 한 단어로 축약된다고 생각한다. 불안한 시대에 여유가 생길 리가 없고 또 여유가 없는 데 자신감이 있을 수가 없다. 나아가서는 자신감이 없는 데 남에게 배려가 있을 수는 더더욱 없는 것이다. 이러한 일본에서의 재난에 대한 이해는 2011년에 발생한 이른바 '3.11 동일본대지진'이라는 연쇄복합재난을 목도하고는 발 빠르게 하나의 연구팀을 결성하게 했으며, 또 이것이 단초가 되어 고려대학교 글로벌일본연구원 내의 '사회재난안전연구센터' 설립, 나아가 본교 내의 6개 단과대학이 결집한 '재난안전융합연구원'의 창립으로 이어지는데 일조가 되게 했다.

저자는 이러한 곤란의 시기에서 희망을 보았고 그 희망의 싹을 피워내는 것이 역사가의 작업이 아닌가를 느낀다. 그 희망의 싹은 다름 아닌 타국의 역사를 공부하는 데서 배가되는 것이라고 느낀다. 타국의 역사를 연구하는 일은 그 나라와 그 민족에 대한 배려를 얻게 하는 것이고 결국에는 자국의 역사를 더욱 객관적으로 보게 해주는 것이다. 자국의 역사에서 허물은 쉽게 보이지 않는 법이고 또 그것을 인정하는 데는 시간이 많이 걸린다. 하지만 밖에서 자국의 역사와 지금까지 행해진 자국역사의 연구 성과를 보면 꼭 그렇게만 볼 수 없겠다든가 타국사의 이 사료와 이 연구 성과와 맞추어보면 이해가 쉽게 되지 않을까 하는 방법론이다.

___

에 발생한 동시다발 테러사건으로 오움진리교신자들에 의해 마루노우치(丸ノ內)선, 히비야(日比谷)선, 치요다(千代田)선의 모두 5량의 지하철 차내에서 화학병기로 사용되는 신경가스 사린이 뿌려져 승객과 역무원 등 14인이 사망하고 부상자수는 모두 6,300명에 이른 사건.

　본인의 전공은 일본고대사이다. 일본고대사를 연구하면서 일본의 역사와
일본인의 마음과 문화 그리고 일본인들이 살아왔고 살아갈 일본열도에 대
해 이해와 애정을 갖게 되었다. 나아가 이러한 사고의 귀착점은 자국의 역
사와 그 민중과 국토에 대한 가없는 이해와 애정으로 귀결된다.

　이에 저자는 일본고대국가의 도달점이라고 말해지는 '일본율령국가'에
대해 사반세기에 걸쳐 연구했던 것을 발표한다. 일본율령국가에 대한 연구
의 접근방법은 논자에 따라 가지각색이고 논점에 따라 천양지차의 연구 성
과가 있지만 '백제왕씨'를 중심소재로 한 전문 연구는 별로 드문 것이 아닌
가 생각한다.[3]

　백제왕씨라는 말에 한국사에서 취급하는 백제왕의 연구가 아닐까 하고
생각하기 쉽지만 사정은 전혀 다르다. 7세기 후반 한반도에서 백제라는 나
라와 백성은 사라져 없어졌다. 그런데 백제왕족의 후손들이 백제멸망 후에
도 일본열도에서 백제왕씨라는 이름으로 온존되어 일본율령국가의 관인으
로서 때로는 천황가의 여성으로써 면면히 활동하고 있는 것이 눈에 띈다.
그렇다면 일본율령국가는 어떤 이유에서 이들을 받아들여 집단화시켰는가.
또 어떤 이유로 그들을 온전하게 해서 무엇을 기대하였든 가가 관심의 대
상이 된다.

　그래서 저자는 백제왕씨의 성립에서부터 종언에 이르기 까지를 추적하는
가운데 벽제왕씨의 존재가 일본율령국가의 성립과 전개 그리고 변환의 과
정 등의 여러 면에서 아주 밀접한 관계가 있음을 확인하게 되었다. 그 뿐만
이 아니고 일본율령국가의 형성에 있어서 중요한 요인중의 하나로서 대외
적 문제 즉 663년의 '백촌강의 싸움'의 패배가 이야기되지만 백제왕씨의 성
립에 있어서도 '백촌강의 싸움' 후의 사정이 관련되는 것이 역시 확인되었다.

---

3) 今井啓一, 『百濟王敬福』(綜芸舍, 1965); 宋浣範, 東京大學大學院博士學位論文『日本律
　令國家と百濟王氏』, 2005; 大坪秀敏, 『百濟王氏と古代日本』(雄山閣, 2008); 崔恩永,
　滋賀縣立大學大學院博士學位論文『百濟王氏の成立と動向に關する硏究』, 2017 참조.

또 전체적으로 보면 위의 여러 문제의 이해가 일국사적인 관점만으로는 도저히 이해될 수 없다는데 문제의 복잡성이 있다고 할 수 있다. 일본율령 국가의 문제도 백제왕씨의 문제도 역시 동아시아적 관점에서의 접근에서만 이 가능한 것임을 새롭게 확인할 수 있었다.

고대일본의 완성된 국가형태라고 말해지는 율령국가는 다음의 몇 가지 특징을 갖는다. 첫째, 기본법인 '율령의 제정' 둘째, 율령의 이념을 토지에 구현한 '궁(宮)과 경(京)의 건설' 셋째, 율령국가의 공식 역사기록인 '관찬 사서의 편찬' 넷째, '동이의 소제국을 지향하는 대외관' 등이다. 이와 관련 하여 보론 형식으로 세 편의 논문을 첨가하고 있다.

이 논문들은 귀국 후 일본율령국가를 부감하는 중에 집필한 것 중의 일 부이다. 제1부 말미에, 「'임신의 난'과 日本-동아시아세계의 재편과 관련 하여-」, 또한 제2부 말미에, 「고대 일본의 도시와 이동의 문제-遷宮과 遷京-」, 마지막 제3부 말미에, 「'육국사(六國史)'의 편찬과 '일본율령국가' 의 수사(修史)사업」등이 그것이다. 이상의 세 편의 논고는 이전에 발표한 구고이지만, 본 논저의 1, 2, 3 각 부의 논지를 확장 보강할 수 있다고 생각 해 관련 있는 부분을 중심으로 발췌 게재한 것임을 미리 밝혀둔다.

마지막으로 이러한 성과에 대한 감사의 변을 서술해야겠다. 우선 학문의 입구에서부터 오늘에 이르기까지 언제나 곁에서 노심초사 지도를 아끼지 않으신 일사(一史) 김현구 선생님(현 고려대학 명예교수)께 감사를 올린다. 일사 선생님은 이제 팔순을 바라보시지만 염치없게도 제자는 틈날 때마다 갈 길을 여쭈어 보려 한다. 연대대학원 재학 시절의 지도교수 박영재 선생 님께도 감사드린다. 그리고 일본 동경대학대학원에서의 지도교수였던 사토 마코토(佐藤信) 선생님(현 동경대학 명예교수)과 박사논문의 지도에 관여해 주신 이시가미 에이이치(石上英一) 선생님(현 동경대학 명예교수)께도 가없 는 감사를 드린다. 또 대학원의 세미나수업에서 지도를 해주신 오쓰 도오루 (大津透) 동경대 교수, 유학 기간 내내 끈끈한 인연을 맺은 미카미 요시타

카(三上喜孝) 국립역사민속박물관 교수, 이나다 나쓰코(稻田奈津子) 사료편찬소 교수, 그 외 대학원 수업에서의 선생님들과 여러 동학들(須原, 石田, 馬場, 野尻, 新井, 有富, 淺野, 佐々田 제씨)과 사료편찬소의 여러분에게도 감사한다. 교토(京都)에 있는 니치분켄(日文研)에서 외국인공동연구원(2016년)의 기회를 준 구라모토 가즈히로(倉本一宏)상의 도움도 잊을 수 없다. 한편으로 메마른 유학생활을 풍성하게 해준 또 하나의 가족 동경 아키가와(秋川)의 다마이(玉井) 일가와 네즈(根津)와 하쿠산(白山)의 동료들, 다키오토(瀧音能之) 선생님(駒澤대학) 일가, 이종각 선배님(전 한국 동양대학)께도 감사한다. 물론 현재의 고려대학 글로벌일본연구원의 동료들과 학내·외 동료 연구자들(동양사학회, 일본사학회, 한일관계사학회, 한국일본사상사학회, 동아시아고대학회, 한국일본학회, 동아시아비교문화연구회, 포럼2020 등)의 후의와 격려도 잊을 수 없다. 출판에 있어서는 경인문화사를 소개해 주신 손승철(현 강원대학 명예교수) 선생님과 난삽한 원고를 말끔히 정리해 준 편집부 한주연님께도 감사한다.

정말이지 마지막으로 10년간의 일본 유학 생활과 귀국한 15년 동안 많은 분들과 함께 했고 또 가슴 시린 이별도 했습니다. 모든 분들께 작은 저작을 바치며 앞으로도 흔연하게 정진하겠다는 말로 고마움에 대신합니다. 감사합니다.

2020년 늦여름, 청산MK문화관 연구실에서

학인(學仁) 송완범

| 차 례 |

제3부 일본율령국가의 전환과 백제왕씨

서 장

본 연구의 시각과 구성

본 연구는 일본의 율령국가의 형성과 함께 역사상에 등장하는 '백제왕씨(百濟王氏)'라고 하는 씨족의 검토를 통하여 7세기말의 율령국가의 형성으로부터 8세기의 전개를 거쳐 이후의 9세기중반의 전환의 모습을 추적하면서 동아시아세계로부터 본 일본의 율령국가의 본질을 탐색하는 것을 목적으로 한다.

백제왕씨란 일본에 있어서 율령국가(律令國家)가 형성하기 시작하는 7세기말의 천무(天武)·지통(持統)조에 있어서 백제왕 선광(善光, 혹은 禪廣이라고도)의 직계에게 주어졌던 백제왕족의 집단명이다. 7세기 후반에 한반도(일본학계에서는 조선반도의 호칭이 일반적이지만, 이하에서는 한반도 혹은 반도라고 표기한다)에 있어서 백제는 멸망하지만 그 후 그들은 일본열도(이하 열도라고도 표기한다)에 도래하고 열도에서 그 이름을 남겨 8세기 이후는 일본의 율령관인으로서 활약하는 데에 이른다. 이러한 백제왕씨로서의 씨족이 갖는 특이한 성격은 일본의 율령국가에 의한 백제왕의 '책립(册立)'이라고 하는 사태를 나타내는 상징적인 사례로서 많은 연구자에게 주목되어왔다.

다만 지금까지의 연구는 이러한 백제왕씨의 성격 안에 일본의 율령국가의 '소제국주의(小帝國主義)'가 내재한다는 관점으로부터 연구가 진척되어왔다. 그러나 이러한 '고대제국주의론'은 4세기부터 9세기까지의 동아시아의 국제관계를 고정적으로 파악하려고 하는 점에 문제가 있다고 하는 것이 이미 지적되어왔다. 마찬가지로 백제왕씨의 성격도 이러한 도식적인 이해로부터 설명하려고 하는 경향이 현재 일본에서의 백제왕씨 연구의 문제점이라고 말할 수 있다.

그래서 본론에서는 백제왕씨의 성립과 발전의 과정을 각 시기의 고유의 사정을 참작하면서 이를 단계적으로 파악해 지금까지와는 다른 시점에서 백제왕씨의 성격을 검토해 나가고자 한다. 이상의 관심에 근거하여 본론은 다음과 같은 구성을 시도한다. 본론의 구성은 크게 세 부분으로 나누어진다.

우선 제1부 「일본율령국가의 성립과 백제왕씨」에서는 지금까지의 백제왕씨의 성립에 관한 대부분의 연구가 일본 측의 시점에 서 있는 것에 대하여 백제부흥군 및 백제로부터의 이주민의 입장으로부터 검토하는 것의 유효성을 제기함과 아울러 백제왕씨 성립의 전사(前史)로서의 '백제왕'의 존재에 주목하고 백제의 국내사정과 왜왕권의 외교정책이라고 하는 복합적인 관점으로부터 백제왕씨 성립의 역사적 배경을 검토한다. 이러한 검토에 의해 7세기의 백제왕으로부터 8세기 이후의 백제왕씨로의 변화가 보다 설득적으로 이해될 수 있다고 생각한다.

제1장 「7세기의 왜국과 백제-백제왕자 풍장(豊璋)의 동향을 중심으로-」에서는 백제왕자 풍장의 동향을 통하여 7세기에서의 왜국과 백제와의 관계를 재검토한다. 이 검토는 백제 멸망과 함께 풍장이 백제왕자로부터 백제왕으로 변하는 시점에서의 전사(前史)를 명백히 하는 것도 된다. 나아가 이것은 풍장의 왜국(倭國, 나중 일본)으로 건너온 시기와 그 배경은 물론 풍장의 귀국 직후의 동아시아 정세의 설명과도 관련한다. 지금까지의 왜국으로부터의 일면적인 시점과는 달리 백제부흥군과의 관련으로부터 검토를 시도한다.

제2장 「'백촌강의 싸움'과 왜-동아시아 신체제의 재편과 관련하여-」에서는 백제멸망으로부터 시작하는 백제부흥전쟁과 그 후의 전개에 주목한다. 백제왕자 풍장의 귀환과 함께 왜국으로부터 국력을 기울인 대규모의 구원

군이 보내지지만 백촌강(白村江, 白江이라고도)에서의 패전과 함께 백제로
부터 많은 이주민이 망명해온다. 나아가 백촌강의 싸움 이후의 새로운 동아
시아 세계에 대해서 살펴보고 싶다.

제3장「백제왕씨의 성립과 일본율령국가」은 제1부의 결론에 해당하는
것으로서 백제왕씨의 성립에 대해서 검토한다. 그 중심에는 백제왕 선광이
있었다. 아직 건설도상이었던 일본율령국가는 백제왕 선광을 일본의 국가
시스템 속에 어떻게 포섭해 갔던 것일까. 그 과정을 천지(天智)·천무·지통
조의 백제왕에 대한 인식과 표기로부터 찾아나간다. 백제왕씨의 성립에 대
해서는 종래의 일국사관으로부터 탈각하고 동아시아적 시점에 서서 고찰할
필요가 있다는 것을 제시한다. 그러한 고찰을 통하여 종래의 '소제국주의
론'으로는 보이지 않던 백제왕씨 성립의 배경과 의의를 지적한다. 그리고
나아가 백제왕씨의 성립이 일본의 율령국가의 성립과 밀접한 관계에 있음
을 명확히 한다.

부론(付論)「금석문『甲午年銘法隆寺金銅觀音造像記銅版』으로 본 백제
왕씨」에서는 지금까지 별로 주목되지 않았던 금석문 갑오년명법륭사금동관
음조상기동판(甲午年銘法隆寺金銅觀音造像記銅版)을 소재로 백제왕씨의
존재에 대해서 검토한다. 백제왕씨의 선조인 선광의 죽음을 추모하는 승려
들, 즉 선광의 자식들의 생각은 편찬사료만으로 백제왕씨의 문제를 생각해
왔던 종래의 방법론에 새로운 실마리를 제공할 수가 있을 것으로 기대한다.

보론(補論)1「'임신의 난'과 日本-동아시아세계의 재편과 관련하여-」
에서는 종래의 '임신(壬申)의 난'에 대한 이해가 주로 왜국 내의 왕위 계승
문제라는 국내 정치영역의 문제로서 다루어져 온 것에 의문을 표하고, 7세
기 중반 이후의 동아시아세계의 정세가 급변하는 와중에 발생한 고대일본
의 최대의 외정(外征)과 내전(內戰)이라는 시각에서 살펴보고자 했다. 이
결과 '임신의 난'에 대한 현재적 의의는 지금의 동아시아세계의 원형을 7세
기 후반에 구하는 데서 찾을 수 있다고 생각한다.

제2부「일본율령국가의 전개와 백제왕씨」에서는 나라(奈良)시대의 백제 왕씨에 대해서 지금까지의 연구가 지적한 것 같은 일면적인 율령 관인화 (官人化)에 그치지 않는 백제왕씨의 모습을 파악한다. 백제왕 경복(敬福)은 동대사(東大寺) 대불(大佛)의 도금에 필요한 황금의 헌상자로서 그 이름이 높지만, 백제왕씨 집단의 거주지를 셋쓰(攝津)국 백제군에서 가와치(河內) 국 가타노(交野)군으로 이주한 일로도 알려지고 있다. 8세기 중엽의 이 시 기에 백제왕씨가 집단이주와 집단거주를 하고 있는 의미를 검토하는 일에 의해 집단으로서의 백제왕씨가 일본율령국가에 있어서 담당한 역할이 무엇 이었는지를 검토한다.

제1장「나라시대의 백제왕씨」에서는 8세기의 백제왕씨에 대해서 검토한 다. 지금까지의 연구는 단순히 백제왕씨의 율령 관인화라고 하는 맥락으로 부터 접근하고 있었지만, 8세기의 율령국가에 있어서의 백제왕씨는 일본율 령국가의 외향적 이념, 즉 신라와 발해를 '번국(蕃國)'으로 여기는 '동이(東 夷)의 소제국(小帝國)'을 유지하는데 필요한 이론적인 근거이고 실태로서 파악되는 등 중요한 존재 의의를 가지고 있었다. 성무(聖武)천황기와 순인 (淳仁)천황기에 있어서 백제왕씨의 활약은 이러한 인식을 통하여 비로소 구체화될 수 있는 것이다.

제2장「도래계유민의 개·사성(改·賜姓) 기사로부터 본 백제왕씨」에서는 일본율령국가의 기축인 씨족제(氏族制)라는 시점에서 개성(改姓)과 사성 (賜姓)의 문제에 착안하여 백제왕씨의 특징을 찾고자 했다. 또한 백제왕씨 와 유사한 씨족적 성격을 가지면서 개·사성에 관해서 다른 실태를 보이는 고구려씨족과의 비교를 통하여 율령국가의 씨족에 있어서의 백제왕씨의 특 수성에 대해서 재검토한다.

보론2「고대 일본의 도시와 이동의 문제-遷宮과 遷京-」에서는 일본도 시사연구 중 고대도시는 조카마치(城下町)와 함께 전통도시의 영역에 속한 다. 본고에서는 일본도시의 이동에서 고정으로의 의미를 천궁(7세기 이전)

→천경(8세기)→고정도시(9세기 이후)의 3단계로 구분한다. 먼저 천궁의 시기는 한반도와의 관련 속에서 아직 왜국이 국가적 형성기에 속한 단계이며, 8세기 천도의 시기는 8세기의 나라시대를 가리킨다. 그리고 고정도시 평안궁/경의 출현은 일본율령국가가 일본 자체에 침잠하는 변용의 시기를 맞이하는 증거로 이해한다.

제3부 「일본율령국가의 전환과 백제왕씨」에서는 헤이안(平安)시대 이후의 백제왕씨의 전개에 대해서 검토한다. 백제왕씨는 헤이안 초기까지는 문헌상에 그 활동을 빈번히 보이고 있지만 인명(仁明)천황기를 경계로 하여 중앙 조정과 지방 행정의 양면에서 그 모습을 찾기 어렵게 된다. 한편, 백제왕씨의 거취에 변화가 일어나는 9세기 중반은 일본율령국가의 전환기라고 말해지는 시기에 해당한다고 말해진다. 그 구조적 의미에 대해서는 후술하지만, 백제왕씨의 위상 변화와 일본율령국가의 전환과는 어떤 관련이 있는지 검토해보고 싶다.

제1장 「환무(桓武)천황과 백제왕씨」에서는 환무천황기의 백제왕씨에 대해서 검토한다. 종래의 연구는 환무천황과 백제왕씨의 혈연관계 만에 주목하는 경향이 강했다. 그러나 본 연구에서는 백제왕씨는 구(舊) 백제계 도래씨족의 대표적 존재로서 기능하고, 나아가 환무천황의 어머니 고야신립(高野新笠)의 계보를 뒷받침하는 역할을 담당한 존재였다고 평가한다. 또 환무조는 백제왕씨와 관계가 깊었던 천지조의 정책을 계승하는 의식을 갖고 있던 점에도 주의를 환기할 필요가 있음을 지적한다.

제2장 「일본율령국가의 전환과 백제왕씨의 종언」에서는 지금까지 별로 주목되지 않았던 9세기 중반의 차아(嵯峨)~인명(仁明)조는 물론 그 이후의 백제왕씨의 존재형태에 대해서 검토를 행하고 또 백제왕씨의 씨족으로서의 존재의 전환에 대해 검증한다. 아울러 백제왕씨의 종언 시점이 바로 9세기 중반이며 나아가 일본율령국가의 전환의 시점과도 겹치고 있음을 설명한다.

보론3 「'육국사(六國史)'의 편찬과 '일본율령국가'의 수사(修史)사업」의 수사사업이란 고대국가의 완성기라고 말해지는 율령국가의 융성을 보여주는 좋은 기념비적 행위로서 관찬 사서인 육국사(六國史)의 편찬이다. 육국사의 편찬이 중단된 이유로서 9세기 중반에 빈발하던 자연재해가 중요한 요인이라고 지적한다.

결과적으로 이상을 통해 7세기말 율령국가의 성립 이래 일관되게 유지한 율령국가의 4대 정책 기조였던 '율령법의 제정' '국사의 편찬' '궁도의 조영' '동이의 소제국을 지향하는 대외관'은 변용을 거듭한 끝에 9세기 중반을 경계로 실질적인 종언을 맞이하게 되었다고 할 수 있다.

최후로 종장 「율령국가에 있어서 백제왕씨의 존재 의의」에서는 백제왕씨를 통하여 보는 일본율령국가론 또 일본 국내에서의 백제왕씨의 존재를 통하여 일본율령국가와 백제왕씨의 양면으로부터 상호의 존재 의의를 검토 가능한 것으로 이해한다.

제1부
일본율령국가의 성립과 백제왕씨

서 언

　중국에서의 수·당이라고 하는 강력한 통일왕조의 등장은 한반도와 일본
열도의 여러 나라에 크나 큰 충격과 혼란을 불러일으켰다. 그 속에서 대륙
의 왕조와 대결의 길을 선택한 백제와 고구려는 멸망의 길을 걷게 된다. 백
제의 멸망과 함께 많은 백제왕족과 구백제의 인민들(이하 '백제유민(遺民)'
으로 표기한다)이 일본열도에 도래하고 그들이 일본율령국가건설에 큰 역
할을 담당한 것은 말할 나위도 없을 것이다.

　그런데 백제유민들의 중심적 존재였던 '백제왕씨'에 관한 종래의 연구는
지통(持統)조에 백제왕이라고 하는 성(姓)이 수여되고 이후 백제왕이라고
불리는 씨족 집단이 일본과 천황의 지배시스템의 하나의 구성요소로 되었
다고 이해하는 것이 통설화 되어 가고 있다. 그러나 이러한 이해는 동아시
아에 있어서 격동하는 동아시아정세 속의 각국의 정치적 동향에 대한 인식
이 희박하고, 또한 일본 측의 입장에 선 이해라고 하는 일면적인 사고에 그
칠 위험이 있는 것도 사실이다.

　그래서 제1부에서는 지통조에서의 백제왕씨의 성립이라는 문제에 그치
지 않고 그 전단계인 백제왕자 풍장이 왜에 건너왔다고 생각되는 630년대
로부터 660년대까지의 동아시아의 정세에도 주목하고자 한다. 그리고 백제
멸망 후 풍장이 백제부흥군의 총수였던 복신(福信)의 요청에 의해 왜군과
함께 구 백제로 돌아가 백제왕으로서 추대된 사정을 검토하고 싶다.

　백제왕 풍장은 백촌강의 싸움의 패전의 결과로 고구려에 망명하게 되고,
많은 백제유민은 일본열도로 도래하고 풍장의 동생인 선광(禪廣, 善光이라
고도)을 백제왕으로 여긴다. 그리고 지통조에 들어서자 선광은 백제왕이라

고 하는 칭호를 받게 되는데, 그것이 나라시대 이후의 율령국가에 있어서 백제왕씨라고 하는 씨족집단의 원형이 되어가는 것이다.

그러한 과정을 면밀히 쫓는 과정에서 일본율령국가와 백제왕씨의 성립의 과정이 명백하게 되고 또 그것을 통하여 일본율령국가의 대(對) 반도관에 관한 입체적인 이해가 가능하게 된다고 생각한다. 나아가 이 작업을 통해 7세기 후반의 동아시아세계 속에서 율령국가의 건설을 목표로 한 고대일본의 모습이 보다 분명하게 부각될 수 있을 것으로 생각한다.

제1장 7세기의 왜국과 백제

- 백제왕자 풍장의 동향을 중심으로 -

서. 풍장은 누구인가

7세기에 백제의 왕자로서 왜국에 도래한 풍장은 그 후 백제의 멸망과 함께 귀국하여 백제왕이 된다. 풍장의 귀국에 발맞추어 왜군이 동행하지만 그것은 고대 동아시아의 국제 전쟁으로 유명한 '백촌강의 싸움'에 왜국이 참전하였다가 참패하는 발단이 되었다. 그리고 이 패전이 고대일본의 국가형성에 큰 영향을 두었던 것은 주지의 사실이다.[4]

그리고 풍장은 '백촌강의 싸움'에서 당·신라 연합군에게 백제 부흥군과 왜국의 백제 구원군이 참패하자, 이윽고 고구려로 망명한다. 그 후 고구려가 멸망하자 당군의 포로가 되었다가 당의 서울인 장안으로부터 영남(嶺南) 지역으로 유배된다.[5] 이처럼 풍장은 7세기의 동아시아 세계에 걸쳐 활약한 중요한 인물이다.

하지만 풍장에 관한 연구는 출자 문제나 풍장이 왜국에 건너온 시기 같은 기초적인 부분에서마저 아직 연구자들 사이에서는 의견이 분분하다.[6]

---

4) 鬼頭淸明『日本古代國家の形成と東アジア』(校倉書房, 1976), 제2부 제3장; 森公章 a 『白村江以後 —國家危機と東アジア外交—』(講談社, 1998), 제3장; 동 b『古代日本 の對外認識と通交』(吉川弘文館, 1998), 제2부 제3장 참조.

5) 『資治通鑑』卷201, 總章元年(668)조에「十二月丁巳, 上受俘于含元殿, 以高藏政非己出, 赦以爲司平太常伯貝外同正, 以泉男産爲司宰少卿, 僧信誠爲銀靑光祿大夫, 泉男生爲右 衛大將軍, 李勣以下, 封賞有差, 泉男建流黔州, 扶餘豊流嶺南」참조.

6) 西本昌弘「豊璋と翹岐—大化改新前夜の倭國と百濟—」(『ヒストリア』107, 1985, 이

또 종래의 견해는 풍장이 '질(質)'로서 왜국으로 건너왔다고 하는 기사를 중시하는 나머지, 풍장을 백제구원의 단계에서 왜국이 임명한 백제왕이라고 하는 인식에 함몰되어 있었다.7)

그래서 본고에서는 우선 동아시아 삼국의 사서에서의 풍장기사의 검토를 통하여 풍장에 관한 기초적인 출자 문제나 내왜 시기에 대해서 검토하고자 한다. 다음으로 백제왕으로서 풍장이 맞아들여진 의미를 백제 부흥군 측의 사정으로부터 고찰하고자 한다. 그리고 최후에는 왜국이 '백촌강의 싸움'에 참전하게 된 배경에 대해 생각해보고자 한다.8)

제1절 풍장기사의 재검토

1) 풍장의 출자와 내왜 시기

풍장에 대한 근년의 전문 논문으로서는 니시모토(西本昌弘)씨의 논고가 있다.(주6 논문) 니시모토씨의 풍장에 대한 견해는 통설적인 이해가 되어

하의 씨의 설은 이 논문 참조. 나중에 씨는 다시 자설을 보강하여 「豊璋再論」『日本歷史』696, 2006에서 발표하고 있다.) ; 關晃「万葉歌人軍王と百濟王子豊璋」(『著作集第5卷 日本古代の政治と文化』吉川弘文館, 1996, 초출 1986. 이하의 씨의 설은 이 논문 참조), 第1部 第2章 참조.

7) 石母田正『日本の古代國家』(岩波書店, 1971), 69~70페이지 참조(→『著作集第三卷』(岩波書店, 1989)에 재록).

8) 근년 한국에서의 7세기 백제사에 관한 연구 성과로서는, 정효운「7세기대의 한일관계의 연구(상)－백강구전에의 왜군의 파견 동기를 중심으로－」(『고고역사학지』5·6합집, 1990); 김수태「백제 의자왕대의 태자책봉」(『백제연구』23, 1992); 양기석「백제 부여융의 묘지명에 관한 검토」(국사편찬위원회 편『국사관논총』62, 1995) 등이 있다. 또한 백제 정치사에 관한 저서(『백제정치사연구』일조각, 1988)가 있는 노중국은 「7세기의 백제와 왜의 관계」(국사편찬위원회 편『국사관논총』52, 1994)을 발표하고 있다.

가고 있지만, 필자는 아직 재검토의 여지가 있다고 생각한다. 그래서 우선 풍장의 출자에 관한 사료를 다시 들어 새롭게 검증해 보기로 하자.

　우선 일본 측의 문헌 사료 속에 풍장이 어떠한 형태로 등장하는가를 살펴보면 다음과 같다.

　　　　<사료 1> 『日本書紀』舒明3年(631)3月條
　　　　百濟王義慈入王子豊章爲質.
　　　　<사료 2> 『日本書紀』皇極2年(643)是歲條
　　　　百濟太子餘豊以蜜蜂房四枚放養於三輪山. 而終不蕃息.
　　　　<사료 3> 『日本書紀』天智卽位前紀(661)9月條
　　　　皇太子御長津宮. 以織冠授於百濟王子豊璋, 復以多臣蔣敷之妹妻之焉,
　　　　(略)率軍五千余衛送於本鄕. 於是豊璋入國之時福信迎來稽首奉國朝政皆悉
　　　　委焉.
　　　　<사료 4> 『續日本紀』天平神護二年(766)6月壬子(28日)條
　　　　刑部卿從三位, 百濟王敬福薨. 其先者出自百濟國義慈王, 高市岡本宮馭
　　　　宇天皇御世, 義慈王遣其子豊璋王及禪廣王入侍. 泊于後岡本朝廷, 義慈王
　　　　兵敗降唐. 其臣佐平福信, 剋復社稷, 遠迎豊璋, 紹興絶統. 豊璋纂其之後,
　　　　以譖橫殺福信. 唐兵聞之, 復攻州柔. 豊璋与我救兵拒之. 救軍不利, 豊璋駕
　　　　船, 遁于高麗. 禪廣因不歸國, 藤原朝廷賜号曰百濟王, 卒贈正廣參. 子百濟
　　　　王昌成, 幼年隨父歸朝, 先父而卒. 飛鳥淨御原御世, 贈小紫. 子郞虞, 奈良朝
　　　　廷從四位下攝津亮. 敬福者, 卽其第三子也. (略)薨時, 年六十九.

『일본서기』에 의하면 풍장은 서명조인 631년에 왜국에 도래하는 것으로 되어 있다. 하지만 『일본서기』의 풍장에 관한 기사를 분석한 니시모토씨는 풍장의 아버지를 의자왕으로 하고 풍장의 내왜 시기를 641년에서 643년 사이일 것이라고 추정했다. 이것에 대해서는 주로 다음과 같은 네 가지의 근거가 들어진다.

　첫 번째로, <사료 1>의 「百濟王義慈入王子豊章爲質」에 대해서이다. 만약 이 기사가 바르다고 한다면 풍장은 631년에 내왜한 이래 <사료 3>에 보이는 바와 같이 백제왕으로 귀국하기까지의 30여 년간의 세월 동안 왜국에 머물렀다는 것이 된다. 그러나 <사료 1>의 기사에는 기년상의 문제가 있다. 서명 3년은 백제 무왕의 32년에 해당하고 의자왕의 즉위는 이보다 십년 후인 641년(서명 13)이었다. 따라서 서명 3년조의 '백제왕 의자'와 '왕자 풍장'이라는 관계는 본래 성립할 수 없는 것이다.

이 모순을 해결하는 방안으로서 '百濟王義慈'를 '百濟王璋'의 잘못이라고 보는 설(『大日本史』·『日本書紀通釋』), 또 '義慈'에 더하여 '百濟王'이 삽입되었다고 보는 설(靑木和夫9)·胡口靖夫10)), 그리고 서명 3년이라는 기년 자체가 잘못이라는 설(池內宏11)) 등이 있다.

니시모토씨는 문자의 오기나 추기라고 생각하는 것보다도 연기의 착오 가능성을 중시하여 이케우치(池內)씨의 연대 착각설을 지지하고 있다. 또 씨에 따르면 <사료 1>의 기사를 의자왕 즉위년인 서명 13년(641)이후라고 해야 한다고 한다. 그리고 <사료 4>에 보이는 「高市岡本宮馭宇天皇御世, 義慈王遣其子豊璋王及禪廣王入侍」에 대해서는 니시모토씨에 따르면 <사료 1>을 참조하여 쓰였을 가능성이 있기 때문에 근거로 삼기 어렵다고 한다.

두 번째로, <사료 2>의 「百濟太子餘豊, 以蜜蜂房四枚. 放養於三輪山, 而終不蕃息.」이다. 니시모토씨에 따르면 이 기사는 풍장이 왜국에서 활동하고 있었다고 하는 확실한 증거이기 때문에 적어도 풍장의 내왜는 643년 이후가 되지 않으면 안 되고, 앞에서 지적한 것과 합하여 생각해 보면 풍장

---

9) 靑木和夫「軍王小考」(『日本古代の政治と人物』吉川弘文館, 1977, 초출 1968), 99페이지 참조.

10) 胡口靖夫「百濟豊璋王について－いわゆる『人質』生活を中心に－」(『近江朝と渡來人 －百濟鬼室氏を中心として－』雄山閣, 1996, 초출 1979), 187페이지; 日本古典文學大系『日本書紀』下(岩波書店, 1965), 361페이지, 두주25 참조.

11) 池內宏「百濟滅亡後の動亂及び唐·羅·日三國の關係」(『滿鮮史硏究 上世第二冊』, 吉川弘文館, 1960, 초출 1934), 108페이지 참조.

의 내왜는 641년부터 643년 사이가 되지 않으면 안 된다는 것이다.

세 번째로, <사료 2>의「百濟太子餘豊」에 대해 살펴보자. 니시모토씨는 의자왕이 태자가 된 시기는 무왕 33년(서명 4년 : 632)정월12)이기 때문에 의자왕의 왕자인 풍장이 그 전년인 서명조 3년(631)에 '太子'로서 내왜할 수 있었을 가능성은 낮다고 한다.

네 번째로, 풍장과 함께 내왜한 동생 선광(禪廣, 善光이라고도)의 연령에 주목한다. <사료 4>에는「子百濟王昌成幼年隨父歸朝先父而卒」라고 하여 선광에게는 내왜했을 때에 이미 창성(昌成)이라는 자식이 있었던 것으로부터 자식을 얻을만한 나이가 예상된다고 한다. 또한 니시모토씨는 중국의 낙양에서 출토한『부여융묘지(扶余隆墓誌)』13)로부터 의자왕의 태자였던 융(隆)14)의 나이를 역산하고 있다. 이 묘지로부터 융의 생몰년이 615년과 682년이기 때문에 631년에는 17세가 된다고 한다. 그래서 씨는 융보다 나이가 어릴 터의 선광이 631년에 자식을 얻을 수 있는 나이에는 이르지 못했을 것이기 때문에 그 내왜 시기는 631년보다도 이후가 될 것이라고 한다.

이상의 네 가지 근거를 기초로 니시모토씨는 풍장의 내왜 시기와 그 계보 관계를 추정했다. 그런데 씨의 견해는 '풍장의 아버지를 의자왕이라고 하고, 풍장의 내왜한 시기를 643년 근방'이라고 하는 전제 위에 선 해석이라고 생각된다. 다만, 취급된 사료를 보는 한 사료에 모순이 있는 것은 인정되지만, 이 일은 풍장이 의자왕의 자식이고 풍장의 내왜 시기가 643년경이라고 하는 사실을 확정하는 것은 아니다. 현 단계에서 위의 사료를 통해 추정할 수 있는 것은 풍장의 출자와 내왜 시기는 아직 불명확하다고 말할 수밖에 없는 것은 아닐까.

---

12) 『三國史記』百濟本紀 武王伝 참조.
13) 석문의 검토는 허홍식 편『한국금석전문 고대』(아세아문화사, 1984), 104~105페이지; 한국고대사회연구소 편『역주 한국고대금석문』第1卷 (가락국사적개발연구원, 1992), 545~553페이지 참조.
14) 『三國史記』百濟本紀 義慈王4年(644)條.

그래서 중국과 한반도 측의 문헌 사료에도 관심을 가질 필요가 있다. 예를 들면 다음과 같은 사료들을 보기로 하자.

> <사료 5> 『旧唐書』卷199上百濟伝
> 遣使往倭國, 故王子扶餘豊立爲王.
> <사료 6> 『三國史記』義慈王20年(660)條
> 迎古王子扶餘豊嘗質於倭國者立之爲王.

우선 주목하고자 하는 것은 <사료 5>의 「故王子扶餘豊立爲王」과 <사료 6>의 「迎古王子扶餘豊」에서의 「故王子」와 「古王子」에 대해서이다. 세키(關晃)씨는 『신당서』백제전의 「璋之從子福信, 嘗將兵. 乃與浮屠道琛, 據周留城反, 迎故王子扶余豊於倭, 立爲王」이라는 기사에 보이는 「故王子」를 「故王의 子」라고 읽고, 故王은 무왕이라고 주장했다.[15] 세키씨의 견해에 따르자면 「故」・「古」에는 당대에서는 왕자로 부르기에 적합하지 않은 왕자, 즉 의자왕 이전의 왕인 무왕의 아들이라는 의미가 포함되어 있다고 이해할 수 있는 것은 아닐까.

두 번째로, 의자왕의 왕자들의 기사는 여러 군데서 보이고 있는데,[16] <사료 1> 이외에는 그 어디에도 풍장은 등장하지 않는다. 다음의 표는 동아시아 삼국의 사서에 보이는 의자왕의 자식들의 기사를 모은 것이다.

<표 1> 의자왕의 왕자들의 기사

	왕자명	출 전
중국측	百濟太子扶余康信	『册府元龜』卷970外臣部朝貢3貞觀19年(645)條
	太子隆・小王孝・演	『旧唐書』卷199上百濟伝
	太子隆・次子泰・嫡孫文思	『旧唐書』卷8三蘇定方伝

---

15) 關晃, 전게 註 6論文, 57페이지 참조.
16) 金壽泰, 전게 註 8論文, 145~146페이지 참조.

	왕자명	출 전
사 료	太子隆·次子泰·隆、小王孝·演	『新唐書』卷220百濟伝
	太子隆、自外王餘孝十三人	『唐平百濟碑』
	太子隆	『唐劉仁願紀功碑』
	太子崇	『唐會要』卷95
일 본 측 사 료	百濟太子餘豊 百濟王以下太子隆等諸王子十三人	『日本書紀』皇極2年(643)是歲條 『日本書紀』齊明6年(660)7月乙卯(16日)條注記
한 반 도 측 사 료	立子隆爲太子	『三國史記』義慈王4年(644)正月條
	太子隆(或作孝誤也)·太子隆·王子泰·王子演·王次子泰	『三國遺事』卷1紀異太宗春秋公伝
	王次子泰自立爲王·太子子文思 王子隆·太子孝、王子泰·隆·演	『三國史記』義慈王20年(660)條
	太子孝·王子泰等	『三國史記』卷四四金仁問伝

　동아시아의 여러 사료로부터는 풍장을 의자왕의 왕자라고 하는 사례는
존재하지 않는다. 즉, 『일본서기』의 기사를 제외하면 풍장이 의자왕의 자식
이라는 기록은 없는 것이다. 또한 <사료 4>가 <사료 1>을 근거로 만들어진
백제왕씨 측의 기록이라고 한다면, 결국 <사료 1>의 기사 이외에는 풍장과
의자왕의 관련을 말해주는 사료는 존재하지 않는 것이 된다. 게다가 <표 1>
에 의하면 의자왕의 자식으로「庚信·隆·孝·演·泰·崇」들이 보이는데, 그들
이 풍장과 동일 인물이 아닌 것은 자명하다. 그들의 대다수가 백제 멸망에
의해 당의 포로가 되었던가, 아니면 구 백제에 존재했기 때문이다. 나아가
<사료 2>의「百濟太子餘豊」으로부터는 어풍(餘豊; 豊璋을 이름)이 의자왕
의 자식이든가, 혹은 무왕의 아들인가의 판단 기준으로는 될 수 없다.

　이상으로부터 풍장의 부는 의자왕이 아니라 역시 세키씨가 서술한 바와
같이 무왕이고, 따라서 풍장의 내왜 시기도 <사료 1>에서 본 바와 같이 이
해해도 좋다고 생각한다. 그래서 문제가 되는 것은 앞에서 본 기사에서 지

적한 모순인데, 여기서는 「百濟王義慈」를 「百濟王璋」의 잘못이라고 하는 『大日本史』·『日本書紀通釋』의 견해를 지지하고자 한다.

이상으로 니시모토씨가 주장한 풍장의 631년 내왜 부정설, 즉 641년부터 643년의 사이에 풍장이 내왜했다고 하는 설은 재검토의 여지가 있는 것임을 명백히 했다.

2) '백제대란'과 교기(翹岐)의 내왜

다음으로 니시모토 설의 「풍장＝교기」설에 관해 검토하기로 한다. 교기에 관한 기사는 『일본서기』의 황극조에 자주 보인다. 그 중의 주된 것을 들어 본다.

<사료 7> 『日本書紀』皇極元年(642)春正月乙酉(29日)條
百濟使人大仁阿曇連比羅夫, 從筑紫國, 乘騎馬來言, 百濟國, 聞天皇崩, 奉遣弔使. 臣隨弔使, 共到筑紫. 而臣望仕於葬. 故先獨來也. 然其國者, 今大亂矣.

<사료 8> 『日本書紀』皇極元年(642)2月戊子(2日)條
遣阿曇山背連比羅夫·草壁吉土磐金·倭漢書直縣, 遣百濟弔使所, 問彼消息. 弔使報言, 百濟國主謂臣言, 塞上恒作惡之. 請付還使, 天朝不許. 百濟弔使傔人等言, 去年十一月, 大佐平智積卒. 又百濟使人, 擲崑崙使於海裏. 今年正月, 國主母薨. 又弟王子兒翹岐及其母妹女子四人, 內佐平岐味, 有高名之人卌余, 被放於嶋.

<사료 9> 『日本書紀』皇極元年(642)夏4月癸巳(8日)條
大使翹岐, 將其從拜朝.

<사료 10> 『日本書紀』皇極元年(642)秋7月乙亥(22日)條
饗百濟使人大佐平智積等於朝. (略)乃命健兒, 相撲翹岐前. 智積等, 宴畢而退, 拜翹岐門.

<史料 11> 『日本書紀』皇極2年(643)4月庚子(21日)條

筑紫太宰, 馳驛奏曰, 百濟國主兒翹岐弟王子, 共調使來.

교기란 어떠한 인물일까. 이상의 사료로부터 보는 한, 교기의 내왜 시기를 전하는 사료는 <사료 11>이며, 내왜 집단의 성격은 <사료 8>에 보이는데 내왜의 이유에 대해서는 <사료 7>이 주목된다.

<사료 7>을 보자면 백제에 파견된 아베노무라지히라후(阿曇連比羅夫)의 귀국 보고 중에 백제에서 대란이 발생한 것을 전하고 있다. 백제대란에 대해서는 그 존재를 긍정하는 입장과 부정하는 입장으로 나뉘고 있다.[17] 니시모토씨는 조선·중국 사료로부터 확인할 수 없는 백제의 정변을 일본 사료만이 기술하고 있는 것에 의문을 가질 필요가 있다고 하고 백제대란의 존재 자체를 부정하고 있다.

나아가 씨에 따르면 <사료 8>의 백제조사(百濟弔使)와 조사(弔使)의 겸인(傔人)의 이야기는 거짓이라고 하고 그 근거로서 두 가지를 지적하고 있다. 그 하나는 백제조사의 겸인의 이야기에 의하면 교기들은 추방되었다고하는데, <사료 9>에서는 「大使翹岐」라고 하여 교기가 외교관의 역할을 수행하고 있는 점. 다른 하나는 같은 백제조사의 겸인의 이야기에 지난 11월에 대좌평 지적(智積)이 사망했다고 하는데, <사료10>에서는 대좌평 지적을 위한 향연이 베풀어졌다는 점 등이다. 또 씨에 따르면 이러한 거짓 정보가 흘러든 이유는 「임나」(가야) 문제를 둘러싸고 백제의 전통적인 거짓 정보를 활용한 외교가 행해졌다고 한다.

본인은 이 점에 대해서 니시모토씨의 견해에 의문이 있다. 우선 일본 측의 사료에만 보인다는 것을 가지고 백제대란의 기사와 내용을 부정하는 해석에는 수긍하기 어렵다. <사료 7>의 백제대란 기사는 <사료 8>과 관련하여 이해할 필요가 있다. 즉, 교기를 포함한 이름 높은 40여인이 섬으로 추

---

17) 鈴木英夫「大化改新直前の倭國と百濟－百濟王子翹岐と大佐平智積の來倭をめぐって－」(『古代の倭國と朝鮮諸國』靑木書店, 1996, 초출은 1990), 276~277페이지 참조.

방되었다고 하는 기사는 백제대란이라는 혼란이 배경에 있어 비로소 이해될 수 있는 것은 아닐까. 또 고구려에서의 642년의 천개소문(泉蓋蘇文, 연개소문이라고도)의 쿠데타, 왜에서의 645년의 '을사의 변', 신라에서의 667년의 '비담(毗曇)의 난' 등 640년대의 동아시아 세계에서 내란이 발생하고 있는 것도 백제대란의 신빙성을 높이는 것일 것이다.

한편 백제의 국내 사정으로 눈을 돌리면 백제에서는 무왕의 사후인 641년에 의자왕이 즉위했는데, 다음 해인 642년부터 고구려와 연합한 대대적인 신라에 대한 공격이 계속되어졌다.[18] 이 사실은 의자왕의 집권 초기가 전왕인 무왕 말기의 온건한 대외노선과는 달리 격렬한 대외긴장의 시기였던 것을 시사하고 있다. 그 결과 백제 중앙 정치로부터 소외된 세력이 백제의 입장에서 보면 추방에 가까운 형태로서 내왜했던 것은 아닐까.[19]

이상과 같이 교기는 의자왕의 즉위에 따른 백제대란의 영향으로 백제로부터 추방된 형태로 643년에 내왜한 인물이고, 전술한 것처럼 풍장은 631년에 무왕의 왕자로서 질의 신분[20]으로 내왜한 인물이라고 한다면, 양자가 내왜하는 역사적 사정은 전혀 달랐다고 생각할 수밖에 없다.

다음으로 백제왕의 계보상의 문제에서 풍장과 교기와의 관계를 살펴 보기로 하자. 니시모토씨는 풍장을 둘러싼 백제 왕족의 계도를 다음과 같이 이해하고 있다.

---

18) 森公章 a, 전게 주 4서, 38페이지에서는 642년의 중요성을 강조하고 있다. 『三國史記』百濟本紀 義慈王2年(642)7月條(新羅의 40성)·8月條(大耶城), 다음 해 11월조(고구려와 화친하고 당항성)등 참조.
19) 金鉉球『大和政權の對外關係』(吉川弘文館, 1985. 이하의 씨의 설은 이것에 의한다.) 380페이지에서는 '친일파의 추방'이라고 한다. 鈴木英夫, 전게 주17논문 참조.
20) 羅幸柱「古代朝·日關係における「質」の意味―特に百濟の 「質」の派遣目的を中心として―」(『史觀』134, 1996, 초출 1993)19~20페이지 참조.

〈표 2〉 니시모토씨에 의한 백제왕족 계도

孝德紀·齊明紀·敬福薨伝		皇極紀	
義慈王	豊璋	百濟國主	翹岐
忠勝	塞城(禪廣)	弟王子	塞上

니시모토씨와 같은 이해가 성립하기 위해서는 확인하지 않으면 안 되는 기사가 있다. 그것은 다음의 기사에 보이는 「弟王子兒翹岐」·「百濟國主兒翹岐弟王子」이다.

<사료 12> 『日本書紀』皇極元年(642)2月戊子條
a 弔使報言, 百濟國主謂臣言, 塞上恒作惡之. 請付還使, 天朝不許.
b 百濟弔使儷人等言, 去年十一月, 大佐平智積卒.
c 今年正月, 國主母薨. 又弟王子兒翹岐及其母妹女子四人, 內佐平岐味, 有高名之人卌余, 被放於嶋.
<사료 13> 『日本書紀』皇極2年(643)4月庚子條
筑紫太宰, 馳驛奏曰, 百濟國主兒翹岐弟王子, 共調使來.

이러한 기사에 대해서는 ① 교기를 弟王子(百濟王)의 왕자라고 하는 설(『日本書紀通釋』)과 ② 교기를 백제 의자왕의 동생인 모왕자의 왕자, 즉 의자왕의 조카라고 하는 설(鈴木靖民[21]) 등, 해석이 나뉘고 있다. 니시모토씨는 '제왕자'와 '아교기'의 두 사람으로 해석하고, 의자왕의 제왕자와 의자왕의 자식인 교기의 두 사람으로 파악하는 야마오(山尾幸久)씨의 설[22]에 따르고 있는데, 이것에 대해서도 재검토의 여지가 있다.

그 후도 생존이 확인 가능한 대좌평 지적(<사료 10>)을 b에서 「卒」이라고 하는 등, <사료 12>에 사료적 착란이 있는 것은 이미 지적한 바와 같지만, 그 이유는 「백제대란」에 관한 풍문이 있기 때문일 것이다. c에 보이는

---

21) 鈴木靖民「皇極紀朝鮮關係記事の基礎的研究」上(『國史學』82, 1970), 24페이지 참조.
22) 山尾幸久「大化改新直前の政治過程について」中(『日本史論叢』2, 1973), 151페이지 참조.

「제왕자의 왕자인 교기」라고 하는 것도 풍문이고, 실제로는 <사료 13>에 보이는 「백제왕의 왕자인 교기 그리고 교기의 동생 왕자」라고 하는 것이 사실일 것이다. 다시 말해서 교기는 국주인 의자왕의 왕자로 생각된다. 즉 백제국주 의자왕의 왕자 두 사람(翹岐王子와 翹岐의 동생(밑) 왕자)가 왜에 어떠한 이유로 도래했다고 생각되는 것이다.

이상을 포함하여 백제왕의 계보를 세대별로 나누어 정리해 보자면 다음 과 같다.

〈표 3〉 백제왕족 세대별 계보

제 1세대	제 2세대	제 3세대	제 4세대	제 5세대
武王	義慈王 豊璋 塞城(塞上) 禪廣	隆 翹岐 弟(下)王子 昌成	良虞	敬福

이상의 검토로부터 풍장과 교기는 다른 사람이고 그 내왜 시기도 다른 것임을 지적할 수 있었다. 그럼 다음 절에서는 631년 풍장이 내왜한 사정에 대해 검토해 보기로 한다.23)

---

23) 전게 주 8 노중국씨의 논문「7세기의 백제와 왜의 관계」에서는 서명조와 제명조에 보이는 풍장을 『同名異人』으로 보고 있다. 그 주된 근거는 『일본서기』백치원년 (650)조 「百濟君豊璋其弟塞城忠勝」과 동 제명6년(660)10월조「送王子豊璋及妻子與其 叔父忠勝等」에 보이는 「忠勝」을 전자에서는 「풍장의 제」라고 하고, 그리고 후장에 서는 「풍장의 숙부」라고 하고 있는 것이다. 그래서 「충승」이라는 인물이 거의 같 은 시기에 풍장의 숙부 혹은 형제로서 사료 상에 출현하는 것은 서명조와 제명조 의 풍장이 같은 이름의 다른 사람이기 때문이라고 한다.(165~167페이지).
하지만 씨의 「충승」의 독해는 너무나 자의적인 것이 아닌가 여겨진다. 왜냐면 백치 원년조의 해석에는 많은 논의가 있고 여기서만 충승을 「풍장의 제」라고 이해하 는 것은 문제가 있는 것처럼 보인다. 본고에서는 제명6년10월조를 중시하여 표 3과 같이 이해한다.

제2절 풍장의 내왜
-왜왕권의 대외관계와 관련하여-

618년에 성립한 당왕조는 국내정권의 기반이 안정한 후 630년경부터 주변제국에 대한 지배력을 강화했다. 당의 서방에서는 630년에 동돌궐(東突厥), 635년 토곡혼(吐谷渾), 640년 고창(高昌) 등을 차례대로 복속시키고 동방에서는 642년 백제·신라와 함께 고구려도 당의 책봉을 받았다. 고구려는 631년부터 '요동의 역'이라 부르는 당의 대규모 침공을 받았는데 고구려 이외의 주변 제국은 당의 팽창 정책에 위협을 느끼고 민감하게 대응하기 시작했다. 특히 백제는 당의 정책에 반발하고 신라는 친당적인 입장을 취했다. 이러한 동아시아 전체의 국제 환경의 변화에 의하여 큰 외압에 내몰린 왜국은 새로운 외교책을 모색하게 된다.[24]

6·7세기의 야마토정권의 대외관계에 대해 분석한 김현구씨는 추고 후반기(605~628)는 견수사 외교를 포함한 다면외교였던데 비하여 서명조(629~641)가 되면 친백제 외교로 전환하는 것을 지적하고 있다.[25] 이 지적에 의거하여 외교정책의 전환과 풍장의 내왜 관계에 대해 생각해 보기로 한다.

『일본서기』에 의하면 서명조 5년까지는 견당사 관련의 기사가 많은 빈도를 차지하는 것에 비해 서명조 7년부터 사거까지의 기사는 백제 관련 기사가 증가하고 있는 것을 알 수 있다.

우선 서명조 초기의 특징으로서는 견당사의 왕래와 백제왕자의 내왜를 들 수 있다. 먼저 제1차 견당사의 파견과 귀국에 대해 살펴보자. 이번 견당사는 서명 2년(630)8월에 출발하여 서명 4년 8월에 귀국하고 있다. 서명 2년 3월에 내왜한 백제사(·고구려사)는 이 견당사 출발을 목도하고 있다. 더

---

24) 鈴木靖民「七世紀の東アジアの動亂と變革」(『新版古代の日本 2 アジアからみた古代日本』角川出版社, 1992), 271~272페이지; 동「東アジアにおける國家形成」(『岩波講座日本通史 古代 2』岩波書店, 1994), 56페이지 참조.
25) 김현구, 전게 주19저서, 제3편 참조.

욱이 견당사 출발 3일 후인 8월 8일에는 백제(·고구려)의 사신에 대해 연회를 베풀고 있다.

다음 달 백제사(·고구려사)는 귀국하고 있다. 귀국한 백제사를 통하여 백제는 왜로부터 견당사가 출발한 전후 사정을 알았을 것이다. 그것에 관련하는 백제의 반응은『삼국사기』에는 남아 있지 않으나『일본서기』에는 남아 있다. 그것은 다름 아닌 다음 해 3월의 왕자 풍장의 질로서의 내왜이다.

그런데 백제가 왕의 근친자를 왜에 파견한 예는 이전에도 있었는데 그 어느 것도 백제의 명운과 관련하는 긴급한 사태가 있었던 시기였다.

> <사료 14>『日本書紀』応神8年春3月條
> 百濟人來朝.〈百濟記云, 阿花王立无礼於貴國. 故奪我枕弥多礼, 及峴南·支侵·谷?那·東韓之地, 是以, 遣王子直支于天朝, 以脩先王之好也.〉
> <사료 15>『三國史記』百濟紀阿莘王6年(397)5月條
> 王與倭國結好, 以太子腆支爲質.
> <사료 16>『日本書紀』雄略5年(461)秋7月條所引百濟新撰
> 辛丑年. 蓋齒王遣弟昆支君, 向大倭, 侍天王, 以脩兄王之好也.

백제왕에 의한 근친자 파견 기사는 4세기말(광개토왕)과 5세기말(장수왕)의 고구려 남하정책에 의해 멸망의 위기에 노출된 백제가 취한 외교적 행동이다. 특히 <사료 14>·<사료 15>에 보이는「直支」와「腆支」는『삼국사기』에 의하면 태자이고,[26]「百濟太子余豊」(<사료 2>)으로 파견된 풍장도 이러한 백제의 전통적인 근친자를 파견하는 외교책을 따른 것임을 알 수 있다.

그래서 서명조 초기의 동아시아 정세를 살펴보자면 수·당과 신라의 연합 그리고 고구려와 백제의 연합이라는 틀이 강하게 의식되고 있고 이것에 의해 백제는 후방의 왜의 동향을 가장 경계하고 있었다. 백제의 경계감은 이

---

26)『三國史記』百濟本紀 阿莘王3年2月條「立元子腆支爲太子」참조.

미『일본서기』최초의 견수사의 귀국 기사에서도 명백히 보인다.

『일본서기』추고16년(608)6월병진(15일)조에는「爰妹子臣奏之曰, 臣參還之時, 唐帝以書授臣. 然経過百濟國之日, 百濟人探以掠取. 是以不得上」라고 하여 수의 국서는 백제인에게 약탈당했다고 전해지고, 이를 사실로 인정한다면 백제 측이 강경한 행동을 취하고 있던 것을 알 수 있다. 한편 이 기사에 대해서는 수양제의 답서의 내용을 꺼려한 왜의 사자 이모코(妹子)가 허위로 보고를 했다고 하는 이해도 있을 수 있다.[27] 어떤 이해를 취하든 백제가 수의 국서를 노략했다고 보고할 수 있는 국제 환경이 당시의 동아시아에 있어 존재하고 있었던 것은 부정할 수가 없을 것이다.

서명조의 제1차 견당사가 귀국한 632년에는 견수사의 때와 같이 당의 사신이 동반하고 있다. 그렇지만 이번 당사·고표인(高表仁)의 행정은 쓰시마(서명 4년 8월)·나니와(難波; 10월)·쓰시마로부터 귀국(다음 해 정월)로 되어 있고 수도까지 왔는지를 확인할 수는 없다. 이 점에 대해서『일본서기』에는 아무런 설명이 없다. 한편『구당서』를 포함하여 중국 사서에는 당사 고표인의 귀국 사정에 관한 사료가 다수 남아 있다.[28]

<사료 17>『旧唐書』倭國,
貞觀五年(631), 遣使獻方物, 太宗矜其道遠, 勅所司無令歲貢, 又遣新州刺史高表仁持節往撫之. 表仁無綏遠之才, 与王子爭礼, 不宣朝命而還.

<사료 17>에 의하면 고표인이 당으로부터의 소정의 목적을 달성하지 않은 채로 돌아간 것은 고표인 개인의 역량에 문제가 있다(「表仁無綏遠之才」)고 쓰여 있는데,『通典』卷185 辺防一倭條「由是遂絶」에 이번 사건으로 양국의 외교가 단절하고 있었던 것처럼 이해되고 있었던 것에서 알 수 있는

27) 전게 주 10저서,『日本書紀』下, 190페이지, 두주11; 三品彰英「聖德太子の任那政策」(『聖德太子論集』平樂寺書店, 1971)참조.
28) 池田溫「裴世清と高表仁」(『東アジア文化交流史』吉川弘文館, 2003, 초출은 1970)참조.

것처럼 당과 왜의 양국 간에 중대사가 있었던 것임은 분명하다.

그래서 「与王子爭礼」에 주목하고자 하는데, 여기에 보이는 「왕자」란 당시의 실력자였던 소아(蘇我)씨 본종가의 사람들이 「왕자」라고 부르고 있던 사료도 있고,[29] 왕족이라고 하기 보다는 추고조의 외교 실권을 쥐고 있던 소아씨 본종가의 사람일 가능성이 있다[30]고 한다면 당의 사신과 소아씨가 다툰 것은 외교에 관한 문제일 가능성이 높다고 해야 할 것이다.

다음으로 「爭礼」에 대해서는 외교사절의 접대의 예로서의 빈례와도 관계가 있을 것 같지만, 김현구씨는 당에 의한 노골적인 친신라 정책의 요구에 관한 것이라고 상정하고, 그러한 요구에 반발한 소아씨가 고표인과 다툰 것이 되고, 그 결과 당의 사신 고표인은 아무런 수확이 없는 채로 귀국했던 것이 된다. 요컨대, 당과의 외교가 제2차 견당사의 왕래(653~654)까지의 약 20년간의 외교적 단절에 이르게 되었던 것이다.[31]

나아가 제1차 견당사는 신라를 경유하여 귀국하고 있고, 그것에는 당의 의도가 움직이고 있었다고 하는 지적을 감안한다면,[32] 당시의 외교에서 중국에의 사자가 귀국 길에 백제와 신라 그 어디를 통과하고 귀국하는 가는 야마토정권 외교가 친 백제인 것인지, 혹은 친 신라적인 것인지를 판단하는 기준이라고도 할 수 있을 것이다.

즉, 서명조의 630년에 제1차 견당사의 파견은 당·신라와 왜의 연합을 재촉하는 가능성이 있기에 백제는 이것을 저지할 방향으로 움직이고 있었다고 생각된다. 그 결과, 왜의 제1차 견당사의 출발과 함께 왕자 풍장을 질로

---

29) 『日本書紀』皇極3年(644) 11月條「蘇我大臣蝦夷·兒入鹿臣, 雙起家於甘檮岡. 呼大臣家, 曰上宮門. 入鹿家, 曰谷宮門. 呼男女曰王子」 참조.
30) 石母田正, 전게 주 7저서, 57페이지; 門脇禎二『蘇我蝦夷·入鹿』(吉川弘文館, 1977)83페이지; 김현구, 전게 주19 저서, 351~352페이지 참조.
31) 김현구, 전게 주19 저서, 제3편 제3장 참조.
32) 石母田正, 주 7 전게서 52페이지; 井上光貞「大化改新と東アジア」(岩波講座『日本歷史』古代 2, 1975)133페이지 참조.

서 파견하고, 백제가 앞으로 왜의 선진 문물의 도입 창구로서의 역할을 담당한 것을 약속했을 것이다. 만약 그렇다면 풍장의 내왜 시기를 631년으로 생각하는 것이 보다 적합할 것이다. 나아가 그것이 왕자 풍장의 장기 체재로 나타났다고 생각된다.

서명조 후기의 백제와의 관계는 서명조 7년부터의 빈번한 백제사의 내왕[33]으로부터 증명되는 것이지만, 나아가 주목되는 것은 서명 11년(639)7월에 건설된 대궁·대사가 백제궁·백제사라고도 불리고 있고 다분히 백제를 의식한 관호와 사명이 붙여진 점이다.[34] 서명13년(641)12월조의 기사에 의하면 서명이 죽고 난 장소는 백제궁이고, 매장까지의 행사인 빈(殯)[35]은 백제라고 하는 지명과 관계있는 곳에서 행해졌다고 한다. 이처럼 백제와의 관계가 서명조 후반기에 비약적으로 늘어난 배경에는 왕자풍장의 내왜가 있었던 것이 틀림없을 것이다.

이상 백제왕자 풍장의 내왜는 왜의 제1차 견당사의 파견이 직접적인 원인이었는데, 그 배경에는 수 이래의 당·신라연합체와 백제·고구려 연합체의 격렬한 공방이 있었던 것을 상정하지 않으면 안 된다. 요컨대, 백제왕자 풍장의 내왜는 동아시아 세계 속에서 이해하지 않으면 안 되는 문제였던 것이다.

---

33) 『日本書紀』舒明7年6月條, 동 10年是歲條, 동 12年10月條 참조.
34) 奈良文化財硏究所 編 『大和吉備池廢寺－百濟大寺跡－』(吉川弘文館, 2003)참조.
35) 빈(殯)을 포함한 상장의례에 대해서는 稻田奈津子, 『日本古代の喪葬儀礼と律令制』(吉川弘文館, 2015); 이장웅, 「백제 무령왕과 왕비의 상장례－빈과 가매장을 중심으로－」, 백제학연구총서15 쟁점백제사『무녕왕릉 다시보기』(학연문화사, 2019) 참조.

제3절 풍장의 귀국
-왜국과 백제부흥군의 시점에서-

풍장의 귀국은 공교롭게도 660년의 백제의 멸망에 의해 비로소 실현하게
되었다. 30년 세월 동안 왜국에서 「질」의 신분이었던 풍장은 귀국하여 백
제왕이 되는 것이다. 일본에서의 종래의 연구에서는 풍장의 귀국을 왜국의
입장으로부터 해석하는 경우가 많고, 백제부흥군과의 관련에서 고찰하려고
하는 시도는 별로 없었다. 그래서 백제부흥군 측의 시점을 채용하여 백제왕
풍장을 고찰해 가고자 한다.

우선 백제부흥군은 660년 7월 백제 의자왕이 당·신라군에 항복한 시점에
서 이미 출현하고 있는 반(反) 당·반 신라의 항전 세력이다. 이러한 부흥군
의 저항에 의해 결국 백제는 663년 8월의 '백촌강의 싸움'까지 존속했다.
본절에서는 사료 상에 나타나는 백제 부흥군의 동향을 검토하고자 한다. 부
흥군의 기사에 대해 정리한 것이 다음의 <표 4>이다.

<표 4> 백제부흥군 관련 연표

연대	부흥군의 동향
660년 (齊明6·顯慶5)	7월 당·신라연합군에 의해 백제멸망 백제유신 귀실복신·浮屠道琛 등이 거병 10월 복신이 왜국에 풍장의 귀국을 요청
661년 (齊明7·龍朔元)	복신과 도침 간에 불화, 복신이 도침을 살해 9월 풍장이 왜의 구원군과 함께 귀국, 복신 등 부흥군세력에 의해 백제왕으 로 추대
662년 (天智元·龍朔2)	1월 왜국이 복신에게 구원 물자를 보냄
663년 (天智2·龍朔3)	3월 왜국이 구원군을 보냄 6월 풍장이 부흥군 내부에서 전권을 잡고 있던 복신을 살해하고 고구려와 왜국에 협조를 요청. 8월 왜군이 백촌강에서 당·신라군에 패하고 풍장은 고 구려로 망명 9월 부흥군의 거점 주류성 함락

이 <표 4>에서 가장 주목되는 것은 부흥군의 선두에 선 귀실복신의 존재
이다.[36] 그래서 백제부흥군의 대표적 존재인 복신에 주목하고 그와 풍장과
의 관계를 검토하는 것으로 한다.

귀실복신은 백제의 왕성인 여(余)씨가 아닌 것으로 보아 백제의 왕족은
아닌 것처럼 생각되지만 실은 무왕과 친연관계에 있었다.[37] 복신은 무왕
28년(627)8월에 당에 조공사로서 파견되었는데, 『구당서』백제전에는 무왕
의 「질(姪)」이라고 하는 기술이 보인다. 나아가 『삼국사기』에서는 「무왕의
종자」라고 한다.[38] 「종자」나 「질」은 형제·자매의 자식을 의미한다고 볼
때,[39] 복신은 본래 무왕과 「삼촌」과 「조카」라는 혈연관계에 있었던 것을
알 수 있다.

이렇게 복신은 무왕시대에 백제왕실과 깊은 관계가 있었으며, 당에도 파
견되어 동아시아 정세에도 정통한 인물이었다. 그렇지만 복신은 의자왕 재
위 때에는 사료 상에 단 한 번도 등장하고 있지 않다. 그가 다시 역사의 무
대에 등장한 것은 백제 멸망 이후의 일이었다.

무왕과의 관계로부터 복신은 의자왕과 같은 세대의 인물이라고 생각되어
지지만(<표 3>참조), 『일본서기』제명 6년(660)9월癸卯(5일)조의 백제 멸망
소식에 이어 다음 <사료 18>에 의하면 복신이 부흥군의 주도권을 잡고 있
었던 것을 알 수 있다. 왜냐하면 왜에 ① 당군 포로를 보내어 전황을 유리
하게 설명하고, ② 군사 원조, ③ 왕자 풍장의 귀환 요청 등, 백제 구원의
구체적인 방법을 제시하고 있기 때문이다.

---

36) 胡口靖夫, 전게 주 10저서 「鬼室福信と劉仁願紀功碑」(초출은 1979), 39페이지에서
   씨는 귀실씨는 백제의 성씨이고 그 사성 시기는 백제부흥운동 중이었다고 한다.
37) 森公章ａ, 전게 주 4著書, 108~112페이지 참조.
38) 『三國史記』百濟本紀武王28年(627)8月條「遣王姪福信入唐朝貢」; 『三國史記』百濟本紀
   龍朔元年(660)條「武王從子福信」 참조.
39) 諸橋轍次『大漢和辭典』참조.

<사료 18> 『日本書紀』齊明6年(660)冬10月條

百濟佐平福信, 遣佐平貴智等, 來獻唐俘一百余人. (略)又乞師請救. 幷乞
王子豊璋曰, (略)方今謹願, 迎百濟國遺侍天朝王子豊璋, 將爲國主, 云々. 詔
曰, (略)云々. <(略)或本云, 天皇, 立豊璋爲王, 立塞上爲輔, 而以礼發遣焉>

나아가 <사료 18>에서 주목해야 할 점은 복신이 왕자 풍장의 귀국을 기
다려 풍장을 국주, 즉 백제왕으로 추대한다는 계획을 갖고 있고, 왜국은 그
계획에 동의하였으며, 왜군의 파견을 결정했다고 하는 점일 것이다. 이것은
백제부흥군 측은 물론 왜국도 그것을 가능한 선택 수단으로 생각하고 있었
던 것을 의미한다.

복신은 무왕과 친연관계이고, 또한 의자왕의 시대에는 사료 상에 보이지
않은 것으로 치자면 정치적으로 의자왕 측과 다른 입장의 인물이었다고 생
각하지 않을 수 없다. 역으로 말하자면 무왕의 왕자 풍장을 백제의 국주로
하는 것은 무왕과 깊은 관계가 있던 복신이 백제부흥운동의 정통성을 무왕
의 자식이라는 풍장에서 찾고 있었던 결과라고 할 수 있는 것은 아닐까.[40]

다음으로, 왜의 입장에 선 관점에서 생각한다면, 645년 '을사(乙巳)의 변'
이전의 소아씨가 주도한 외교는 전통적인 소아씨의 친백제 씨족이라는 성
격도 있고,[41] 당·신라 연합 측에 참가할 수가 없었다. 그러나 645년 이후,

---

40) 귀실복신에 대해서는 의자왕 때부터 관위를 받은 것은 아닌가 하는 지적도 있을
수 있다. 그렇지만 복신의 관위기사는 『일본서기』에 밖에 보이지 않는 점 (『日本書
紀』齊明6年(660)9月癸卯條「西部恩率鬼室福信」·동년 10月 「佐平鬼室福信」·동 天智
元年(662)正月丁巳條「百濟佐平鬼室福信」), 게다가 백제멸망 후의 기사에만 보이는
점 등으로부터 복신의 관위가 백제멸망 이전 다시 말해 의자왕 때부터의 관위인지
아닌지에 대해서는 아직 검토가 필요하다고 생각한다.
41) 門脇禎二, 전게 주30 저서, 94~95페이지; 同「蘇我氏の出自について」(『日本のなか
の朝鮮文化』12, 1971); 김현구, 전게 주19 저서, 282~288페이지 참조.『扶桑記』推
古元年條「蘇我大臣馬子宿祢依合戰於飛鳥地建法興寺. 立刹柱日, 島大臣幷百余人. 皆著
百濟服. 觀者悅. 以仏舍利蘿置刹柱礎中」에서는 소아씨가 친 백제계 씨족인 것이 확
인된다.

소아씨 본종가의 타도에 의해 등장한 효덕조는 대화 2년(646)의 고향현리(高向玄理)의 신라파견과 다음 해 김춘추의 「질」외교에서 알 수 있는 것처럼[42] 친신라 정책을 취하고 있다. 특히 효덕조의 전반기인 대화연간(645~649)에는 순수한 친(親) 당·친 신라 정책을 취하게 되고 당·신라·일본의 삼국연합체가 기능했다.[43]

그런데 효덕조의 후반기인 백치연간(白雉年間; 650~654)에는 효덕과 중대형(中大兄)황자의 반목에 의해 정권은 분단되고, 전자는 이전과 같이 친 당·친 신라 정책을, 후자는 그것에 반하는 외교, 즉 친 백제 정책으로의 회귀를 주장했다.[44] 백치연간의 반 신라 정책의 움직임은 신라사가 당의 복장을 입고 내왜했을 때의 거세대신(巨勢大臣)의 주청, 다시 말해 지금 신라를 정벌하지 않으면 나중에 반드시 후회할 수가 있다」는 인식으로부터 미루어 짐작할 수 있다.[45]

그 후 효덕의 사망에 의해 제명조는 중대형의 주도 하에 삼국 연합체부터 일부터 이탈하고 있었다. 이는 백제의 멸망 후, 당과 신라의 다음 창끝은 자신들일 것이라는 왜가 강렬한 위기의식을 느끼게 했고 이는 더 나아가 제명과 중대형황자 스스로 수도를 북구주로 옮기고 전쟁준비에 매달린 훗날의 정황과 자연스레 연결된다.

이상을 다시 정리해 보면 백제부흥군의 중심은 무왕과 관계가 깊었던 복신인데, 무왕의 왕자인 풍장을 백제왕에 추대하는 것에 의해 무왕과 직접적으로 관계가 깊은 라인에 정통성을 구하고자 했던 것이다. 한편 왜는 효덕조의 친 당·친 신라정책에서 제명조의 친 백제 정책으로 전환한 것에 의해,

---

42) 『日本書紀』大化2年9月條, 大化3年是歲條 참조.
43) 왜·신라·당을 연결한 '삼국연합체'를 실현한 김춘추의 외교에 대해서는 堀敏一「唐初の日唐關係と東アジアの國際政局」(『東アジアのなかの古代日本』研文出版, 1998), 169~170페이지 참조.
44) 김현구, 전게 주19저서, 제4편 제3장 참조.
45) 『日本書紀』孝德白雉2年(651)是歲條 참조.

백제부흥군을 조직할 수 있었다. 다시 말해 중대형황자(나중의 천지천황)와 복신은 왕자 풍장을 매개로 하여 당과 신라의 위협으로부터 벗어날 수 있을 것이라고 기대했던 것이다.

결. 풍장의 의의

지금까지 서술해 온 것을 요약하기로 한다.

첫째, 백제왕자 풍장은 무왕의 왕자로서 631년(서명 3년·무왕 32년)에 내왜했다. 한편 640년대 초에 「백제대란」이 일어나고 그 영향으로 의자왕의 왕자들이 내왜했다. 631년 내왜한 왕자 풍장과 642·3년경에 내왜한 왕자 교기는 다른 사람이다.

둘째, 풍장이 왜국에 도래한 것은 왜국의 제1차 견당사 파견과 귀환의 과정에서 생겨난 것으로, 당·신라·왜국의 삼국 간의 외교 루트 개척에 대한 견제를 목적으로 하는 백제의 긴박한 외교적 노력의 결과물이었다. 그 결과, 서명조 후기에는 친백제적인 대외정책이 등장하고 견당사가 재개되기까지에는 20년 이상의 세월이 필요했다.

셋째, 661년의 풍장 귀국 배경에는 백제 무왕의 왕자를 백제왕으로서 추대하려고 하는 무왕계의 복신의 생각이 있었다. 한편 반 당·반 신라노선을 걸어 온 왜는 백제멸망 후의 창끝이 자신들을 향할 것이라는 위기감을 갖고 있었다. 그래서 왜는 직면한 문제 해결을 한반도에 직접 개입하는 것에 의해 달성할 수 있을 것이라 보고 풍장의 귀국을 지지하여 원군을 파견한 것이다.

본장에서는 백제 왕자의 동향에 관한 기초적 사실의 재검토를 근거로 7세기의 왜국과 백제와의 관계 고찰을 시도하였다. 특히 종래는 왜국의 정치상황 속에서 이해되는 적이 많았던 풍장의 내왜와 백제왕 옹립에 관해, 본

고에서는 새롭게 백제 국내에서의 정치 상황과 외교정책 그리고 부흥군의
내실이라는 시점에서 검토를 행하였다.

제2장 '백촌강 싸움'과 왜
- 동아시아 신체제의 재편과 관련하여 -

서. 백촌강싸움은 무엇인가

660년 7월의 백제멸망으로부터 663년 8월의 '백촌강싸움'에 걸친 기간은 동아시아세계의 재편을 초래한 중대한 전기가 된 시기였다. 이 시기를 거쳐 대륙의 당은 동방의 안정에 의해 여력을 서방에 집중할 수 있게 되고 대제 국으로서의 면목을 유지할 수 있게 되었다.

한반도에서는 백제의 완전한 멸망에 따라 고구려는 더욱 고립하게 되고, 그에 비해 신라는 눈부신 발전을 이루었다. 한편 열도의 왜는 패전의 충격 과 함께 많은 백제유민들을 받아들여 국토방위전쟁의 준비와 새로운 국가 질서 만들기에 매달리게 된다.

백촌강싸움에 관한 기존의 연구는 석모전정(石母田正)씨의 「고대제국주 의론(古代帝國主義論)」에 입각하여, 당을 중심으로 하는 「대제국주의(大帝 國主義)」와 왜(일본)를 중심으로 하는 「소제국주의(小帝國主義)」의 충돌이 었다고 평가한다.[46] 그렇지만 이 시기의 동아시아세계를 그러한 시점에 서

---

46) 石母田正, 『日本の古代國家』, 岩波書店, 1971, 70페이지참조(→『著作集第三卷』[岩波 書店, 1989]에 재록). 최근 大町健씨는 石母田正・石上英一 양씨의 「小帝國主義論」・「擬 似民族集団」을 각각의 분석대상으로 하고 일본고대국가에서의 「제국(帝國)」과 「민 족」의 개념에 관한 정의를 새롭게 검토할 필요성이 있다고 문제제기를 하고 있다. (同「東アジアのなかの日本律令國家」 [歷史學研究會・日本史研究會 編『日本史講座 第 2卷 律令國家の展開』東京大學出版會, 2004], 223~248페이지 참조). 그 외에 백촌 강싸움에 관한 연구로는 鬼頭淸明, 『日本古代國家の形成と東アジア』, 校倉書房, 1976;

서 바라본다면, 당과 왜 만이 이 세계의 기축이 되어 버려 동아시아세계에서의 반도 세력, 즉 백제부흥군과 신라가 담당한 역할에 대해서 충분한 평가를 할 수 없게 된다고 하는 단점이 있다.

그래서 본고에서는 우선 7세기의 동아시아세계에서의 백촌강싸움에의 도정을 시간적으로 재검토하는 가운데 왜의 백제구원군과 함께 당·신라 연합군과 싸운 백제부흥군을 포함하는 백제유민의 존재에 주목하면서 백촌강싸움의 재평가를 시도해 보고자 한다.

이상의 작업을 통해 동아시아에서의 백촌강싸움의 의의가 명백하게 되고 나아가 지금까지의 귀화인·도래인 연구에서 놓쳐져 왔던 백제유민을 비롯한 백제왕씨47)의 본래의 성격이 비로소 보다 명확히 보이기 시작하는 것은 아닐까.

同,『白村江-東アジアの動亂と日本-』, 教育社, 1981; 同,『大和朝廷と東アジア』, 吉川弘文館, 1994; 鈴木英夫,「百濟の役」, 黛弘道 編『戰亂の日本史 1中央集權國家への道』, 第一法規出版, 1988; 遠山美都男,『白村江-古代東アジア大戰の謎-』, 講談社, 1997; 森公章『白村江以後-國家危機と東アジア外交-』, 講談社, 1998; 同,「白村江の戰をめぐる倭國の外交と戰略」,『東アジアの古代文化』110、2002 등이 있고, 한국에서의 전문연구서로는 노중국,『백제부흥운동사』, 일조각, 2003 과, 변인석,『백강구전쟁과 백제·왜 관계』, 한울아카데미, 1994 참조. 이어 관련 연구사 정리는 졸고,「'백촌강싸움'과 '임신의 난'」, 김준엽선생 기념서편찬위원회 편『동아시아국제관계사』, 2010, 132~133페이지 참조.

47) 졸고,「동아시아세계 속의 백제왕씨의 성립과 전개」,『백제연구』44집, 2006, 246~250페이지(→본론의 제2부 제1장) 참조.

제1절 백촌강싸움에의 도정

1) 7세기 전반기의 동아시아와 왜

589년에 수(581~618년)의 문제가 중국을 통일하고 고구려원정(598~614
년)을 시작하자 동아시아의 여러 나라는 혼란과 격동의 시대를 맞이한다.
그 후 수는 고구려원정에 실패하고 멸망하게 되고 당 (618~907년)이 대신
하여 통일국가를 건설하게 된다. 왜는 5세기「왜의 5왕」시대 이래 중국과
직접 교류를 행하지 않게 되지만 견수사의 파견은 약 1세기 만의 중국과의
직접 교류가 된다. 계속하여 수에서 당으로의 교대와 함께 왜는 견당사를
파견한다. 그것과 함께 도래승과 왜의 귀족들의 관계도 깊어지고,[48] 왜로부
터의 유학생과 유학승의 왕래도 증가하게 되었다.[49]

7세기의 왜에서는 국가형성이 진척되는 가운데 밖으로부터의 선진문물
의 수요에 대한 욕구가 증가하기 시작했다. 그 때문에 6세기 이래의 백제와
의 「용병관계(傭兵關係)」[50]만으로는 왜가 필요로 하는 선진문물의 수요를
채울 수가 없게 되고 또 백제는 6세기 중엽의 신라의 발전에 의해 이전과
같은 선진문물의 도입처로서의 역할에 그림자가 드리워지기 시작했다. 그
현상을 해결하기 위해 야마토왕권은 백제 이외의 수·당, 고구려, 신라와도
외교관계를 맺는 등 대외관계를 다면화하려고 했다. 그러나 당시의 야마토
왕권의 대외관계는 친백제계씨족인 소아씨가[51]가 담당하고 있었기 때문에

---

48) 『日本書紀』推古元年(593)4月己卯條; 동 推古3年(595)5月丁卯條; 동 敏達13年是歲條
참조.

49) 『日本書紀』皇極3年(644)正月朔條;『藤氏家伝』上卷鎌足伝 등 참조.『藤氏家伝』에 대해
서는 沖森卓也·佐藤信·矢嶋泉『藤氏家伝 鎌足·貞慧·武智麻呂伝 注釋と研究』(吉川弘
文館, 1999)를 참조.

50) 金鉉球『大和政權の對外關係關係』(吉川弘文館, 1985), 제3편 및 제4편 참조.

51) 門脇禎二『蘇我蝦夷·入鹿』(吉川弘文館, 1977), 94~95페이지; 同「蘇我氏の出自につい
て」(『日本のなかの朝鮮文化』12, 1971); 金鉉球 전게 주 50저서, 282~288페이지 참

다면화 외교라 해도 백제와의 관계를 완전하게 단절할 수는 없었다. 한편 당은 644년에 본격적인 고구려원정을 시작하지만 이것에 의해 동아시아 여러 나라는 격동과 혼란의 시대를 맞이한다. 중국 동북부에서 반도에 위치한 고구려·백제·신라는 물론 왜 등의 여러 나라에는 국제적 긴장이 높아지게 되었다. 그 중에는 당과 대결의 자세를 보이는 나라도 있고 혹은 종속되는 경우도 있었다.

이러한 국제적 긴장에 대응하기 위해 고구려에서는 642년의 연개소문의 쿠테타에 의한 전권의 장악이 일어나고 백제에서도 거의 동시기에 의자왕에 의한 정치적 집중이 꾀해진다.[52] 신라에서는 여왕(善德王·眞德王)의 통치 하에 왕족인 김춘추와 김유신에 의한 정치적 집중이 행해졌다.[53] 한편 왜에서는 645년에 '을사의 변'이라는 쿠테타가 일어나 소가노 에미시와 이루카(蘇我蝦夷·入鹿) 부자 등의 소아씨 본종가가 멸망되고 효덕의 통치 하에 중대형황자 등에 의한 「개신(改新)」정권이 수립한다. 그 외에 탐라도 나라로서의 독립을 모색하면서 對 백제·대 왜·대 신라외교를 적극적으로 전개하고 있었다.[54]

2) '개신'정권 이후의 신외교의 모색

왜의 「개신」정권의 대외정책에 대해서는 효덕조의 10년간을 두 시기로

조. 그리고 『扶桑略記』推古元年條 기사 「蘇我大臣馬子宿祢依合戰於飛鳥地建法興寺. 立刹柱日, 島大臣幷百余人. 皆著百濟服. 觀者悅. 以仏舍利籠置刹柱礎中」에서는 소아씨가 친 백제계 씨족인 것이 확인된다.

52) 『日本書紀』皇極元年(642)春正月乙酉條, 同年2月戊子條. 본론의 제1부 제1장 제1절 참조.

53) 『三國史記』卷5 新羅本紀, 善德王16年(647)春正月條; 武田幸男「新羅『*曇の亂』の一視角」(『三上次男博士喜壽記念論文集歷史編』平凡社, 1985)참조.

54) 森公章「古代耽羅の歷史と日本－七世紀後半を中心として－」(『古代日本の對外認識と通交』吉川弘文館, 1998, 초출은 1986)참조.

나누고자 하는 이해가 있다.[55] 우선 대화연간(645~649)의 대외정책은 이전의 친백제정책에 반해 친신라정책, 즉 당·신라·왜의 3국 연합정책을 채택한 것이 특징으로서 들어진다.

한편 효덕조의 후반기인 백치(白雉)연간(650~654년)의 대외정책에 대해서는 당·신라·왜 3국 연합정책이 후퇴하고 백제와 신라에 대해서 등거리의 외교자세를 유지하고 있다고 한다. 즉 왜국의 대 신라외교가 당·신라·왜 3국 연합정책으로부터 이탈하고 친백제정책을 취하게 되는 것이다.

660년 7월 백제는 당과 신라와의 연합군에 의해 멸망한다. 백제의 의자왕과 태자 융 등의 왕족과 귀족들은 당의 낙양으로부터 수도인 장안으로 연행되고, 백제의 옛 땅은 웅진·마한·동명 등의 5도독부를 두고 각각에 주·현을 설치하여 거기에는 유력자를 도독(都督)·자사(刺史)·현령(縣令)에 임명했다.[56] 그러나 백제의 옛 땅에서는 부여성 함락과 의자왕 연행 후에도 귀실복신(鬼室福信)·승려 도침(僧道琛)과 여자진(余自進) 등의 백제의 옛 신하들에 의해 백제부흥운동이 격렬하게 전개되었다. 귀실복신 등은 왜에 구원을 요청하고 660년 10월 왜는 백제왕자 풍장의 송환과 구원군의 파견을 결정한다.[57] 다음 해 7월에 제명이 조창궁(朝倉宮)에서 사거하자 상복을 입은 채로 중대형황자는 칭제하고 「수표지군정(水表之軍政)」을 행하였다.[58]

그 때 왜에 주재하고 있던 풍장이 백제부흥을 위해 귀국했지만, 이는 631년(서명3년, 무왕 32년)에 내왜한 이래 30년 만의 귀국이었다. 이미 제1장에서 언급한 대로 풍장은 무왕의 왕자로서 의자왕과는 형제관계에 있고 과거의 「입질(人質)」의 예와 같이 당초는 「질(質)」로서 백제의 위기적 상황을 타개하는 목적으로 내왜했다.[59] 이번 풍장의 「입질」[60] 의 경우는 왜가 외

55) 金鉉球, 전게 주 50저서, 第4編 참조.
56) 『旧唐書』百濟本紀 참조.
57) 『日本書紀』齊明6年(660)冬10月條.
58) 『日本書紀』天智卽位前紀(661)7月是月條.
59) 졸고, 「7世紀の倭國と百濟」, 『日本歷史』686号, 2005(본서의 제1부 1장); 西本昌弘,

교의 다면화를 꾀한 추고조의 견수사의 파견의 경우와 같이 630년의 제1차 견당사 파견과 관계가 있을 것이다. 왜로부터의 견수사의 파견에 의해 백제에 당·신라·왜라고 하는 3국의 포위망이 구축되는 것을 두려워하여 백제는 왜의 견수사 파견을 저지하기 위해 왕자 풍장을 장기간에 걸쳐 「입질」시킨 것이다. 이 백제왕자 풍장이 왜왕으로부터 직관(織冠)을 받고 왜의 군대와 함께 백제의 옛 땅에 들어 백제의 옛 신하인 복신 이하에게 백제왕으로서 맞아들여졌다.61) 여기서 비로소 백제부흥군의 상징이 세워지게 되고 왜로부터의 원군과 함께 연합작전에 들어서게 된다.

왜국의 백촌강싸움에의 참전이유에 대해서는 종래의 견해로서는 크게 나누어 두 가지가 있다. 첫째, 백제가 이전부터 왜를 '대국시(大國視)'하고 있는 한편 왜는 백제를 조공국 즉 속국으로 간주하고 있는 것으로 보아 왜가 반도의 백제에 출병하는 것으로 되었다고 하는 것이다. 두 번째로, 당시의 야마토왕권의 지배층이 반도계, 특히 백제계의 사람들이었다는 관계로 조국인 백제의 해방을 위한 출병이었다고 하는 것이다.

전자는 이른바 「고대제국주의전쟁설」로 일본인학자들이 주장하고 있다.62) 그것에 대해 후자는 이른바 「조국해방전쟁설」로 한국의 학자들에 의해 옹호되고 있다.63) 그러나 전자는 『일본서기』편찬 때의 일본 율령국가의 반도 여러 나라에 대한 「번국관(蕃國觀)」으로부터 나온 이해이고, 후자는 막연한 추측으로 확실한 근거가 부족하다고 하는 점에서 양설은 각각 약점을 갖고 있다고 할 수 있다. 그래서 제3의 안으로서 645년 「改新」 전후의 야마

「豊璋再論」, 『日本歷史』696号, 2006 참조.

60) 『日本書紀』舒明3年(631)3月條 참조.

61) 『日本書紀』天智卽位前紀(661)9월조; 同 天智元年(662)5월조 참조.

62) 전게 주 46저서 등 참조.

63) 林宗相「七世紀中葉における百濟·倭の關係」(『古代日本と朝鮮の基本問題』學生社, 1974); 변인석『백강구전쟁과 백제·왜 관계』(한울, 1994)참조. 그 외에 정효운「7세기의 동아시아의 전쟁과 고대제국주의」(『동아시아일본어교육·일본문화연구』2, 2000), 245~251페이지에서는 백촌강싸움에 대해「신라정복전쟁」으로 이해하고 있다.

토왕권의 대외관계에 관한 분석을 통하여 야마토왕권의 백촌강싸움에의 참전 이유를 구하는 견해가 있다.[64]

즉 그것은 왜·신라·당의 3국연합정책, 즉 반신라정책을 견지해 온 효덕의 죽음 후 제명과 중대형황자는 친백제정책으로 전환하는데 왜와 동맹관계에 있었던 백제가 당과 신라에 의해 멸망되자, 다음 표적이 왜 자신이다고 하는 위기감을 안은 야마토왕권이 한반도를 전장으로 백제의 부흥군과 고구려와 협력하면 당과 신라군을 억지할 수 있다고 판단했다고 하는 것이다. 다시 말하자면 야마토왕권은 일본열도에서 당과 신라의 연합군의 공격을 맞는 것이 아니라, 백제부흥군과 고구려가 아직 건재한 한반도에 출병하여 당과 신라군을 맞닥뜨리는 것에 의해 미리 저지를 꾀했다고 하는 것이다.

그러한 왜국의 백촌강참전의 이유가 바르다고 한다면 이 싸움의 성격은 왜의 방위를 위한 예방적 전쟁이라는 것이 된다. 또한 이것은 왜국의 백촌강참전의 이유를 '외교 미숙'으로 보는 森公章씨의 견해[65]와는 차이가 있다. 필자는 왜국의 백촌강참전의 결정에는 한반도와의 기나긴 교류를 통하여 체득한 왜국 나름의 절박하고도 간절한 외교술이 총동원된 결과일 것으로 생각한다.

이상을 포함해 다음 절에서는 왜의 백촌강에의 참전에서 패배를 전후한 사정에 대해 검토하기로 한다.

---

64) 金鉉球, 전게 주 50저서, 제4편; 동「백강전쟁과 그 역사적 의의」(백강전쟁1340주년 한·중·일국제학술심포지엄자료집『백제부흥운동과 백강전쟁』충청남도 공주대학교 백제문화연구소, 2003.09)도 참조.
65) 森公章, 전게 주 46저서, 종장 참조.

제2절　백촌강싸움

1) 동아시아의 대전

　　동아시아 여러 나라가 서로 얽히고설킨 백촌강싸움의 기간에 관해서는
두 가지의 관점이 있다. 첫 번째는, 660년 7월의 백제 멸망으로부터 663년
8월까지의 3년간의 백제부흥 전쟁 기간이라고 하는 넓은 의미에서의 관점
이다. 두 번째는, 663년 8월 27, 28일 양일의 전투 그 자체를 가리키는 관점
이다. 필자는 전자의 3년간을 넓은 의미에서의 백촌강싸움이라고 이해하고
싶다. 단, 어느 설을 취하더라도 백촌강싸움의 목적이 백제군원과 백제부흥
에 있었다고 하는 것은 틀림없다.

　　그러나 백제부흥·구원론에는 비판적인 의견도 있다. 우선 왜군의 반도에
의 본격적인 출병은 663년이 되어 이루어졌지만 왜의 출병의 본심은 반도
남부의 이익을 얻기 위한 것이고, 백제부흥에 있었던 것은 아니다고 하는
견해이다.[66] 그러나 이 견해의 문제점은 당의 對 동방정책 즉 對 고구려 문
제를 중시한 나머지 백제의 멸망과 왜가 참전한 백촌강의 싸움은 당을 중
심으로 하는 전쟁에서 단순한 하나의 사건에 지나지 않다고 하는 것이다.

　　그 외에도 풍장을 백제 왕으로 책봉하기 위한 전쟁이라고 하는 견해가
있지만,[67] 이것은 「고대제국주의전쟁설」로 생각해버리는 관점이 아닐까.
왜냐하면 『일본서기』제명6년(660)겨울 10월조에 보이는 것처럼 백촌강싸움
의 경위는 백제 고지에서의 「乞師請救, 乞王子豊璋」라는 요청에 의하여
야마토 왕권이 답했던 것이기 때문인 것으로 이 전쟁의 목적이 백제멸망
직후부터 백제부흥군의 요청을 얻고 있던 군사원조를 통해서의 백제부흥에

---

66) 한승「당과 백제의 전쟁－그 배경과 성격－」(『백제부흥운동과 백강전쟁』[전게 주64
　　자료집])참조.
67) 遠山美都男, 전게 주 46저서, 169페이지 참조.

있었다고 하는 것은 명백하다.

그래서 660년 10월의 백제 고지의 구원요청에 대하여 같은 해 12월에는
재빨리 왜의 중추부인 제명과 중대형황자, 후지와라노 가마타리(藤原鎌足)
등이 나니와(難波)로 옮기고, 다음 해 정월에는 나니와쓰(難波津)에서 세토
(瀬戸)내해를 통하여 기비(吉備)와 이세(伊勢)를 거쳐 3월에는 북구주의 나
노오쓰(那大津, 博多津의 옛 이름)에 도착한 것이다. 이러한 일로부터 백제
구원에 걸었던 왜왕권의 심상치 않은 자세를 엿볼 수 있다.

이리하여 반도의 백제 고지에서는 왜로부터의 구원군과 복신이 이끄는
백제부흥군과의 연합군이 결성되었다. 그런데 이 연합군의 최고 책임자는
누구였을까? 그것은 백제왕풍장을 제외하고는 상정하기 어렵다. 앞장에서
서술한 것처럼 복신과 풍장의 사이에는 「무왕계」라는 공통점이 있었다.[68]
그러나 왜에서의 긴 「入質」생활을 통하여 왜군에 의해 많은 친근함을 느끼
고 있었을 풍장은 복신이 이끄는 백제군을 지휘하는 데는 한계가 있었다고
보인다. 다시 말해 백제와 왜국의 연합군에는 항상적인 불화의 가능성이 내
포되어 있었다고 해도 좋다.

풍장과 복신과의 불화의 원인에 대해서는 이전부터 지적이 있다. 그 원
인을 풍장의 성격의 문제, 즉 풍장의 긴 인질생활이 그를 「피해망상증환자」
로 만들었다는 의견이 있다.[69] 혹은 정책상에서의 차이를 지적하는 견해가
있다.[70] 즉, 왜군과 백제부흥군과의 주도권을 둘러싼 분쟁이 배경에 있고
그 구체적인 근거로서 는 주류성에서 피성(避城)에의 천도, 그리고 고구려
와의 관계를 중시하는가에 대해서 의견의 차이가 있었다는 것이다.

이상의 견해에 관해서 살펴보자면, 확실히 긴 「入質」생활이 한 개인에게

---

68) 주59의 졸고 참조.
69) 胡口靖夫「百濟豊璋王について―いわゆる「人質」生活を中心に―」(『近江朝と渡來
人―百濟鬼室氏を中心として―』雄山閣出版, 1996, 초출 1979), 199~202페이지 참조.
70) 鈴木英夫「百濟復興運動と倭王權―鬼室福信斬首の背景―」(武田幸男 編『朝鮮社會の
史的展開と東アジア』山川出版社, 1997), 192~195페이지 참조.

준 영향은 무시할 수가 없다고는 하지만, 역시 왜와 백제와의 연합군이라고 하는 이질적인 구성에 불화의 원인을 구하는 후자의 견해가 보다 타당하다고 할 수 있을 것이다.

2) 백촌강싸움의 전개와 패배

여기서는 백촌강싸움의 전개와 패전 그리고 그 결과로서 발생한 백제유민에 대해서 서술하고자 한다. 우선 전투의 전개에 관한 사료를 A군으로, 전투의 결과에 관한 사료를 B군으로 한다.

A군 전투의 전개
<사료 1> 『旧唐書』卷199上百濟伝
於是仁師仁願及新羅王金法敏帥陸軍進, 劉仁軌及帥杜爽扶余隆率水軍及糧船, 自熊津江往白江以會陸軍. 同趣周留城.
<사료 2> 『資治通鑑』卷201龍朔3年(663)9月條
於是仁師仁願及新羅王法敏將陸軍以進, 仁軌与別將杜爽扶余隆將水軍及糧船, 自熊津江入白江, 以會陸軍. 同趣周留城.
<사료 3> 『三國史記』卷28龍朔2年(662)條
於是仁師仁願及羅王金法敏帥陸軍進, 劉仁軌別及帥杜爽扶余隆帥水軍及糧船, 自熊津江往白江口, 以會陸軍. 同趣周留城.
<사료 4> 『三國史記』卷7文武王11年(671)條
至龍朔三年, 摠管孫仁師領兵來救府城, 新羅兵馬, 亦發同征, 行至周留城下.
<사료 5> 『日本書紀』天智2年(663)秋8月甲午(13日)條
新羅, 以百濟王斬己良將, 謀直入國先取州柔. 於是, 百濟知賊所計, 謂諸將曰, 今聞, 大日本國之救將廬原君臣, 率健兒萬餘, 正当越海而至. 願諸將軍等, 応預図之. 我欲自往待饗白村.
<사료 6> 『日本書紀』天智2年(663)秋8月戊戌(17日)條
賊將至於州柔, 繞其王城. 大唐軍將, 率戰船一百七十艘, 陣烈於白村江.

B군 전투의 결과

<사료 7> 『旧唐書』卷199上百濟伝

仁軌遇扶余之衆於白江之口, 四戰皆捷, 焚其舟四百艘, 賊衆大潰, 扶余豊脫身而走, 僞王子扶余忠勝忠志等率士女及倭衆並降, 百濟諸城復歸順, 孫仁師与劉仁願等振旅而還.

<사료 8> 『旧唐書』卷84列伝33 劉仁軌伝

仁軌遇倭兵於白江之口, 四戰捷, 焚其舟四百艘, 煙焰張天, 海水皆赤, 賊衆大潰, 余豊脫身而走, 獲其宝劍, 僞王子扶余忠勝忠志等率士女及倭衆並耽羅國使, 一時並降, 百濟諸城皆復歸順, 賊帥遲受信據任存城不降.

<사료 9> 『資治通鑑』卷201龍朔3年(663)9月條

遇倭兵於白江口, 四戰皆捷, 焚其舟四百艘煙炎灼天, 海水爲赤, 百濟王豊脫身奔高麗, 王子忠勝忠志等帥衆降.

<사료 10> 『三國史記』卷28龍朔2年(662)條

遇倭人白江口, 四戰皆克, 焚其舟四百艘, 煙炎灼天, 海水爲丹, 王扶余豊脫身而走, 不知所在, 或云奔高句麗, 獲其宝劍, 王子扶余忠勝忠志等帥其衆与倭人並降.

<사료 11> 『三國史記』卷7文武王11年(671)條

此時, 倭國船兵, 來助百濟, 倭船千艘, 停在白沙, 百濟精騎岸上守船, 新羅驍騎爲漢前鋒, 先破岸陳, 周留失膽, 遂旣降下.

<사료 12> 『日本書紀』天智2年(663)秋8月戊申(27日)條

日本船師初至者, 与大唐船師合戰. 日本不利而退. 大唐堅陣而守.

<사료 13> 『日本書紀』天智2年(663)秋8月己酉(28日)條

日本諸將, 与百濟王, 不觀氣象, 而相謂之曰, 我等爭先, 彼応自退. 更率日本亂伍, 中軍之卒, 進打大唐堅陣之軍. 大唐便自左右夾船繞戰. 須臾之際, 官軍敗續. 赴水溺死者衆. 艫舳不得廻旋. 朴市田來津, 仰天而誓, 切齒而嗔, 殺數十人. 於焉戰死. 是時, 百濟王豊璋, 与數人乘船, 逃去高麗.

이상의 A군과 B군의 사료로부터 네 가지를 지적하고자 한다. 우선 첫 번째로, 전장의 지명이 혼란하고 있는 일이다.[71] 「白江口」(<사료 3><사료

---

71) 심정보「백강에 관한 연구현황과 문제점」(『백제부흥운동과 백강전쟁』[전게 주64자

7~10>), 「白江」(<사료 1><사료 2>), 「白沙」(<사료 11>), 「白村江」(<사료 5><사료 6>) 등 이다. 이 중 「白江口」와 「白江」은 같은 장소를 가리키고 있는 듯하다. 한편 백촌강은 『일본서기』밖에 보이지 않지만, 보다 구체적인 장소를 특정하고 있는 지명이라고 생각한다.

두 번째로, 당과 신라의 사료내용이 거의 일치하고 있는 것에 대하여 『일본서기』는 전장의 묘사가 특히 <사료 13>처럼 상세하고 별도의 계통의 사료를 사용하고 있다고 생각되는 일이다.[72)]

세 번째로, 싸움의 주체인 육군과 해군과의 전투가 별개로 다루어지고 있는데, 육군의 전투는 신라와 백제의 군대가, 해군은 당과 왜국의 군대가 각각 담당하고 있는 것이다. 즉 <사료 11>에 의하면 언덕 위에서 백제육군과 신라군이 싸우고 있다. 요컨데, 양군의 육군의 임무는 각각의 해군의 선단을 호위하면서 육군끼리의 전투를 전개하는 전술을 구사하고 있는 것을 알 수 있다.

네 번째로, 왜의 수군의 패전 이유에 대해서이다. 패전의 이유로서 기상조건의 악화·군선의 성능차이·전략의 부재 등이 들어진다.[73)] 당과 왜의 선단 규모는 당이 170척(<사료 13>), 왜가 400척(<사료 7~10>), 혹은 1000척(<사료 11>)이었다. 왜의 군선의 척수는 400에서 1000까지의 차가 있다. 그중 1000척은 『삼국사기』한 군데만의 기록이기에 훗날의 과장이라고 생각되지만, 400척 이상의 군세이었던 것만은 확실할 것이다. 왜냐하면 <사료 7~10>의 기사 「焚其舟四百艘」로부터 적어도 400척은 파괴된 배의 척수를 나타내고 있기 때문이다.

료집])참조.
72) 新川登龜男「白村江の戰いと古代の東アジア」(『백제부흥운동과 백강전쟁』[전게 주64자료집])참조.
73) 김현구, 전게 주64논문(『백제부흥운동과 백강전쟁』)314페이지; 심정보, 전게 주64논문은 풍장과 복신의 대립을 패전의 주된 이유로 들고 있다. 이에 대해 遠山美都男, 전게 주 46저서는 패전사관의 극복을 주창하고 있다.

다음으로 백촌강싸움의 결과 생긴 백제유민의 발생과 그 존재에 대해서
보고자 한다. 우선 백제유민의 발생에 대해서는 다음의 <사료 14~17>이 참
고가 된다. 663년 8월말에 왜와 백제연합군은 당과 신라연합군에 의해 대패
를 맛본다. 그 후 9월 초부터 퇴각의 준비를 하고 왜와 백제의 인민들이 9
월말 경에 드디어 구백제의 남해안으로부터 왜국으로 향하게 된다.

> <사료 14> 『日本書紀』天智2(663)年9月丁巳(7日)條
> 百濟州柔城, 始降於唐. 是時, 國人相謂之曰, 州柔降矣. 事无奈何. 百濟
> 之名, 絶于今日. 丘墓之所, 豈能復往. 但可往於弖礼城, 會日本軍將等, 相
> 謀事機所要. 遂教本在枕服岐城之妻子等, 令知去國之心.
> <사료 15> 『日本書紀』天智2(663)年9月辛酉(11日)條
> 發途於牟弖.
> <사료 16> 『日本書紀』天智2(663)年9月癸亥(13日)條
> 至弖礼.
> <사료 17> 『日本書紀』天智2(663)年9月甲戌(24日)條
> 日本船師, 及佐平余自信·達率木素貴子·谷那晋首·憶礼福留, 并國民等,
> 至於弖礼城. 明日, 發船始向日本.

위 사료들에 따르면 「9월 7일, 주류성이 당에 항복했다. 백제인들이 말하
기를 백제라는 이름은 이제 이것으로 끝나고 말았다. 조상의 무덤에 어찌
다시 가볼 수 있을 것인가. 弖礼城에 가서 왜군과 상담해보자. 드디어 처자
에게 망국 백제를 떠날 것을 알렸다. 11일, 牟弖를 출발하여 13일에는 弖礼
城에 이르렀다. 24일, 왜의 수군과 백제의 관인 그리고 일반 백성과 함께
弖礼城에 도착했다. 다음 날 배에 승선하고 드디어 왜로 향하는 길에 올랐
다」라고 하고, 주류성이 백촌강싸움 후 불과 10일 남짓해서 함락하고 백제
유민들이 최후의 희망을 왜에 맡기고 있는 사정이 그려져 있다.

왜에서의 백제유민의 존재와 그들의 정착에 대해, 당시의 백제유민이 대
규모로 존재하고 있었던 것을 나타내는 이하의 사료를 살펴보자.

<사료 18>『日本書紀』天智4(665)年2月是月條
勘校百濟國官位階級. 仍以佐平福信之功, 授鬼室集斯小錦下〈其本位達
率〉. 復以百濟百姓男女四百余人, 居于近江國神前郡.
<사료 19>『日本書紀』天智5(666)年冬10月是冬條
以百濟男女二千余人, 居于東國. 凡不擇緇素, 起癸亥年, 至于三歲, 並賜
官食.
<사료 20>『日本書紀』天智8(669)年是歲條
又以佐平余自信·佐平鬼室集斯等, 男女七百余人, 遷居近江國蒲生郡.

<사료 18>과 <사료 20>은 천 단위의 백제유민들이 오미(近江)에 집거하
고 있는 것을 전하고 있다. 또 <사료 19>는 백제유민의 남녀 2,000인이 동
국(東國)에 집단거주하고 있는 실태와 계해년(663)이후의 3년간은 관식(官
食)을 지급할 것, 이라는 대우 방법에 대해 정하고 있다.

이러한 백제유민의 입식은 오미와 동국에 집중적으로 행해졌지만 왜에
있어서의 백제유민의 유효성에 대해서는 대외적으로는 당의 침공의 위협에
대비하는 조치로서,[74] 또 국내적으로는 오미를 비롯한 동국의 개발을 위함
이라고 설명할 수 있다.[75] 특히 오미지방은 천도에 반대하는 세력의 존재
가 있었음에도 불구하고[76] 오미로의 천도가 이루어진 배경으로서 백제유민
의 존재가 상정되는 것이다.[77]

74) 森公章, 전게 주 46저서, 163~166페이지 참조. 그 사이에 당사가 내왜한 것이 664년
   4월, 665년 9월, 666년 11월 등 빈번히 보인다. 또한 당 주도하의 중요한 사건으로
   서는 665년 8월의 웅진에서의 회맹이 있고, 666년 정월에는 당의 고종에 의한 봉선
   (封禪)이 행해졌다. 이러한 당을 중심으로 하는 국제질서 정비에 큰 위험을 느낀 왜
   국으로서는 백제유민세력에 의지하지 않을 수 없었을 것이다.
75) 大津透「近江と古代國家－近江との開發をめぐって－」(『律令國家支配構造の研究』岩
   波書店, 1993, 초출は 1987); 水野正好 編『古代を考える近江』(吉川弘文館, 1992);
   森公章, 전게 주 46저서, 171~173페이지 참조.
76) 『日本書紀』天智6年(667)3月己戊條에 의하면 오미(近江)로의 천도 기사가 보이는데
   같은 해 是時條에는 오미에의 천도에 반대하는 움직임이 보인다.
77) 胡口靖夫「近江遷都の構想」(『近江朝と渡來人－百濟鬼室氏を中心として－』雄山閣,

백제유민세력의 움직임과 관련하여 다음으로 '조선식 산성'의 문제에 대해서 주목하고자 한다. 조선식 산성 건설의 문제는 말할 것도 없이 백촌강 싸움의 영향이다. 백촌강싸움의 패전 후 당과 신라연합군의 침공을 두려워한 왜는 구주와 세토내해 그리고 나니와(難波)에 걸쳐 대대적인 방위시설의 건설을 진척한다.78) 그리고 그 사업에 크게 공헌했던 것이 다름 아닌 백제유신들이었다. 『일본서기』에 의하면 천지3년(664)에 쓰시마·이키의 두 섬과 쓰쿠시(筑紫)국 등에 사키모리(防人)와 봉수(烽)를 설치하고 쓰쿠시에 미즈키(水城)를 축조했다.79) 나아가 그 다음 해에는 達率答㶱春初을 나가토(長門)국에 또 달솔 憶礼福留와 달솔 四比福夫를 치쿠고(筑後)에 파견하여 각각 축성을 담당하게 했다. 나가토국의 성곽의 이름은 기재되어 있지 않지만, 쓰쿠시국에 대해서는 오노(大野)와 기(椽)의 두 성의 명칭이 남아 있다.

이처럼 백촌강에서의 패전을 계기로 하는 성곽의 축조를 비롯하여 방위시설의 설치에 관한 일련의 기사는 백제에 구원군을 보내고 또 백제로부터의 망명자를 적지 않게 받아들인 왜가 말하자면 가상 적국시하고 있던 신라와 당의 연합군의 내습에 준비한 것을 나타내는 것이다.80)

그 이외에도 백촌강싸움 이후 백제망명귀족·옛 신하 등은 왜의 조정에

1996, 초출 1992); 林博通『大津京』(ニュー·サイエンス社, 1984)참조. 그 외 오미 천도가 고구려와의 연대를 상정한 것이라는 견해는 山尾幸久『古代の日朝關係』(塙書房, 1989)를 참조.

78) 佐藤信·五味文彦 編『城と館を掘る, 讀む』(山川出版社, 1994), 6페이지; 石松好雄·桑原滋郎『大宰府と多賀城』(岩波書店, 1985), 415페이지 그림 1, 2와 19페이지 그림 9; 森公章, 전게 주 46의 저서, 164~165페이지 및 167~168페이지 참조.

79) 田村円澄 編『古代を考える大宰府』(吉川弘文館, 1987, 133페이지 그림33 참조.

80) 『日本書紀』天智3年(664)是歲條; 同 天智4年(665)8月條; 西谷正「朝鮮式山城」(『岩波講座日本通史古代 2』岩波書店, 1994), 286페이지 참조. 그 외에도 조선식 산성에 대해서는 西川宏 외, 「西日本古代山城をめぐる諸問題－東アジア史の視点から－」(『青丘學術論集』10, 1997); 龜田修一「日韓古代山城比較試論」(『考古學研究』42－3, 1995), 48~66페이지 참조.

중용되고 있었다. 구체적으로는 법에서는 余自信·沙宅紹明가 학문에서는 鬼室集斯·許率母가, 병법에서는 谷那晋首·木素貴子·憶礼福留·答㶱春初가, 약에서는 㶱日比子贊波羅金羅金須·鬼室集信·德頂上·吉大尙가, 음명(陰明)은 角福牟가, 각각 전문가로서 등용되고 있다. 특히 천지의 후계자로서 오우미조정을 장악한 오토모(大友)황자는 백제로부터의 망명귀족들을 자신의 브레인으로서 삼았다.[81]

이에 대하여 왜의 민중들은 동요를 빌려 백제인 등용에 대한 불만의 소리를 내고 있다.[82] 동요의 내용은 「귤(橘) 열매는 각각 다른 가지에 생기지만 그것을 구슬로서 꿸 때는 같은 가지에 통한다.」 즉 「출생이나 신분·재능이 다른 자를 함께 서작(叙爵)하고 같이 등용하는 정치를 은밀히 비꼰 것으로 곧이어 일어날 전란을 풍자했다」라고 한다.[83] 나아가 이 노래는 백제유민들을 우대하고 있는 천지조의 시책에 불만을 가진 토착 세력의 움직임이 있었던 것을 보여준 것은 아닐까.

한편 왜는 대 신라·대 당 외교에 있어 관계 개선을 추진하고, 동아시아세계의 고립으로부터 빠져나가려 하고 있었다.[84] 그러나 신라와의 관계가 완전하게 회복된 것은 아니었다. 즉 천무 말년의 『삼국유사』의 기사에는 신라가 왜를 얼마만큼 경계하고 있었던가를 알 수 있다.[85]

---

81) 『懷風藻』大友皇子伝에 따르면 「널리 學士 沙宅紹明·答*春初·吉大尙·許率母·木素貴子 등을 빈객으로 삼다」라고 보인다. 『日本書紀』天智10年(671)正月是月條; 森公章, 전게 주 46저서 참조.

82) 『日本書紀』天智10年(671)正月是月條 참조.

83) 日本文學大系『日本書紀』下(岩波書店, 1969)보주2 7−19 참조.

84) 『日本書紀』天智7年(668)9月癸巳(12日)條; 丁未(26日)條; 庚戌(29日)조의 신라사에 대한 왜국의 외교형태에 대해서는 佐藤信「古代の『大臣外交』についての一考察」(村井章介·佐藤信·吉田伸之 編『境界の日本史』山川出版社, 1997)참조. 『日本書紀』天智8年(669)是歳條에 보이는 제6차 견당사는 『新唐書』東夷伝에「咸亨元年(670)遣使賀平高麗」라고 하는 것처럼 왜국의 당과의 관계 정상화의 의도가 읽힌다.

85) 그 외의 사료로서는 『三國史記』卷7 文武王21年(681)에 「秋七月一日, 王薨, 諡曰文武, 羣臣以遺言葬東海口大石上, 俗伝王化爲龍, 仍指其石爲大王石」; 『三國遺事』卷2,

<사료 21> 『삼국유사』卷2萬波息笛條

神文大王.(略)爲聖考文武大王, 創感恩寺於東海辺. (寺中記云. 文武王欲鎭倭兵. 故始創此寺. 未畢而崩. 爲海龍. 其子神文立. 開耀二年畢. 排金堂砌下, 東向開一穴. 乃龍之入寺施繞之備. 蓋遺詔之葬骨處. 名大王巖. 寺名感恩寺. 後見龍現形處. 名利見代臺.)

이 기사의 「文武王欲鎭倭兵, 故始創此寺, 未畢而崩」에 의하면 신라의 통일전쟁86)을 완성한 문무왕이 왜로부터의 침략을 얼마나 경계하고 있었던가를 알 수 있다. 그리고 문무왕이 경계하고 있던 것은 왜 만이 아니라 왜에 몸을 맡기고 있던 구백제 세력에 대해서도 경계의 마음을 안고 있었던것도 상상하기 어렵지 않다.87) 그렇다고 한다면 신라와의 국교가 회복했다고 해도 왜로서는 신라를 의식하지 않으면 안 되고 백제유민세력을 끊임없이 왜의 질서 속에 편입시키지 않으면 안 되었다.88)

그러한 왜의 목표를 채워주었던 것이 다름 아닌 백제왕 선광의 존재였다고 생각한다.89)

文虎(武)王法敏條에 「大王御國二十一年. 以永隆二年辛巳崩. 遺詔葬於東海中大巖上. 王平時常謂智義法師曰. 朕身後願爲護國大龍. 崇奉佛法. 守護邦家」등이 보인다.

한편, 이상의 기사에 대해 회의적인 입장에 선 연구로서는 신종원 「문무왕과 대왕암ー고려시대의 민속신앙과 관련하여ー」(김윤곤교수 정년기념논총『한국중세사회의 제문제』한국중세사학회, 2001), 635~652페이지 참조.

86) 한국고대사의 관점에서는 보통 말해지는 신라의 삼국통일의 순수성에 대해 의문을 가지는 연구도 있다. 즉 신라가 의도한 통일은 백제를 멸망시키는데 한정된 것은 아니었는가 하는 관점이다. 그 근거로서 고구려가 멸망한 후인 670년대는 당이 서방의 반란에 의해 동방에 관심을 집중시킬 수 있는 입장이 아니었기 때문에 만약 신라가 고구려의 옛 땅을 목적으로 했다면 분명히 성과가 있었을 것이라고 한다. 김영하 「신라의 삼국통일을 보는 시각」(『한길역사강좌12 한국고대사론』한길사, 1988), 205~223페이지 참조.

87) 『旧唐書』卷84 劉仁軌伝에 의하면 당은 백촌강싸움 이후 고구려로 탈출한 부여풍과 왜국에 머무르고 있던 부여용이 결합하는 것을 가장 경계하고 있었다고 생각되는데 이 점은 신라도 예외는 아니었을 것이다.

88) 『日本書紀』天智10年(671)正月是月條 참조.

제3절 백촌강 이후의 동아시아신체제와 왜

1) 동아시아의 신체제

백촌강 이전의 동아시아세계가 중국(수, 당), 반도3국(고구려, 백제, 신라), 일본열도의 왜였던 것에 비하여, 백촌강 이후의 동아시아는 당·신라·왜로 재편되었다.[90] 이렇게 7세기 후반기에 새롭게 재편된 동아시아세계는 「율령제」가 공통의 국가체제로 되었다. 율령은 중국의 춘추전국시대의 혼란을 빠져나온 진·한 시대 이래의 긴 역사가 만들어 낸 통치법이고 그 통치법인 율령을 받아들여 자국의 국가운영을 위한 근간체제로 되는 것을 「율령국가」라고 부른다고 한다면 당·신라·일본은 틀림없는 율령국가였다고 할 수 있다.

그러한 공통점이 있었기 때문에야 말로 현재의 동아시아의 원형을 7세기 후반기에 구할 수 있을지도 모른다.[91] 즉 백촌강싸움의 의의는 현재의 동아시아세계의 원형을 7세기의 후반기에 구하는 바에 있는 것이다.

그러나 필자가 생각하는 동아시아세계란 니시지마 사다오(西嶋定生)씨 같은 중국을 중심으로 하는 지배와 피지배의 구조가 선험적으로 존재하는 동아시아세계는 아니고, 현재의 중국·한반도·일본열도가 포함되는 지역적인 덩어리로서의 동아시아세계를 말하는 것이다.

---

89) 주47의 졸고 참조.
90) 반도의 북부와 중국의 동북에 걸쳐 존재한 발해의 지배층은 고구려계, 피지배층은 중국의 다양한 변경 민족이기 때문에 여기서는 예외로 한다. 최근의 발해 연구의 사정에 관해서는 佐藤信 編『日本と渤海の古代史』(山川出版社, 2003); 石井正敏『日本古代國家と渤海』(山川出版社, 2003)가 참고가 된다. 그리고 최근까지의 발해의 연구사 정리는 浜田久美子「渤海史研究の步み」(『歴史評論』643, 2003)가 편리하다.
91) 李成市 編(西嶋定生『古代東アジア世界と日本』岩波書店, 2000)참조. 이는 나중에 『일본의 고대사 인식－'동아시아세계론'과 일본－』, 역사비평사, 2008(송완범 역)으로 간행되었다.

2) 일본율령국가의 수립

백촌강의 싸움은 야마토왕권의 중앙귀족만이 아니고 지방호족들에도 큰 영향을 끼쳤다.[92] 전쟁에 참가한 일로 당에 포로가 되고 곤란을 넘어 귀국한 사람들도 많이 존재했다.[93] 9세기 초에 성립한 불교설화집인『일본영이기(日本靈異記)』의 설화에는 포로에서 귀환한 지방호족 계층의 사람들의 사례가 있다.[94]

그것들에 의하면 세토내해(瀬戸內海) 주변의 지방호족들이 일찍부터 불교의 수용에 노력하고 있던 일이 주목되고 불상 만들기와 불사의 건립[95]은 물론, 불교의「지식(知識)」적인 결합을 통하여 정신적인 결합력이 있는「국조군(國造軍)」의 운용에까지 불교를 활용하고 있는 것을 알 수 있다.[96] 663년 8월의 백촌강싸움에서 참패한 왜군의 실태는 각각의 지방호족이 동원한 군세에 의한「국조군」의 연합체였다.[97] 그것에 비해 당의 군대는 율령군정에 의해 지휘명령 계통이 정연하게 통솔되어 있고 그것을 눈앞에 둔 왜의 지배층은 당의 제도를 모방하는 것으로 국가발전을 이루어내려고 한 것이다.[98]

---

92) 鬼頭淸明, 전게 주 46저서『白村江－東アジアの動亂と日本－』; 森公章, 전게 주 46 저서, 제3장; 佐藤信「白村江の戰いと倭」(『백제부흥운동과 백강전쟁』[전게 주64자료집])참조.
93) 『日本書紀』天武13年(684)12月癸未條「筑紫國」; 동 持統4年(690)9月丁酉條·10月乙丑條「筑紫國」; 동 持統10年 (696)4月戊戌條「伊予·肥後國」; 『續日本紀』慶雲4年(707)5月癸亥條「讃岐·陸奧·筑後國」참조.
94) 『日本靈異記』上卷 第7「備後國三谷郡大領」; 동 上卷 第17「伊予國越智郡大領」참조.
95) 『日本靈異記』上卷 第7「備後國三谷郡大領」참조.
96) 『日本靈異記』上卷 第17「伊予國越智郡大領」참조.
97) 『日本書紀』天武13年(684)12月癸未條「筑紫國」; 同 持統4年(690)9月丁岐酉條·10月乙丑條「筑紫國」; 同 持統10年(696)4月戊戌條「伊予國」; 『續日本紀』慶雲4年(707)5月癸亥條「讃岐國·陸奧國·筑後國」. 笹山晴生『古代國家と軍隊』(中央公論社, 1975); 鬼頭淸明, 전게 주46저서『大和朝廷と東アジア』참조.

그 외에도 7세기 전반기의 지방호족은 독자적으로 한자와 유교를 도입하고 있었다. 그 실례로서 8세기의 아와(阿波)국의 국부의 중심지에 해당하는 관음사유적 출토의『논어』(학이편)의 습서(習書)목간이 있다.99) 이 습서목간으로부터는 7세기 전반부터 아와의 지방호족이 독자적으로 한자와 유교를 도입하고 있었던 사실을 엿볼 수 있다. 이러한 7세기 전반기부터의 왜의 대왕권력을 매개로 하지 않은 지방호족의 활약은 7세기 후반의 율령국가 형성과정에 지방호족의 기여가 컸던 원인이 되고, 또 선진문물의 도입에 적극적이었던 지방호족의 자세가 일본율령국가 확립에 일조가 되었던 것을 의미한다.

그러한 지방호족의 문자와 관련하는 움직임은 고대동국에서도 확인되지만 그 대표적인 소재는 다호비(多胡碑)를 둘러싼 석문이다.100) 특히 나스국조비의 비문으로 시작한 「永昌元年己丑四月飛鳥淨御原大宮那須國造」에서는 7세기 후반기의 도래인과의 관계를 엿볼 수 있다. 「영창원년(永昌元年)」(689)은 당의 측천무후 시대의 10개월 간 밖에 사용하고 있지 않은 연호이지만 매우 한정적인 당의 연호가 동국의 비에 게재된 배경에는 견당사와의 관계가 없었던 시기의 신라와의 관계를 상정하지 않고는 안 될 것이다. 7세기 후반의 동국에는 많은 반도계유민의 존재가 확인되는데101) 그들

---

98) 이러한 백촌강싸움 이후의 동아시아 정세의 분석에 대하여 패전사관이라고 비판하면서 왜에 있어 백촌강싸움은 패전이 아니라는 견해가 있다.(遠山美都男, 전게 주 46저서 참조).

99) 德島縣教育委員會 외『觀音寺遺跡Ⅰ』2001; 藤川智之·和田萃「觀音寺遺跡」(『木簡研究』20, 1998); 佐藤信「古代における漢字受容」(『出土史料の古代史』東京大學出版會, 2002) 참조.
그 외에『論語』목간의 존재에 대해서는 나가노현(長野縣)의 야시로(屋代)유적군 출토목간으로부터 살펴 볼 수 가 있다.(傳田伊史「七世紀の屋代木簡」(『木簡研究』20, 1998); 平川南「郡符木簡」(『古代地方木簡の研究』吉川弘文館, 2003)참조).

100) 고대의 동국에는 몇 개의 비석이 존재하는데 일본삼고비(那須國造碑·多胡碑·多賀城碑)과 우에노(上野)삼비(山上碑·多胡碑·金井澤碑) 등이다.

101) 신라인과 신라군에 관해서는 이하의 사료가 있다. 『日本書紀』持統元年(687)3月丙

과의 관계를 상정하지 않은 고대국가의 비문 연구는 불가능하다. 또 요시이(吉井)정에 있는 다호비의 건군 기사인「上野國片岡郡緣野郡甘良郡幷三郡內三百戶郡成」에서 알 수 있는 것처럼 반도 유민과의 관계를 살펴볼 수 있다.[102] 이처럼 동국의 석문과 반도유민과의 관계는 7세기 후반의 동아시아세계의 혼란 상태를 재빨리 극복하고 그들의 지배권을 구축하려고 하는 지방호족들의 노력이 배경에 있었던 것을 잊어서는 안 될 것이다.[103]

나아가 백촌강싸움은 왜에 많은 과제를 주었는데 그 과제의 하나는 당의 율령체제에 입각한 중앙집권 국가의 확립이었다. 그 과제의 달성은 672년의 임신의 난을 거쳐 천무·지통천황의 시대에 본격적으로 추진되었다.[104] 임신의 난의 의미는 왕통이 천지에서 천무로 옮겨 간 것만이 아니고 재래의 중앙유력호족들이 大友皇子가 지휘하는 오우미정권의 몰락과 함께 그 힘을 잃은 것이다. 689년에는 飛鳥淨御原令이 성립하고 또 중국으로부터

辰條「以投下新羅十四人, 居于下毛野國」; 同 3年(689)4月庚寅條「以投下新羅人, 居于下毛野國」; 同 4年(690)8月乙卯條「以歸化新羅人等, 居于下毛野國」; 『續日本紀』天平宝字2年(758)8月癸亥條「歸化新羅僧卅二人, 尼二人, 男十九人, 女廿一人, 移武藏國閑地. 於是始置新羅郡焉」 참조.

고구려인과 고려군에 대해서는『續日本紀』靈龜2年(716)5月辛卯條「以駿河·甲斐·相模·上總·下總·常陸·下野七國高麗人千七百九十九人, 遷于武藏國, 置高麗郡焉」에 보인다. 고려군과 관련해서는 졸고, 「고마(高麗) 군 건군(建郡) 1300년에 즈음한 고마야광(高麗若光)의 의미」, 『동아시아고대학』39집, 2016 참조(본서의 제1부 보론1 참조).

102)『續日本紀』和銅4年 (711)3月辛亥條「割上野國甘郡織裝·韓級·矢田·大家, 綠野郡武美, 片岡郡山等六郷, 別置多胡郡」; 同 天平神護2年(766)5月壬戌條「在上野國, 新羅人子午足等一百九十三人, 賜姓吉井連」참조.

103) 佐藤信「古代東國の石文とその背景」(平野邦雄 監修·あたらしい古代史の會 編『東國石文の古代史』吉川弘文館, 1999); 同「多胡碑と古代東國の歷史」(公開シンポジウム資料集『多胡碑と東アジア』全國町村會館, 2004년7월)27~28페이지 참조.

104) 최근에 율령국가의 성립에 있어서 천지조의 중요성을 강조하는 논문이 보인다. 吉川眞司「律令体制の形成」(歷史學研究會·日本史研究會 編 『日本史講座第 1卷律令國家の法と社會』東京大學出版會, 2004); 北康宏「日本律令國家法意識の形成過程 － 君臣意識と習俗統制から－」(『日本史研究』501, 2004), 18~27페이지 참조.

배운 본격적인 궁도(宮都)의 조영과 함께 조방(條坊)제의 방격(方格) 플랜
을 가진 광대한 조영을 가진 藤原京이 조영되고 유력한 황족과 귀족들이
경내에 집주되어졌다. 나아가 「飛鳥池遺跡出土木簡」[105]으로부터는 천무시
대의 목간 중에 「천황(天皇)」이라고 쓰인 목간이 발견되어, 천황이라는 호
칭의 성립도 이 시대인 것을 알 수 있다. 그 외에도 국사 편찬이 진척되고
국가적인 사원(官大寺)의 조영과 독자적인 전화인 「부본전(富本錢)」[106]이
발행되는 등 중앙집권적인 국가조직이 실현하고 독립성을 유지하고 있었던
지방호족(國造層)을 지방 관료인 국사로 재편하는 과정을 통하여 국가체제
가 본격적으로 정비되어졌다.[107]

한편 당과 신라는 반도의 영유권을 둘러싸고 전쟁상태에 들어갔다. 양국
은 배후의 안정을 위해서 왜와의 국교정상화를 노리고 다투다가 통교를 구
하게 된다. 그 때문에 왜는 실제의 전쟁에서는 졌지만 동아시아세계의 위상
에서 보면 전쟁 이전보다 오히려 입장이 강화된 느낌마저 든다. 이러한 왜
의 입장은 나중의 일본율령국가의 대외관 형성에 있어서 큰 영향을 미치게
되었다고 할 수 있다.

3) 일본율령국가의 대외관 형성

이러한 일본율령국가의 성립의 배경에는 7세기의 대외적인 위기감을 기
회로 한 많은 지방호족 층의 선진문물에 대한 강한 욕구와 부단한 노력이

105) 奈良國立文化財研究所飛鳥資料館 『飛鳥池遺跡』2000; 山尾幸久「飛鳥池遺跡出土木
簡の考察-「天皇」創出期の政治と思想-」(『東アジアの古代文化』97, 1998)참조. 또한
飛鳥池遺跡 전체의 목간에 대해서는 寺崎保廣「飛鳥池遺跡」(『木簡研究』21, 1999),
14~28페이지; 吉川眞司「飛鳥池木簡の再檢討」(『木簡研究』23, 2001), 205~228페이
지 참조.
106) 三上喜孝,『日本古代の貨幣と社會』, 吉川弘文館 , 2005, 제1부 제1장「富本錢の再檢
討」참조.
107) 佐藤信「白村江の戰いと倭」(『백제부흥운동과 백강전쟁』[전게 주64자료집])참조.

있었던 것을 지적할 수 있다. 그 위에 백촌강싸움과 임신의 난이라는 미증유의 대혼란이 열도의 구성원들을 자극하고 일본율령국가 확립의 궤도를 깔게 되었던 것이다.

또한 이러한 상황 속에서 일본율령국가의 대외관[108]은 중국으로부터의 중화의식을 흉내 낸 「소중화제국」을 목표로 하는 것이었다. 평성경에서는 당의 도읍인 장안을 모방한 궁도를 대규모로 장엄하고 그래서 국내의 중앙·지방의 호족, 민중(臣·連·伴造·國造·百八十部·百姓)은 물론 외국사절·에미시(蝦夷)·하야토(隼人)도 대상으로 하여 의례를 전개하였다. 또 백제유민의 중심적 존재인 백제왕 선광을 「백제왕씨」의 선조로 하고 신라에 대하여 「조공국 신라」라고 하는 위치를 두려고 꾀하였다.

이러한 「對 반도우위관」의 형성은 8세기 이후의 일본율령국가의 움직이지 않는 언설로서 자리잡아 9세기 중반 이후에는 「반도멸시관」으로 변모한다. 그러나 일본율령국가의 「대 반도우위관」은 실태에서는 신라라고 하는 번국을 동반하는 데에는 실패한 관념상의 「중화제국」이었다. 그래서 일본율령국가가 집착했던 것이 망국 백제의 왕인 「백제왕」을 「항상적인 번국」의 역할을 하는 「백제왕씨」로 만드는 것이엇다. 그것에 의해 비로서 「동이의 소제국」의 체면이 유지되었던 것이다.

그럼 고대일본은 언제부터 「동이의 소제국」이었던가. 필자는 7세기 후반의 백촌강 참전과 패배에 동반하여 많은 민중과 왕족이 백제유민으로서 왜국에 흘러들어온 일이 하나의 계기가 되었던 것이라고 생각한다. 따라서 7세기 말의 율령국가 성립기에 만들어진 관념상의 「동이의 소제국」을 백촌강싸움 이전의 동아시아세계에까지 확장하는 이시모다설에는 찬성할 수 없는 것이다.

---

108) 졸고, 「8세기 중엽 '신라정토' 계획으로 본 고대일본의 대외방침」, 『한일관계사연구』25집, 2006 참조.

결. 동아시아신체제의 개편

본고에서는 다음의 새로운 견해를 얻었다. 그것들을 간단히 정리해 둔다.

첫 번째로, 백제멸망으로부터 백촌강싸움에 이르는 도정을 야마토왕권의 대외정책과의 관련으로부터 검토했다. 그것에 의하면 「改新」정권의 대외정책은, 왜·신라·당의 3국 연합정책에서 친백제 정책으로 회귀하지만 그 과정에서 백제가 멸망하자 왜는 당과 신라의 다음 목표가 왜 자신일 것이라는 극도의 위기감을 안게 되고 반도에 출병하는 것에 의해 백제부흥군과 고구려와 힘을 합쳐 신라를 치는 것을 선택하게 된다.

두 번째로, 당과 신라와의 전쟁에 임한 왜는 풍장을 백제왕으로 하여 왜의 구원군과 복신이 이끄는 백제부흥군의 연합군에 나라의 명운을 걸었다. 그러나 그 연합군의 내부에서는 풍장과 복신과의 불화가 명백하게 되고 결국 왜는 백촌강의 싸움에서 참패한다. 그 결과, 백제는 완전히 멸망하고, 반도로부터 많은 백제유민이 왜에 도래한다. 왜는 그 유민들과 함께 열도에 닥쳐올지 모르는 적에 대비하여 준비를 진척한다. 전쟁이 왜에 준 영향은 컸다. 왜는 밖으로부터의 위협을 계기로 해서 일본율령국가의 정비에 힘쓰는 것이다.

세 번째로, 백촌강싸움 이후의 동아시아세계는 질서의 재편을 맞이한다. 당·신라·일본의 체제는 현재의 동아시아세계의 원형이 되었다고도 할 수 있는데 이 시기 이후 왜는 「소중화제국」개념을 갖게 되었다. 그 배경에는 백촌강 이후 당시의 국제정세가 당과 신라가 반도의 영유를 둘러싸고 대립하고 양국은 다투어 왜와 결합할 방책을 모색한 것에 의해,[109] 동아시아세

---

109) 당과의 교류는 백제멸망 직전인 659년의 제4차 견당사 이래 천지조에『日本書紀』天智3年(664)5月 甲子條「郭務悰」; 同 天智4年(665)9月壬辰條「唐國、劉德高·郭務悰」; 665年 12月 第5次 遣唐使; 同 天智6年 (667)11月乙丑條「司馬法聰」; 669年 11월 第6次 遣唐使; 同 天智10年(671)正月條「李守眞」; 同年11月條 「郭務悰」 등의 빈번한 왕래가 있다. 그러나 당과의 통교는 나중 8세기의 대보연간까지 중단되고 만다.

계에서의 왜의 위치는 백촌강 이후 오히려 높아졌다고 생각된다. 그 결과, 일본은 「대 반도우위관」을 율령국가의 대외관으로서 가지게 되는 것이다. 그러나 일본의 그러한 대외관은 실태와는 떨어진 관념상의 「제국」에 지나지 않았다. 그 때문에 율령국가 일본은 백제왕 백제왕 선광을 「백제왕씨」의 조상으로 하고 이후 백제왕씨를 「항상적인 번국」의 왕의 후예로서 여긴 것이다.

한편 신라와의 교류는 『日本書紀』天智7年(668)9月癸巳條·丁未條·庚戌條를 시작으로 왜와 당과의 통교가 중단된 약30년간의 시기에 가장 빈번하게 행해지고 있다. 왜국과 신라와의 관계에 대해서는 濱田耕策「新羅人の來日動向-7世紀の事例-」(『新羅國史の硏究-東アジア史の視点から-』吉川弘文館, 2002, 초출 2001)참조. 이와 관련하여 졸고, 「'임신의 난'과 日本-동아시아세계의 재편과 관련하여-」, 『史叢』83호, 2014(본서의 제1부 보론1) 참조.

제3장 동아시아에서의 율령국가 성립의 의의
- 「백제왕씨」를 중심 소재로 하여 -

서. 백제왕씨는 누구인가

동아시아 고대사에서 「율령국가」라고 하면 고대 일본의 한 시대(대개 7세기말~10세기)를 일컫는다는 것은 이제 상식이 되었다. 현재 일본 고대사 연구의 주류는 율령국가의 연구라고 해도 과언이 아니다. 그러나 그럼에도 불구하고 율령국가를 정의하고 전체적인 시점에서 그 의미를 추구하려는 근본적이고 심화된 연구는 그리 많지 않아 보인다.

그 이유는 일본의 율령국가 성립을 동아시아 세계의 특이한 현상으로 이해하려는 경향이 강하기 때문이다. 그래서 여기서는 동아시아 세계의 역학 관계가 낳고 일본 율령국가가 창출한 「백제왕씨」라는 씨족을 키워드로 하여 동아시아에서의 통일 국가 들의 형성에 주목하는 가운데 백제왕씨의 성립과 관련하여 일본 율령국가 성립의 의의에 대해 나름대로의 분석을 시도해 보고자 한다.

나아가 백제왕씨의 모태가 되었던 백제의 망국민 들을 「백제 유민」이라고 부르기로 하는데, 그 들은 구백제 왕족이 지배하는 백제국의 부흥을 갈망하면서 구백제 왕족의 밑에서 집결하고 집단적으로 생활을 영위하는 사람들이다. 그들을 종래의 이해처럼 「백제계 도래인」이라는 틀에서는 이해하기가 곤란한 특수한 존재라고 생각하고 있다. 때문에 결국 백제왕씨를 이해하는 것은 백제계 내부 유민들의 입장에서 그들 자체의 특수성을 인식하는 것이 되고, 결국 이를 통해 왜국 측의 입장에서도 국제적 정황에 대한 이해 속에서 백제왕씨를 왜국 내부의 일원으로 규정짓는 단계적 수용이 필요했던 것이 아닐까.

제1절 백제멸망전후의 「백제왕」

백제 멸망 전후의 백제왕에 대해서 당·고구려·왜국의 여러 나라들에서의 존재 형태에 주목하고, 나아가 동아시아 세계에서의 왜국과 백제와의 관계의 특수성에도 주목하고자 한다.

1) 의자왕과 태자 융

의자왕은 641년에 「백제왕」으로서 즉위하고 660년의 백제 멸망 때까지도 왕의 지위에 있었던 인물이다. 그는 신라에 대해 적극적인 공격을 행하는 한편 왕비의 정치 개입이나 충신의 배제, 자신의 사치와 방종 등에 의해 백제의 멸망을 불러들였다고 평가되는 인물이다. 혼란했던 정치 상황 하에서 백제는 당·신라 연합군의 진공에 속수무책으로 당해낼 재주가 없었고 660년 7월에는 태자 융에 이어 백제왕인 의자도 항복하고 백제는 멸망하게 되는 것이다.

그 후 의자왕은 융을 필두로 다른 왕자들과 함께 당의 진장 소정방의 지휘아래 낙양을 거쳐 장안으로 이송된다. 당의 고종은 의자왕을 사면하여 처형은 하지 않았지만 「백제왕」의 칭호를 빼앗고 구백제령의 통치권은 당이 장악했다. 의자왕은 장안에 도착하자마자 병사했는데 「백제왕」 대신에 「金紫光祿大夫」(정3품 상당)·「衛尉卿」(종3품 상당)이라는 당의 관직이 보내어지고 장의에는 구신의 참가나 비를 세우는 것이 허락되었다.[110]

이처럼 장안에 호송된 의자왕은 당 왕조로부터 비교적 정중한 취급을 받고 있었는데 그렇더라도 그 죽음에 임박해서는 당의 관직이 제수되고 「백제왕」의 칭호는 빼앗겨 있었던 것에 주목할 필요가 있다.

다음에 태자 융에 대해 살펴보자. 융은 의자왕의 아들로서 644년에 태자가 되고, 백제 멸망의 시점에서도 태자로서 왕에 먼저 당에 항복하고 왕과 함께 장안에 이송되고 있다. 그래서 융은 백제 태자라고 하는 칭호에 대신하여 「司稼卿」(종3품 상당)이라는 당의 관직을 받고 당 왕조에 출사하는 신분이 되었던 것이다.

663년의 백촌강의 싸움에서는 풍장이 이끄는 백제 부흥군과 왜의 백제 구원군에 대해서 융은 당군과 함께 싸우고 있다. 백제 부흥운동이 종식되자 융은 「웅진도독」으로서 구 백제에 되돌아가 혼란의 와중에 있던 구 백제지역의 사람들을 통합하여 신라와 화목을 맺는 일이 기대되었다. 이리하여 664년에는 당의 칙사인 유인원의 입회 아래 신라왕과 화목의 서약을 행하고 있다. 그 후 유인원 등의 당의 장군이 백제 지역으로부터 철퇴하자 융은 신라를 두려워하여 장안으로 되돌아가고 만다. 그래서 당은 677년 융에게 「대방군주」의 칭호를 주고 구 백제영토로 되돌려 보내려고 하지만 백제 지역에의 신라 세력의 신장은 세력을 더할 뿐으로 마침내 융은 백제 고지에 돌아가는 일 없이 죽음을 맞이한다.[111]

「대방군주」라는 칭호는 원래 백제왕에게 전통적으로 주어져왔던 것 이었다. 융에 대한 이 칭호의 수여가 옛 백제 지역의 사람들을 결집시키는데 일정의 역할을 할 것이라고 생각되어졌던 것은 의심할 바가 없겠다. 그러나 당은 융에 대해 끝내 「백제왕」의 칭호는 허락하지 않았던 것이다. 당 왕조에 의한 직접 지배는 어렵고 백제의 구 태자인 융을 이용한 간접 지배를 목표로 하였지만 결코 백제왕이라는 칭호의 수여만은 양보하지 않았던 당

---

110) 『구당서』권199상 백제전; 『신당서』권220 백제전 참조.
111) 『구당서』권199상 백제전; 『신당서』권220 백제전; 『삼국사기』백제본기 참조.

의 자세로부터는 「백제왕」이라고 하는 칭호의 무게를 짐작하고 남음이 있지 않을까.

2) 풍장

풍장은 무왕의 아들이고 의자왕과는 형제 관계, 융은 조카에 해당된다. 풍장은 부왕인 무왕의 치세 하에 백제의 외교 수단의 하나인 「質」로서 631년 (서명3년·무왕32년)에 왜국에 보내어져 왜국과 백제와의 관계 개선에 큰 역할을 다했다. 660년에 의자왕, 태자 융 등이 항복하고 백제가 멸망하자 무왕계의 복신이 이끄는 백제 부흥 군의 요구에 응하여 풍장은 661년에 귀국했다.[112]

앞에서 본 것처럼 풍장은 부흥군에 의해 「백제왕」으로 추대되어 왜국도 그 칭호를 인정한 후에 장군을 파견하고 663년의 백촌강 패전을 맞이하는 것이다. 백제 부흥군의 패배를 확인한 풍장은 고구려에 피신하지만 668년의 고구려 멸망에 의해 당에 이송되고 거기에서 영남으로 유배되어지고 있다.[113]

여기서 당의 의자왕과 융에 대한 융숭한 대우를 상기한다면 영남에의 유배라고 하는 풍장의 처분은 상당히 엄한 것이라고 말하지 않을 수 없다. 이러한 당의 대응으로부터 보면 풍장은 연개소문의 사후 분열 상태에 있었던 고구려에서 망명 중의 신분이면서도 최후까지 백제 부흥을 목표로 반당·반신라 노선을 걸고 있었다고 상정하는 것이 가능할 것이다.

그런데 고구려나 당에 있어서나 풍장은 「백제왕」으로서 인정받을 수 있었을까? 유배라는 처우를 받은 당에서는 물론, 아마도 고구려에 있어서도 「백제왕」으로서는 인정받기 쉽지 않았을 것이다. 그는 백제 부흥군의 지도

---

112) 졸고, 「7世紀の倭國と百濟」(『日本歷史』686号, 2005→본서의 제1부 제1장)참조.
113) 『자치통감』권201 총장원년조 참조.

자로 여겨지면서도 어디까지나 구 백제왕족의 일원으로서 여겨졌던 것에 지나지 않는 존재였기 때문이다.

이처럼 660년의 백제 멸망 이후 당 만이 아니고 한반도 여러 나라에 있어서도 의자왕이나 융, 풍장이라고 한 구 백제왕족을 「백제왕」으로서 인정하는 것 같은 일은 있을 수 없었다. 백제 부흥군이 풍장을 「백제왕」으로서 추대하는 일은 있었지만, 나라 차원에서 그것을 인정했던 것은 뒤에서 서술하는 대로 왜국뿐이었다. 「백제왕」에 대한 이러한 왜(일본)의 대응의 특수성은 풍장 이후도 계속된다. 왜(일본)는 어떠한 경위에서 「백제왕」을 용인했던 것 인가. 또 그 배경에는 어떠한 사정이 있는 것인가. 이에 대해서는 다음 절에서 검토해보기로 하자.

제2절 「백제왕」에서 「백제왕씨」로

이상의 분석을 바탕으로 제명조의 백제멸망으로부터 천지조·천무조·지통조의 각 시대의 백제왕에 대해서 왜왕권의 시점만이 아니고 백제 유민의 시점으로부터 검토하는 것에 의해 「동이의 소제국론」[114]으로는 보이지 않는 백제왕씨의 존재의의에 대해서 새로운 시점을 제시해보고자 한다.

1) 풍장의 「백제왕」임명

660년의 백제 멸망에 동반하여 백제 부흥군의 요청과 그 것을 승낙한 왜왕 제명에 의해 풍장이 「백제왕」으로 되는 것 이지만 종래는 이것을 「소제국주의론」의 입장으로부터 백제왕 임명에 의한 왜왕권의 주체성을 중시하는 방향으로 이해해 왔다. 그러나 엄밀히 따지자면 풍장이 왜국 내에 있어

---

114) 石母田正『著作集第 3卷 日本の古代國家』(岩波書店, 1989)참조.

서「백제왕」으로 임명되었던지 어떤지에 대해서는 다시 한 번 검토할 필요
가 있다.

　우선, 관계하는 사료를 들어보자.

　　　<사료 1>『日本書紀』齊明6年(660)10月條
　　　百濟佐平鬼室福信, 遣佐平貴智等, 來獻唐浮一百余人. (略) 又乞師請救.
　　幷乞王子豊璋曰, (略)方今謹願, 迎百濟國遣侍天朝王子豊璋, 將爲國主, 云
　　云. 詔曰, (略)云云. <(略)或本云, 天皇立豊璋爲王, 立塞上爲輔, 而以禮發
　　遣焉.>
　　　<사료 2>『日本書紀』天智卽位前紀(661)9月條
　　　皇太子御長津宮. 以織冠, 授於百濟王子豊璋. 復以多臣蔣敷之妹妻之焉.
　　(略) 率軍五千余, 衛送於本鄕. 於是, 豊璋入國之時, 福信迎來, 稽首奉國朝
　　政, 皆悉委焉.
　　　<사료 3>『日本書紀』天智元年(662)3月癸巳條
　　　賜百濟王布三百端.
　　　<사료 4>『日本書紀』天智元年(662)5月條
　　　大將軍大錦中阿曇比邏夫連等, 率船師一百七十艘, 送豊璋等於百濟國.
　　宣勅, 以豊璋等使繼其位. 又予金策於福信, 而撫其背, 褒賜爵祿. 于時, 豊
　　璋等與福信, 稽首受勅, 衆爲流涕.

　이것에 의하면 백제 부흥군의 중심 존재인 복신이 군사의 원조와「왕자
풍장」의 귀국을 요청하고 (<사료 1>), 제명조는 약 1년의 준비기간을 거쳐
「백제왕자 풍장」을 귀국시키고 있다(<사료 2>). 다음 해에는 천지(중대형황
자)가 포 300단을 보내는데, 그 상대는「백제왕」이었다(<사료 3>). <사료
4>에는, 다시 풍장이 백제의 옛 땅으로 귀국하는 기사가 보이는데, 천지조
에는 종래부터 사료 상에 같은 기사가 중복되어 실려 있다는 것이 지적되
어 있고, 이 점으로부터 보면 이 기사는 <사료 2>의 일을 잘못된 연대에 이
중으로 기록한 결과라고 생각해야 할 것이다.

즉 이 기사로부터는, 왜국에서는 「백제왕자」의 신분에 머물러 있던 풍장
이 백제에 건너가서는 백제 부흥군과 복신에 의해 「백제왕」으로서 옹립되
었다고 생각할 수가 있다. 단 문제가 되는 것은 <사료 1>의 「혹본에 이르기
를 천황이 풍장을 세워 왕으로 삼았다」라고 하는 부분이 있고 종래의 연구
는 이 기사를 근거로 왜왕이 풍장을 「백제왕」으로 책립했다고 생각해 왔다.
그러나 이것이 「혹본」이라는 『일본서기』의 이설인 점[115]이나, 그 당시에
쓰였을 리가 없는 「천황」호가 사용된 점 등으로 미루어보아 이 기사의 신
빙성에는 신중을 기해야 할 것이다. 오히려 <사료 2>에 있는 것처럼 「직관」
을 받은 것은 「백제왕」풍장이 아니고, 「백제왕자」풍장이었던 점에 주의해야
할 것이다. 즉 풍장은 「백제왕자」로서 백제에 귀국하고, 귀국 후에는 백제
부흥군에 의해 「백제왕」으로 추대되었으며 왜국도 그것을 사후 승인했다라
고 하는 흐름으로 이해해야 할 것이다.

이로부터 본다면 풍장의 「백제왕」임명을 왜왕권의 지배질서에의 포섭을
의미하는 것으로서 이해한 일본 고대국가의 「소제국주의」는, 위의 <사료
1~4>로 부터는 왜국에 의한 「백제왕」책립의 실태를 확인하는 것은 어렵고,
그 전제부터 고쳐 생각할 필요가 있을 것이다.

그렇지만 왜왕권이 주체적으로 임명했던 셈은 아니었다 해도 당이나 고
구려가 「백제왕」을 전혀 용인하지 않았던 것과 비교한다면 역시 왜국이 취
한 대응의 특수성을 지적할 수 있을 것이다. 이 점은 단순히 일찍이 왜국과
백제와의 우호 관계에 그 원인을 구한다는 것 보다는 「백제왕」을 필요로
하는 왜왕권의 절박했던 사정이 있었다고 생각해야 할 것이다.

왜국은 이미 6세기 중반에 가야 지역의 쟁탈전에서 패배하여 반도 남부

---

115) '혹본'을 포함하는 다양한 주에 관해서는 『일본서기』의 본주로서 신빙성이 높다
　　는 설(坂本太郞 『日本古代史の基礎的研究』 上, 東京大學出版會, 1964)과, 본주가 아
　　니기에 신빙성이 낮다고 하는 설(岩橋小弥太 『增補上代史籍の研究』 上, 吉川弘文館,
　　1973)로 나뉘어져 있다. 여기의 '혹본'에 대해서는 일본서기 편찬 시에 존재한 복
　　수의 이본의 하나일 것이라는 후자의 설을 취하기로 한다.

에의 영향력은 이전 같지 않고[116] 반도에의 발판은 우호 관계를 유지하고
있던 것은 백제뿐 이었다. 그 백제를 잃는다는 것은 신라와 강하게 밀접해
있는 당이 반도 전체에 세력을 확대하는 것이고 또 이는 왜국에 있어서도
크나 큰 위협이 되는 것은 자명한 일이었다. 따라서 왜 왕권으로서는 스스
로의 이익을 위해서도 백제 멸망을 두고 볼 수는 없었고 어떻게 해서든지
백제 부흥을 성공시킬 필요가 있었다.

그러기 위해서는 백제 부흥군이 추대하는 「백제왕」을 추인하는 한이 있
어도 부흥운동의 흥륭을 지지하지 않으면 안 되었고 또 장기간에 이르는
왜국 체재로 인해 왜 왕권과의 유대가 강한 풍장이 백제왕에 즉위한다고
하는 것은 금후의 백제에 대한 영향력의 행사를 생각하는 위에서도 왜에
있어서 좋으면 좋았지 나쁜 상황은 아니었을 것이다. 이렇게 절박했던 대외
적 사정을 배경으로 하여 왜국은 「백제왕」즉위를 추인하지 않을 수 없었던
것이다. 그럼에도 불구하고 여기에서 왜국의 「소제국주의」라고 하는 세계
관을 도출하려고 하는 것은 너무나 궁색하다고 밖에 말할 수 없다고 생각
한다.

어찌되었든 위와 같은 사정을 배경으로 왜국은 「백제왕」의 용인이라는
동아시아 세계 속에서도 특이한 결단을 내린 셈인데, 이러한 「백제왕」과의
특수한 관계는 일시적인 것에 그치는 것이 아니고 이후에도 계속되어 간다.

2) 천지조의 「백제왕」

천지조에서의 「백제왕」과 백제 유민에 관하여 다음과 같은 기사가 있다.

<사료 5> 『日本書紀』天智3(664)年3月條

---

116) 김현구『大和政權の對外關係硏究』(吉川弘文館, 1985) 제2편 제3장; 鈴木英夫『古代
の倭國と朝鮮諸國』(靑木書店, 1986)제9장 참조.

以百濟王善光王等, 居于難波.

선광은 풍장의 동생이고 무왕의 아들이다. <사료 5>에서는 선광을 「백제
왕」이라고 하고 있다. 이것에 의하면 일찍이 왜왕권이 「백제왕」이라고 승
인한 풍장이 망명처의 고구려에서 아직 살아있음에도 불구하고 이번에는
동생인 선광을 「백제왕」으로 승인했다고 이해할 수 있는 것이다.

당시, 당과 신라의 연합군의 침공이 언제 있어도 이상하지 않았던 국제
정세를 감안한다면 왜국은 이미 도래하고 있었던 백제 유민의 힘에 의존하
지 않을 수 없었다. 예를 들면 森公章씨가 지적하고 있는 것처럼 천지 4년
(665)8월, 방위체제 정비를 위해 쓰쿠시(筑紫)국·나가토(長門)국에 파견되
어 축성에 관계했던 憶禮福留·答㶱春初·四比福夫의 세 사람은 모두 「병
법」에 뛰어난 백제 유민이고 쌓은 성은 전부 조선식 산성이었다. 나아가 오
미(近江)국과 동국의 국내 개발에 있어서도 백제 유민이 담당한 역할은 컸
다.[117] 이러한 사정을 배경으로 왜 왕권은 백제 유민의 실질적 통솔자였던
선광을 「백제왕」으로 승인하는 것에 의해 선광을 통하여 백제 유민 세력
전체를 장악하고 당과 신라의 침략을 저지하기 위한 실현적인 수단으로 하
려고 의도했던 것이다.

이상을 정리하면 천지조에 있어서 선광은 왜국에 체재하면서 「백제왕」으
로 인정되고 많은 백제 유민과 함께 당시 왜국의 가장 중심지인 나니와(難
波)에 집주하는 일이 허락되는 등 조정으로부터 두터이 대우를 받고 있다.
왜왕권이 이러한 일을 허락한 배경에는 당과 신라에 의한 압박에 대하여
왕권으로서 백제 유민의 통솔자인 선광과 계속 관계를 유지하려고 하는 생
각이 있었을 것이다. 즉 이 시점에서는 아직도 선광 등 백제 왕족을 중심으
로 하는 백제 유민은 왜왕권에 대하여 일정의 자립성을 가진 존재였다고

117) 森公章「朝鮮半島をめぐる唐と倭」(『古代日本の對外認識と通交』吉川弘文館, 1988)
      참조.

말할 수 있다.

3) 천무조의 「백제왕」

다음으로 천무조의 「백제왕」에 대해서 검토한다. 우선 주목하고 싶은 것
은 이하의 두 개의 기사이다.

> <사료 6> 『日本書紀』天武天皇3年(674)春正月辛亥朔庚申(10日)條
> 百濟王昌成薨. 贈小紫位.
> <사료 7> 『日本書紀』天武天皇朱鳥元年(686)9月丁卯(30日)條
> 僧尼發哀之. 是日, 百濟王良虞, 代百濟王善光而誄之. 次國國造等, 隨參
> 赴各誄之. 仍奏種種歌舞.

창성은 선광의 아들로 어렸을 때 선광과 함께 내왜하였는데 아버지보다
더 빨리 이 세상을 하직했다고 한다(<사료 9>). <사료 6>은 그의 사망 기사
이다.

그런데 앞에 든 <사료 5>의 단계에서 선광은 유일의 「백제왕」이었다고
생각되지만 그러나 <사료 6>과 <사료 7>로부터는 동시기에 복수의 「백제
왕」이 존재하고 있었던 것을 알 수 있다. 여기에 보이는 선광·창성·양우는
직계 친족에 해당하기에 아마도 이 시점에서의 「백제왕」은 선광 직계의 왕
족의 집단적 호칭에로 변화하고 있는 것 일 것이다.[118] 따라서 천무조의
「백제왕」은 천지조의 선광처럼 유일의 백제 유민의 통솔자로 볼 수는 없고
그 존재 의의도 크게 저하하고 있다고 보아도 좋다고 하겠다.

천무조에는 「백제왕」이 백제 유민의 유일의 통솔자로부터 왕족의 집단적
호칭에로 변화하고 또 구 백제 관인만이 아니고 사망한 백제왕에게 까지

---

118) 田中史生 『日本古代國家の民族支配と渡來人』(校倉書房, 1997) 참조.

왜의 관위수여가 진전하고 나아가서는 복속의례의 성격을 지닌 의식에의
참가[119] 등 「백제왕」의 자립성은 급속히 잃어져 가고 왜 왕권에 의한 포섭
이 심화되어간다.

이러한 변화의 배경으로서 다음의 두 가지가 상정될 수 있을 것이다.

첫째로 천지 7년 (668)9월의 신라로부터의 사신과 그것에 응한 동년 11
월의 견신라사의 파견으로 상징되는 천무조에 있어서의 신라와의 국교 정
상화라는 대외적 요인이다. 천지조의 전반기에는 사키모리(防人)나 봉수의
정비, 조선식 산성이나 수성의 건설, 나아가 오우미 천도 등의 기사가 보이
고 대외 전쟁에 대한 경계가 강화되었던 것을 알 수 있는데, 그에 비하여
당과의 관계가 악화한 신라가 「조공」형식을 취해 오는 등 상대적으로 불안
이 적은 천무조에서는 이러한 위기의식은 완화되고 있고, 이 일이 백제 유
민의 외교 수단으로서의 이용 가치의 저하를 불렀던 것이다.

두 번째로, 672년의 임신의 난이라고 하는 국내적 요인이다. 『일본서기』
를 읽는 한 선광을 비롯하여 백제 유민 세력이 대우황자 측과 대해인황자
측의 어느 쪽에 붙었는가는 확실하지 않지만, 沙宅紹明을 시작으로 答炑春
初·木素貴子·吉大尙·許率母 등은 대우황자의 「빈객」으로서 대우되고 있
고, 오우미 조정의 브레인 역할을 담당한 일이 상정되고, 또 많은 백제 유민
이 오우미에 집중 이주되었다는 점으로 부터도, 오우미 조정 측에 있었던
백제 유민이 적지 않았을 것이다. 그들은 승자 천무를 정점으로 하는 중앙
집권 체제하에서 엄하게 재편성되어갔을 것이다.

이러한 사정을 배경으로 「백제왕」은 서서히 왜 왕권의 내부로 포섭되어
가는 것 인데 그 최종단계는 다음의 지통조를 기다리지 않으면 안된다.

---

119) 『일본서기』天武4年春正月丙午朔條 참조.

4) 지통조의 「백제왕」과 「백제왕씨」

다음으로 지통조의 「백제왕」에 대해서 검토한다.

<사료 8> 『日本書紀』持統天皇五年(六九一)春正月己卯(七日)條
賜公卿飮食衣裳. 優賜正廣肆百濟王余禪廣, 直大肆遠寶, 良虞與南典,
各有差.

이것은 후세의 「白馬節會」에 연결되는 의식이라고 생각되고 정월 7일에
조정이 주최하는 연회가 열리고 녹(祿)으로서 의상이 지급된 것을 알 수 있
다. 그 때 「正廣肆百濟王余禪廣」(선광)·「원보」·「양우」·「남전」의 4인이 후
하게 대우를 받았다는 것이 특기되어 있다. 여기서 흥미 깊은 것은 「正廣
肆」라는 관위(冠位)와 「余」성이라는 두 가지 점이다.

천무조에는 이미 사망한 「백제왕」에게도 증위(贈位)된 일은 이미 지적한
바가 있다. 그러나 여기서는 아직 살아생전의 「백제왕」선광에 대해서도
「正廣肆」라고 하는 왜의 관위가 수여되고 있는 것을 확인할 수 있는 것이
다. 같은 달 13일에는 「正廣肆」의 관위에 대응한 봉록이 수여되고 있고, 선
광의 사망 시에는 또 「正廣參」이 증위되어 있다. 또 <사료 8>의 최후에 등
장하는 남전에 대해서도 지통10년에 「直大肆」의 관위가 수여되고 있다.[120]

또 백제 왕족의 성은 본래 「余」이었던 것을 알 수 있지만 <사료 8>의 시
점에서도 그것은 변함이 없었던 것이 확인된다.

<사료 9> 『續日本紀』天平神護2年(766)6月壬子(28日)條
刑部卿從三位百濟王敬福薨. (略) 藤原朝廷賜號曰百濟王, 卒贈正廣參.
子百濟王昌成, 幼年隨父歸朝, 先父而卒. (略) 薨時, 年六十九.

---

120) 『일본서기』持統10年春正月甲寅條 참조.

위 사료는 선광의 증손에 해당하는 경복의 홍전인데, 선을 친 부분에는
지통조에 선광에 대하여「百濟王」이 사여(賜與)되었다고 한다. 이「사여」
는「사성(賜姓)」을 의미한다고 하는 것이 통설로 되어 있는데 그렇다고 한
다면 이 이후 백제 왕족의 성은「백제왕」이 되었다고 하는 것이 된다. 여기
서 <사료 8>의「百濟王余禪廣」라고 하는 기사를 보면 성은 여전히「여」였
고「백제왕」이 아닌 것이 확인될 수 있기 때문에 이 단계의「백제왕」은 아
직 선광의 직계 왕족의 집단적 칭호에 지나지 않는 것 이고 이 이후에 성으
로 변화하는 것을 알 수 있다.

이상과 같이 지통조에 비로소 생존 중의「백제왕」에 대해서도 왜의 관위
가 수여되게끔 되고 나아가 지통5년 이후에는 선광의 직계 왕족의 집단적
호칭으로서의「백제왕」이 성으로 변화하여 보다 광범위한 사람들을 대상으
로 하는 씨족 명칭으로 변화를 하게 된다. 이러한 과정을 거쳐「백제왕」은
드디어 본래의「왕」이 갖는 통솔력과 자립성을 잃게 되는 것 이다.

다음 장의 부론에서 자세히 언급하겠지만 지통조의 '백제왕'이 갖는 이
러한 복잡한 배경을 상징적으로 나타내고 있는 것이 바로 造像記銅版銘
文[121] 이다. 특히 여기에 보이는 갑오년은 지통천황8년(694)를 가리킨다고
생각되고 백제왕성의 성립을 생각하는데 대단히 흥미롭다. 전문을 나타내
면 다음과 같다.

<사료 10> 甲午年銘法隆寺金銅觀音造像記銅版銘文
(表面)
甲午年三月十八日鵤大寺德聰法師片岡王寺令辨法師
飛鳥寺辨聰法師三僧所生父母報恩敬奉觀世音菩薩
像依此小善根令得無生法忍乃至六道四生衆生俱成正覺

121) 奈良國立文化財研究所飛鳥資料館 編『奈良·白鳳の在銘金銅仏銘文篇』(同朋舎, 1979),
109~116페이지, 188~189페이지 참조. 그 외 奈良文化財研究所創立五0周年記念
『飛鳥·藤原京展－古代律令國家の構造－』(朝日新聞社, 2002), 38페이지 참조.

(裏面)
族大原博士百濟在王此土王姓

법륭사에 소장된 본 동판은 원래는 관은보살상에 부속하고 있던 것이지만 현재 그 상은 사라지고 없고 단책(短册)의 동판만이 남아 있다. 단책 모양의 상하에는 손잡이를 붙이고, 앞면과 뒷면에는 명문을 새겨 넣고 있다. 이 동판명문은 겉면에 3행이 있는데, 제1행은 23자, 제2행은 22자, 제3행은 24자의 총 69자가 있고, 뒷면에는 한 행의 13자로 모두 합하면 82자의 글자가 새겨져있다.

여기서는 뒷면에 주목하고 싶다. 내용은 「(德聰法師·令辨法師·辨聰法師의 세 승려는) 대원박사(大原博士)와 동족이고 백제에서는 (백제) 왕의 신분이었고, 이 땅 (왜)에서는 (백제) 왕성의 신분이다」라는 것이다.122)

그리고 겉면에 기록된 德聰法師·令辨法師·辨聰法師의 세 승려에 대해서는 자세한 것은 알 수 없지만 이 동판이 전년인 지통 8년에 죽은 선광123)의 공양을 위해 만들어진 것이라고 한다면 선광의 자식일 가능성이 크다. 요컨대 이 동판은 전년에 돌아간 선광을 공양하기 위해 그 자식들에 의해 작성된 것이라고 볼 수 있다는 말이다.

명문에서 세 승려는 백제에 있어서는 「왕」의 신분이지만, 왜에서는 「왕

---

122) 田中嗣人 1997, 「鵤大寺考」, 『日本書紀研究』21, 塙書房, 4~8쪽 참조. 백제왕씨와 「大原博士」의 관계에 대해서는 선행연구에 의하면 겉면의 제1행에 보이는 「片岡王寺」는 奈良縣北葛城郡王寺町에 사원의 흔적이 있는 方光寺에 상당하고, 『方光寺古今緣起』(正安4年[1302]성립)에 「鎭守大原社神殿」라고 하여 일찍이 方光寺가 大原씨를 대대로 후원자로서 삼았다는 기록이 있는 것으로 보더라도 이 절은 大原씨가 세운 절이 아닌가 여겨진다. 한편 大原씨의 계보는 상당히 어지럽다. 다만 『속일본후기』承和3年(836)閏5月戊寅(10日)조에 보이는 「大原氏河麻呂」를 「백제국인」이라고 하는 것으로 보아, 大原씨가 백제계 씨족과 밀접한 관계에 있는 것만은 틀림없다고 보아도 대과는 없을 것이다.

123) 『일본서기』지통천황7년(693) 춘정월을유(13일)조 참조.

성」이라고 기록하고 있고, 「백제왕」이 성인 것을 인정하면서 한편으로 본래는 백제 유일의 「왕」이었다고 하는 강렬한 자기의식이 엿보인다. 또 동판이 제작된 지통 8년의 단계에서는 「백제왕」과 백제유민은 이미 실태로서는 왜왕권에 포섭되어 있고, 「백제왕」은 단순한 성, 즉 씨족 명칭에 지나지 않으며, 실질적인 권력을 가지는 칭호는 아니었다. 그럼에도 불구하고 그들의 의식상에서는 일찍이 백제에서 「왕」이었던 자부의 기억은 아직도 남아있었다. 하지만 또 한편으로는, 그것을 내놓고 드러내지 못하는 당시의 백제 유민의 갈등, 즉 실태와 계보 의식의 괴리가 이 명문 중에 표현되어 있는 것이 아닌가 생각한다.

제3절 율령 국가 성립의 의의
-백제왕씨 성립의 의의-

660년에 백제가 멸망하자 「백제왕」의자왕과 태자 융은 당에 이송되어 왕과 태자의 신분은 빼앗겨지고 당의 관직질서 속에 흡수되어지게 되었다. 당은 구 백제 지역의 지배를 위해 구 태자인 융을 이용하려고 하지만 어디까지나 「백제왕」의 칭호는 허락하지 않았다. 백제의 외교 수단의 한 형태로서 왜국에 체재하고 있던 백제 왕자 풍장은 백제 부흥 군의 요구에 응하여 661년에 귀국하고, 부흥 군에 의하여 「백제왕」에 추대되고 왜 왕권도 그 것을 추인했다.

백촌강에서 패전하자 풍장은 고구려에 피난하고, 고구려 멸망 후는 당으로 이송되지만 고구려나 당이 풍장을 「백제왕」으로서 취급한 흔적은 없고 어디까지나 백제 왕족의 일원으로서 인식하고 있었던 듯싶다. 따라서 왜국에 의한 「백제왕」의 승인은 동아시아 세계에서도 특이한 대응이라고 평가할 수가 있는 것이고 왜국의 위기적인 대외 사정을 배경으로 한 결단이었다고 생각된다.

　종래 왜국에 의한 풍장의 「백제왕」임명은 왜국의 「소제국주의」를 나타
내는 사례로서 이야기되어 왔다. 그러나 임명에 이르는 과정을 상세히 검토
하면 임명 주체는 어디까지나 백제 부흥군측에 있고 왜 왕권은 스스로의
대외적 사정을 배경으로 그 것을 추인했음에 지나지 않는다고 생각된다. 게
다가 왜 왕권과 「백제왕」과의 이러한 특수한 관계는 일시적인 것에 머무르
지 않고 이후도 계속되어 가는 것 이다.

　즉 천지조에는 풍장의 동생이고 왜국에 있어 백제 유민의 실질적 통솔자
였던 선광을 「백제왕」으로서 추인하는 것에 의해 당과 신라의 외압에 대해
백제 유민을 이용한 정책을 수행하는 위에 실제적인 역할을 기대했던 것
이다.

　이처럼 왜 왕권은 「백제왕」과 백제 유민의 일정의 자립성을 인정하면서
도 한 편으로는 왜의 관위를 수여하기도 하고 복속 의례에 참가시키는 등
서서히 그 지배 하에의 포섭을 심화시켜가는 것 이다. 그리고 지통조에 이
르러 「백제왕」은 드디어 성, 즉 씨족 명칭으로 변화를 하고 그 통솔력과 자
립성을 완전히 빼앗기게 되는 것이다. 다시 말하면 백제왕씨의 성립 과정은
그대로 「백제왕」·백제 유민의 자립성의 붕괴 과정이었던 셈이다.

　본고에서는 백제왕씨 성립에 이르는 과정에 대해서 왜국과 백제와의 관
계 만에 머무르지 않고 동아시아 세계 전체를 시야에 넣은 위에 특히 백제
유민의 시점에 주의하면서 재검토를 시도했다. 이러한 시점으로부터의 검
토는 왜국과 백제와의 관계를 상대적으로 위치 지우는 위에서도 중요하다
고 생각되며 또한 그것에 의해 종래의 「소제국주의론」에서는 보이지 않는
새로운 「백제왕」의 모습을 발견할 수 있는 것은 아닌가 생각한다.

　나아가 이러한 백제왕씨의 성립과정의 검토는 동아시아에서의 일본율령
국가의 성립을 이야기하는데 있어서 크게 참고가 된다. 일본율령국가의 성
립은 제국으로서의 일본의 성립을 말하는 것이다. 제국 일본은 번국이 필요

한 구조인데, 그 번국을 생각하는데 있어 백제왕의 후예인 백제왕씨가 명실상부한 천황의 신하가 된다는 것은 반도의 신라를 번국으로 함에 있어 율령국가의 더할 나위 없이 중요한 이념상의 장치가 되었던 셈이다.

다시 말해 백제왕의 후신인 백제왕씨의 성립은 백제왕＝신라왕＝고구려왕이라는 의식을 일본열도에서 재확인한 것이고 (『율령』), 나아가 율령국가로서의 제국의 논리(번국의 설정)를 명쾌하게 제시하는 구체적인 근거가 되었던 것이다.

결. 백제왕씨의 존재 의의

최후로 이상에서 서술해온 것 들을 간단히 정리해 결론으로 대신한다.

첫째, 660년의 백제의 멸망에 의해 구 백제 왕족들은 뿔뿔이 흩어지게 되는데 오직 왜국에서만 또 다시 백제왕으로서 부활한다. 이는 7세기 후반의 급박한 동아시아 정세 속에서 왜국이 당과 신라의 압박을 백제유민과의 연대에 의해 극복할 수 있다고 믿었기 때문이다.

둘째, 백제왕으로부터 백제왕씨에의 변화는 천지·천무·지통조를 거치며 그 중요성이 약화한다고 하는 단계성을 갖는데 이는 같은 입장이었던 당과 신라가 서로의 이익을 위해 싸운다고 하는 동아시아 정세의 예기치 않은 변화와 밀접한 관계가 있다.

셋째, 백제왕씨의 성립과정에 대한 검토를 통해 얻어진 백제왕씨 성립의 의의는 율령국가의 성립에 있어 제국에 필요한 이념상의 번국(신라, 발해)의 확보를 확인시켜주는 기능을 했다고 생각할 수 있다.

부론;
금석문「甲午年銘法隆寺金銅觀音造像記銅版」으로 보는 백제왕씨

지금까지의 백제왕씨 연구에서는 오로지 『일본서기』를 위시해 편찬 사서만이 연구의 중심 자료가 되고 다음에 드는 바와 같은 금석문사료는 거의 취급되지 않았다. 하지만 이 금석문 사료야말로 지통조에서의 백제왕의 왜왕권에의 참가의 논리가 명확히 드러난다고 생각된다.

이는 이 사료가 백제왕씨 자신에 의해 만들어진 것이기 때문에 당시의 백제왕으로부터 백제왕씨로의 변천의 의식이 직접적으로 나온다고 보이기 때문이다. 그래서 본장에서는 「갑오년명법륭사금동관음조상기동판」라고 하는 금석문 사료를 중점적으로 검토하고자 한다.

이 사료의 개요는 다음과 같다. 동판은 현재 나라현의 법륭사에 보관되고 있는데 원래 관음보살상에 부속하고 있던 것이다. 다만, 현재 그 보살상은 흔적이 없고 단책(短冊) 모양의 동판만이 남아 있다. 단책 모양의 상하에는 손잡이를 붙이고, 앞면과 뒷면에는 명문을 새겨 넣고 있다. 원래는 겉면과 뒷면 모두 도금이 되어 있었을 것이다. 이는 자획 면에 아직 도금의 흔적으로 알 수 있다.

불상 자체가 분실하고 있기에 동판이 불상의 어느 부분에 부착되어 있었는지는 불분명하다. 아마도 광배의 기둥 부분이 아닌가 추정되고 태내로 들어가 상하를 고정한 용도가 아닐까여겨지지만 아직 정설은 없다.[124]

이 동판의 명문은 겉면에 3행이 있는데, 제1행은 23자, 제2행은 22자, 제

---

124) 『奈良·白鳳の在銘金銅仏銘文篇』(奈良國立文化財研究所, 1976), 85페이지; 岩波古典文學大系 『日本書紀』(下), 545페이지, 보주4 참조. 『三國史記』卷26, 百濟本紀聖王19년(541)조에 의하면 「王遣使入梁朝貢, 兼表請毛詩博士, 涅槃等經義, 並工匠畫師等, 從之」라고 하여 백제가 중국의 양(梁)나라에서 도입한 제도를 나중에 백제가 왜국에 전했다고 한다. 여기서는 구 백제계씨족인 大原博士는 大原씨 중에서도 「박사」의 직책에 있었던 인물을 의미하는 아닌가 하고 생각한다.

3행은 24자의 총 69자가 있고, 뒷면에는 한 행의 13자로 모두 합하면 82자
의 글자가 새겨져있다.[125]

여기에 보이는 갑오년은 지통
천황8년(694)를 가리킨다고 생각
되고[127] 백제왕성의 성립을 생각
하는데 대단히 흥미롭다. 전문을
나타내면 다음과 같다.

<석문> 甲午年銘法隆寺金
銅觀音造像記銅版銘文
(表面)
甲午年三月十八日鵤大寺
德聰法師片岡王寺令辨法師
　飛鳥寺辨聰法師三僧所生
父母報恩敬奉觀世音菩薩
　像依此小善根令得無生法
忍乃至六道四生衆生俱成正覺

(裏面)
　族大原博士百濟在王此土
王姓

〈그림〉甲午年銘法隆寺金銅觀音造像記銅版銘文[126]

우선 내용을 번역해보면 다음과 같다.

겉면은, 「갑오년 3월 18일에 鵤大寺의 德聰法師, 片岡王寺의 令辨法師,

125) 전게서 『奈良·白鳳の在銘金銅仏銘文篇』, 112페이지 참조.
126) 전게서 『奈良白鳳の在銘金銅佛 銘文篇』, 同朋社, 1979, 112~113쪽의 사진을 참조.
127) 전게서 『奈良·白鳳の在銘金銅仏銘文篇』, 112~113페이지 참조.

飛鳥寺의 辨聰法師라는 세 승려는 자신들을 낳아준 부모의 은혜에 보답하기위해 관세음보살상을 바친다. 이 작은 적선에 의해 마음의 평화를 얻고 나아가 모든 중생과 더불어 큰 깨달음을 얻게 되기를 바란다」라고 한다.

그리고 뒷면은 「(德聰法師·令辨法師·辨聰法師의 세 승려는) 大原[128) 博士[129)와 같은 씨족이고 백제에서는 (백제) 왕의 신분이었고, 이 땅 (왜)에서는 (백제) 왕족의 신분이다」라는 것이다.[130)

특히 甲午年이란 지통천황 8년(694)를 가리킨다고 생각된다. 겉면에 기록된 德聰法師·令辨法師·辨聰法師의 세 승려에 대해서는 자세한 것은 알 수 없지만 이 동판이 전년인 지통 8년에 죽은 선광[131)의 공양을 위해 만들어진 것 이라고 한다면 선광의 자식일 가능성이 크다.[132) 또한 鵤大寺가 법륭사이고 片岡王寺는 方光寺라고 하고 나아가 正安4년(1302)의 『방광사고금연기(方光寺古今緣起)』에는 「鎭守大原社神殿」이 있어 일찍이 方光寺가 대원씨를 대대로 후원자(長者)로서 했다는 기록이 있는 것으로 보아도 대원씨가 창립한 것은 아닌가 여겨진다.[133)

---

128) 대원씨는 도래계씨족 이외에도 황별씨족으로서도 알려지는데 천평10년(738) 高安王 등이 상표하여 신하로 되는 것을 청원하고, 다음 해 大原眞人이라는 씨성을 받았다고 한다. 또 대원진인씨는 『신찬성씨록』에 敏達의 손자이고 백제왕의 후예라고 전해진다. 坂本太郎·平野邦雄 監修 1990, 『日本古代氏族人名辭典』, 吉川弘文館, 158쪽 참조.

129) 박사가 사료상에서 처음 출현하는 것은 『일본서기』 응신15년8월정묘(6일)조이고, 동 계체7년6월조의 오경박사의 출현과 함께 학자의 칭호로서 이해된다. 또 『삼국사기』 권26 백제본기성왕19년(541)조에 의하면 왕이 사신을 양나라에 파견하여 모시박사를 청하였다고 하는데 이는 백제가 중국으로부터 도입한 제도를 후에 백제가 왜에 전하였다고 이해할 수 있을 것이다. 그 외에 岩波古典文學大系 『일본서기 하』, 545쪽의 보주14도 참조.

130) 田中嗣人 1997, 「鵤大寺考」, 『日本書紀研究』21, 塙書房, 4~8쪽 참조.

131) 『일본서기』 지통천황7년(693) 춘정월을유(13일)조 참조.

132) 平子鐸嶺 1907, 「法隆寺藏德聰·令辨·辨聰三僧造像觀世音菩薩像記」, 『學澄』11~12호, 319~323쪽 참조.

133) 전게서 『奈良·白鳳の在銘金銅仏銘文篇』, 85페이지 참조.

이 금석문의 해석으로부터 다음의 두 가지 문제점을 지적할 수가 있다. 우선 첫째, 이동판의 제작이 『일본서기』 지통천황7년(693) 春正月乙巳(15日) 조의 「以正廣參, 贈百濟王善光. 幷賜贈物.」의 기사와 관련성이 있다고 하는 것이다. 지통조7년에 백제왕 선광에게 正廣參을 수여하고 부물(贈物)을 내렸다고 하는 것은[134] 백제왕 선광이 사망한 것을 나타내기 때문이다. 다시 말해 백제왕 선광이 사망하고 부물을 내린 다음 해 백제왕 선광의 자식들에 의해 부모의 공양이 행해졌다고 하는 모습을 앞의 금석문사료로부터 읽어 낼 수가 있다는 것이다.

둘째, 片岡王寺가 方光寺이고 이 절은 대원씨에 의해 창립되었다고 한다면 다음에 대원씨의 계보에 주목할 필요가 있다. 대원씨는 도래계 씨족의 하나로서 성은 「史」이고, 나중에 「宿祢」를 받고 있다. 『신찬성씨록』 좌경·우경·셋쓰(攝津)의 각 제번(諸蕃)은 어느 씨족도 백제와 연관이 있는 아야(漢)씨 계통인 西姓令貴의 후예라고 전해지지만, 『속일본후기』 승화 3年(836) 閏 5月戊寅(10日) 조의 기사에 의하면 宿祢의 성을 받은 河麻呂도 역시 백제인이다.[135] 그 이외에도 대원씨는 다양한 계통을 가진 씨족인데 어느 쪽을 살펴보아도 '大原史'는 東(倭)漢씨의 일파로 보인다.[136]

이처럼 계보에 혼란은 있지만 대원씨는 백제계 씨족과 밀접한 관계를 맺

---

134) 부(贈)는 상주에게 보낸 부조하는 물건, 양로령에서는 喪葬令 贈物條에 大納言 이상의 관리 및 1위에서 초위에 이르는 위를 가진 자에게 贈物로서 내리는 絁·布·鐵의 각 수량이 규정되어 있다. 日本古典文學大系 『日本書紀』(下), 511페이지의 두주 31; 『令集解』 喪葬令 5 職事官條 참조.

135) 『續日本後紀』 承和3年(836) 閏5月戊寅(10日) 條에 「右京人內藏大屬大原氏河麻呂, 改賜姓宿祢. 麻呂之先百濟國人也」라고 한다.

136) 坂本太郎·平野邦雄 監修 『日本古代氏族人名辭典』(吉川弘文館, 1990), 158페이지 참조. 오하라(大原)씨는 도래계 씨족 이외에도 황별씨족으로서도 알려지는데, 天平 10年(738)에 高安王 등이 상표하여 신하의 호적(臣籍)으로 내려가는 것을 원하고 다음 해에 大原眞人의 씨성을 받은 것이다. 大原眞人씨는 『新撰姓氏錄』에 의하면 敏達의 손자인 백제왕의 후예라고 전해지고 있다. 平子鐸嶺 「法隆寺藏德聰·令辨·辨聰三僧造觀世音菩薩像記」(『學燈』 11~12호, 1907), 319~323페이지 참조.

고 있는 것을 알 수 있다. 또한『정창원문서』에「大原史長嶋敏十九 大倭
國平羣郡坂門鄕戶主少初位上大原史男君戶口」라고 하여[137] 이것이 법륭
사의 西隣의 坂門鄕에 해당하는 것으로 보아 大原씨의 거주지가 법륭사
주변이었던 것은 틀림 없다.

다음으로 뒷면에서 주목할 점은 세 승려가 백제에 있을때는「왕」이었고
이 땅 즉 왜국에서는「왕성」이다는 의식을 갖고 있던 점이다. 다시 말해 세
승려는「왕」과「왕성」의 두 개의 논리로 스스로를 이해하고 있었던 것이다.
백제에서는「왕」의 신분이었지만 왜에서는「왕성」이라고 하는 발상을 당시
의 구 백제인들을 가지고 있던 것이다. 여기서도 백제왕의 성으로서의 특수
성이 확인된다고 할 수 있을 것인가.

나아가 같은 면의「族大原博士」에 주목하자면, 선광의 자식들인 세 승려
는 대원박사와 동족적 관계에 있다고 하는 것이다. 그렇다면 대원박사라고
하는 것은 인명인가, 아니면 박사라고 하는 직책인가의 의문은 남지만,[138]
어떻더라도 흥미 깊은 것은 지통조의 백제왕씨들이 그들의 백제왕으로서의
인식을 대원박사와 동족이라고 명기하는 것으로 스스로의 입장을 표명한
것에 있다.

다시 말해 지통 5년 단계에 새로운 신흥씨족으로서 등장한 백제왕씨는

---

137)『大日本古文書』第25卷 93페이지 참조.
138) 박사가 사료 상에서 처음 출현 한 것은『日本書紀』応神15年8月條丁卯(6日)條이지
    만, 같은 継体7年6月條의「五経博士」가 처음으로 출현한 기사이며 학자의 칭호로
    서 이해된다. 박사는 유교의 교관이고 황제의 자문에 응하고 민정의 교화도 담당
    한다. 그 외 박사의 의미와 독해에 대해서는 東野治之「大宝令前の官職をめぐる
    二、三の問題－大・少納言、博士、比賣朝臣－」(『長屋王家木簡の研究』塙書房, 1996,
    초출 1984), 287~295페이지; 請田正幸「渡來人論·序章」(『歷史學硏究』582, 1988); 同
    「フヒト集団の一考察－カハチの史の始祖伝承を中心に－」(直木孝次郎先生古稀
    記念會 編『古代史論集(上)』塙書房, 1988)은 '후히토(フヒト)'설을 지지하고, 이에
    대해 田中卓「「博士」の讀みについて－東野氏說「フビト」は無理であろう－」(著作
    集10『古典籍と史料』國書刊行會, 1993, 초출 1990)은「하카세(ハカセ)」라고 읽어
    야 한다는 의견을 지지하고 있다(412~418페이지 참조).

당시의 유력한 백제계씨인 대원박사를 끌어들임에 의해 자신들의 계보를 설명하려고 했던 것은 아닐까. 그러기 위해 백제왕 선광의 사후에 선광의 자식들인 세 승려가 선광을 공양하는 관세음보살상을 바치는 과정에서 그들 신분은 백제의 멸망 이전이었다면 백제왕의 신분이었을 터인데 왜국에서는 백제왕씨가 되었다는 것을 받아들이고 그들의 변화된 입장을 이전부터의 백제계 씨족이었던 대원박사를 통하여 정당화하려고 했던 것은 아닌가 여겨진다.

또한 이 금석문 기사에는 지통5년 백제왕으로부터 백제왕씨로의 입장 변화에 의한 백제유민들의 새로운 입장도 나타나고 있다고 생각한다. 다시 말해 백제왕씨로서의 새로운 출발을 시작하지 않을 수 없었던 원래 백제왕 세력의 왜왕권에의 정착의 시작, 즉 8세기 나라시대에서의 율령관인화로의 출발점을 상징하고 있다고 생각된다.

이상을 요약하면 다음과 같다.

첫째, 「族大原博士」라는 표현으로부터는 백제왕의 후예들이 그들의 계보를 이전부터의 백제계씨족이라는 대원박사에 의해 왜국에 설명하려고 하고 있다는 의식이 읽혀지는 것이다. 백제왕이라는 신분에서 백제왕씨로의 이행의 과정에서 백제왕씨의 조인 선광은 왜국의 일원이 되지 않으면 안되었다. 그때 그 이전에 백제계 도래인으로서 왜국에 일정의 세력을 갖고 있던 대원씨에 의탁하는 방법을 선택하게 된 신생씨족으로서의 백제왕씨의 고뇌에 찬 선택이 이 사료에서 느껴지는 것은 아닌가.

둘째, 「百濟在王此土王姓」이라고 하는 표현에서는 백제 멸망 이전에는 '(백제의)왕'의 신분이었지만 백제가 멸망한 후의 지금의 왜국에서의 신분은 '(백제의)왕성'이라는 의식이 읽혀진다. 이것은 지통조에 백제왕에서 백제왕씨로의 변화의 사정을 잘 표현해 주는 사료라고 말할수 있을 것이다. 나아가 백제왕 선광과 혈연관계가 있는 승려들에 의한 직접적인 표현이라고 하는 점에서도 매우 중요한 사료라고 생각된다.

'壬申의 난'과 日本

- 동아시아세계의 재편과 관련하여 -

서. 임신의 난은 무엇인가

672년에 일어난 '임신의 난'은 고대일본의 최대의 내전이라고 이야기된다. 이 난의 개요는 다음과 같다. 덴지(天智)천황이 병석에 눕게 되자, 그의 아들 오토모(大友) 황자에게 왕위를 계승하려 한다. 이에 불만을 가진 덴지의 동생 오아마(大海人) 황자가 요시노(吉野)로 피신하던 중, 덴지의 죽음과 함께 요시노를 나와 거병하여 조카인 오토모 황자를 제거하고는 왕위에 올라 덴무(天武)천황이 되었다는 줄거리이다. 이 난으로 인해 율령에 기반을 둔 신생 일본이 탄생되었다는 것이다.139)

---

139) 일본에서의 '임신의 난'의 연구 성과는, 倉本一宏,『持統女帝と皇位継承』, 吉川弘文館, 2009; 早川万年,『壬申の亂を讀み解く』, 吉川弘文館, 2009; 遠山美都男,『古代の皇位継承 : 天武系皇統は實在したか』, 吉川弘文館, 2007; 倉本一宏,『戰爭の日本史 2壬申の亂』, 吉川弘文館, 2007; 倉本一宏,『歷史の旅 壬申の亂を步く』, 吉川弘文館, 2007; 井上光貞,『飛鳥の朝廷』, 講談社, 2004; 笠原英彦,『歷代天皇總覽 : 皇位はどう継承されたか』, 中央公論新社, 2001; 足利健亮先生追悼論文集編纂委員會,『地図と歷史空間 : 足利健亮先生追悼論文集』, 大明堂, 2000; 山本幸司,『天武の時代 : 壬申の亂をめぐる歷史と神話』, 朝日選書, 1995; 鈴木治,『白村江 : 古代日本の敗戰と藥師寺の謎』, 學生社, 1999; 遠山美都男,『「日本書紀」はなにを隱してきたか?』, 洋泉社, 1999; 都出比呂志, 田中琢,『權力と國家と戰爭』, 小學館, 1998; 直木孝次郎,『壬申の亂』, 塙書房, 1992; 中津攸子,『万葉集で讀む古代爭亂』, 新人物往來社, 1986; 星野良作,『壬申の亂研究の展開』, 吉川弘文館, 1997; 遠山美都男,『壬申の亂 : 天皇誕生の神話と史實』, 中央公論社, 1996; 奈良國立文化財硏究所飛

‘백촌강 싸움’의 영향으로 종래의 동아시아세계가 재편되는 결과를 맞았다고 서술한 적이 있다.[140] 그런데 전고를 집필하는 과정에서 본인은 하나의 의문을 안게 되었다. ‘백촌강 싸움’은 당시의 왜가 국운을 걸고 뛰어든 총력전[141]이었는데, 이러한 대규모 전쟁에서 참담한 패배를 맛본 왜국 내부는 무슨 생각을 하고 있었던 것일까? 다시 말해 왜 내부의 ‘백촌강 싸움’ 이후의 ‘전후처리’의 과정이 궁금했다. 즉, ‘임신의 난’은 ‘백촌강 싸움’이라는 국제전쟁의 ‘전후처리’ 과정 속에서 생긴 내부의 전란이 아니었을까 하는 가설이 본고의 출발점이 되었다는 점을 미리 밝혀둔다.

鳥資料館,『壬申の亂』, 1987; 竹越与三郎,『二千五百年史』, 講談社, 1990; 水野祐,『非情の世紀 : 壬申の亂外史』, 早稻田大學出版部, 1994; 西鄉信綱,『壬申紀を讀む : 歷史と文化と言語』, 平凡社, 1993; 齋宮歷史博物館,『大來皇女と壬申の亂 : 齋宮をめぐる人々』, 齋宮歷史博物館, 1991; 小笠原好彦,『勢多唐橋 : 橋にみる古代史』, ロッコウブックス, 1990; 小林惠子,『白村江の戰いと壬申の亂 : 唐初期の朝鮮三國と日本』, 現代思潮社, 1987; 吉野裕子,『持統天皇 : 日本古代帝王の呪術』, 人文書院, 1987; 北山茂夫『萬葉集とその世紀』, 新潮社, 1985; 田中卓,『壬申の亂とその前後』, 國書刊行會, 1985; 星野良作,『壬申の亂』, 吉川弘文館, 1978; 北山茂夫,『壬申の內亂』, 岩波書店, 1978; 大久保利謙,『田口鼎軒集』, 筑摩書房, 1977; 三浦昇,『敵見たる虎か吼ゆると : 壬申の亂を步く』, 實業之日本社, 1976; 星野良作,『壬申の亂』, 吉川弘文館, 1973; 直木孝次郎,『壬申の亂』, 塙書房, 1961; 龜田隆之,『壬申の亂』, 至文堂, 1961; 記紀万葉を語る會,『日本古代の政治と文學』, 靑木書店, 1956 등 참조. 이에 비해 한국에서의 관련 성과로는, 윤영수,「시본인마려(榊本人麻呂)에 있어서의 ‘임신의(壬申) 난(亂)’과 천무조(天武朝)」,『일본학보』37, 1996; 김광래,「‘임신(壬申)의 난’에 있어서 신라의 역할」,『일어일문학연구』10, 1987 등 참조.

140) 송완범,「‘백촌강 싸움’과 倭」,『한국고대사연구』45, 2007, 69~93페이지 참조.(이 논고는 최근, 송완범 외, 고려대학교 일본연구센터 일본학총서27『일본의 전쟁과 평화』, 인터북스, 2014의 제1장「‘白村江싸움’과 東아시아세계의 재편, 그리고 일본(倭)」에 수록되어 있다. 본서의 제1부 제2장에 수록)

141) 당시의 천황 사이메이(齊明)는 고령의 나이에도 불구하고 직접 군사의 징집과 군선 건조, 무기 징발 등의 사안을 챙기며 규슈의 전초기지까지 나아갔다. 사이메이와 동행한 사람들은 나중의 덴지와 덴무천황은 물론, 그리고 당시의 중신인 나카토미노 가마타리(中臣鎌足)도 끼어 있었다. 요컨대, ‘백촌강 싸움’은 왜의 권력 핵심부가 총집결해 벌인 국가의 명운을 건 싸움이었던 것이다.

제1절 7세기 중엽의 혼돈과 왜의 선택

위·진남북조의 기나긴 분열의 시기는 581년에 건국한 수나라에 의해 589
년에 종지부를 찍는다. 하지만 수는 단명하고, 이어 등장한 당에 의해 통일
이 이루어진다. 618년에 성립한 당은 국내정권의 기반을 우선시한 후, 630
년경부터 주변제국에 대한 지배력을 강화시켜 나갔다.[142] 고구려는 631년
부터 '요동(遼東)의 전쟁'이라 말해지는 당의 대규모 침공을 받았는데, 그
강도가 644년에는 본격적인 것이 되었다. 이에 대해 고구려 이외의 주변제
국은 당의 팽창 정책에 위협을 느끼고 민감하게 대응하기 시작했다. 특히
백제는 당의 정책에 반발하고, 신라는 친당적인 입장을 취했다.

6·7세기의 야마토 정권의 대외관계에 대해 분석한 김현구[143]씨는 스이
코(推古) 천황 후반기(605~628)는 견수사 외교를 포함한 다면외교였는데 비
해, 조메이(舒明) 천황(629~641)의 시기가 되자 친(親)백제외교로 전환한
것을 지적하고 있다. 이러한 친백제정책이 변화하는 데는 645년의 '을사(乙
巳)의 변'을 기다리지 않으면 안 되었다. 개신 정권은 다이카(大化)연간
(645~649년)과 하쿠치(白雉)연간(650~654년)으로 나뉘는데, 전자가 당·신
라·왜의 3국 연합체제였는데 비해, 후자는 3국 연합정책에서 백제와 신라
에 대한 등거리외교로의 전환이라 한다. 이는 결과적으로 백제와 신라만을
놓고 본다면, 친신라 정책에서 친백제 정책으로의 전환이라는 말과 같은 말
이다. 이후 이러한 왜의 친백제 정책은 660년의 백제 멸망까지 이어진다.

660년 7월의 백제멸망은 백제에 여러 모로 의존하고 있던 왜에게는 엄청
난 충격이었을 것이다. 백제의 옛 땅에서는 구신들에 의해 부흥운동이 일어
난다. 그들은 연이어 왜에 사신을 보내어 백제왕자 풍장의 귀환과 군원을
요청하고 있다.[144] 이에 대해, 왜는 앞에서도 언급한 것처럼 당시의 왜의

---

142) 唐代史硏究會 編, 『隋唐帝國と東アジア世界』, 汲古書院, 1979 참조.
143) 金鉉球, 『大和政權の對外關係硏究』, 吉川弘文館, 1985, 제4편 참조.

수뇌부가 규슈에 까지 나아가 백제를 구원하기로 한다, 이후 사이메이(齊明) 여제가 규슈의 아사쿠라(朝倉)궁에서 숨을 거두는 비상사태에도 왜는 일관되게 백제 구원전쟁에 뛰어든다.

이를 두고 여러 설이 있지만,[145] 왜와 동맹관계에 있던 백제가 멸망하는 것을 목도한 왜의 입장에선 다음 차례가 왜일지 모른다는 상정은 불가능한 것이 아니었다고 생각한다. 특히 백제의 직접적인 멸망이 당의 수군이 황해를 건너 백제를 직접 공격한 것에 의해 결행되었다는 사실은 왜로 하여금 두려움을 배가시켰을 것이다. 그 두려움은 왜에 머무르다 당과 신라를 기다리기 보다는, 백제부흥군이 유리한 전세를 유지하고 있는 듯 보이는 백제로 미리 건너가 전장을 만들고자 했던 왜의 선택은 충분히 이해하고도 남음이 있다.

제2절 '임신의 난'의 전야(663~672년)

다음은 '백촌강 싸움' 이후 10년간의 국제관계의 개략이다. 특별히 전거를 밝히지 않은 것은 대개 『일본서기』의 기사이다.

663년(천지2)8월 28일   백촌강에서 패전
        9월 25일   왜와 백제의 패잔병과 유민 왜로 향하다.
664년(천지3)2월   당의 명에 의해 신라와 백제 회맹
        5월 17일   당의 백제진장군 유인원의 사자 곽무종 쓰쿠시 도착
        9월   곽무종을 사적인 사신(私使)이라고 하여 입경을 거절
        12월 12일 곽무종 등 귀국
665년(천지4)9월 20일   당사 유덕고, 곽무종 쓰쿠시 도착

---

144) 『일본서기』 제명천황6년(660)冬10월조 참조.
145) 주140의 전게논문, 75~76페이지 참조.

10월 11일 당사 일행 입경

10월　고구려 연개손문 사망

666년(천지5)6월 4일　고구려사 귀국

10월 26일 고구려사 진조(進調)

11월　당의 고구려 정토 개시

667년(천지6)10월 2일　당군 평양에 이르다.

11월 9일 당의 백제진장 유인원의 사자 사마법총 등 쓰쿠시 도착

11월 13일 사마법총 등 귀국

伊吉連博德 등 송사로서 당에 파견

668년(천지7)4월 6일　백제웅진도독부 진조

7월　고구려사 진조

9월 12일 (12년 만의)신라사 김동엄 진조

[9월26일 가마타리가 김유신에게 배 1척, 9월29일 천지가 신라왕에게 배 1척 선물]

9월 13일　고구려 멸망[『구당서』고종 총장원년9월계사조]

11월 5일 신라사 귀국(11월1일 신라왕에게 비단 등 선물)

견신라사 道守臣麻呂가 신라사와 함께 신라로 가다.

是歲　당이 신라정벌을 계획

669년(천지8)　견당사 河內直鯨을 파견(11월 당에 도착)

9월 11일 신라사 督儒 진조

10월　가마타리 사망

670년(천지9)3월　견당사 당의 조정에 고구려 평정을 축하하다.

4월　고구려 유민 검모잠 당에 반란

7월　신라가 옛 백제땅을 침공(『삼국사기』문무왕조; 신라의 품일 등이 63성을 빼앗고, 2천의 목을 베고, 문영 등은 7성을 빼앗고, 7천의 목을 베고 전마와 병기를 압수)

8월　신라가 소고구려국(안승, 금마저)을 세우다.

9월 1일 신라사 귀국(?)

견신라사가 신라사와 함께 신라로 향하다.

671년(천지10)1월 9일 '고구려사' 진조

　　　　　1월 13일 당사 이수진이 백제진장 유인원의 사신이라고 하
　　　　　　　　　 며 내조

　　　　　2월 23일 '백제사' 진조

　　　　　6월 4일　백제의 사신이 바라는 '군사원조'에 대해 언급

　　　　　6월 15일 '백제사' 진조

　　　　　6월　　　신라 당군에 대승

　　　　　　　　　 신라사 (김압실) 진조

　　　　　7월 11일 당사 이수진이 백제사와 함께 귀국

　　　　　7월　　　옛 사비성에 所夫里州 설치[『삼국사기』문무왕11
　　　　　　　　　 년7월조]

[『삼국사기』문무왕 서한(11년7월26일) 당이 선박을 수리하는 것은 왜를
공격하려고 하는 것 같으나, 실은 신라를 치기 위한 것]

　　　　　10월 7일 신라사 김만물 진조

　　　　　10월 19일 오아마, 요시노로 들어가다.

　　　　　11월 2일 당사 곽무종 등 2천인 도착(배 47척) 보고가 쓰시
　　　　　　　　　 마로부터 전달

　　　　　12월 3일 천지 사망

　　　　　12월 16일 신라사 (김만물) 귀국

672년(천무원)연초　　곽무종 등 쓰쿠시에 안치([선린국보기] 인용 元永
　　　　　　　　　 원년4월27일)

　　　　　3월 18일 곽무종에게 천지의 사망소식을 전달

　　　　　3월 21일 곽무종 서함을 왜에 전달

　　　　　5월 12일 곽무종에게 물건을 내리다.

　　　　　5월 28일 '고구려사' 진조

　　　　　5월 30일 곽무종 등 귀국

　　　　　6월 24일 오아마 요시노를 탈출

　　　　　7월 23일 오토모 자결

　　　　　8월　　　신라와 '고구려' 연합군이 당과 싸우다.

　　　　　11월 24일 신라사 김압실에게 쓰쿠시에서 연회, 물건 선물

　　　　　12월 15일 신라사에게 배 1척

12월 26일 신라사 (김압실) 귀국

663년 8월 27일과 28일의 양일간의 싸움에서 왜의 백제 구원군과 백제 부흥군은 당과 신라 연합군에게 대패를 맛본다.[146) 특히 왜의 백제 구원군은 지금의 새만금 유역에서 벌어진 해상 전투에서 궤멸적인 피해를 입고 퇴각하게 된다. 왜의 패잔병들이 세력을 추스른 곳은 전장이었던 한반도의 서해안을 빠져나온 남해안의 포구였다. 그곳에서 배를 수리하고 전열을 정비해 귀국길에 오르게 된다.[147) 그 귀국길에는 백제의 많은 유민들이 동반한다. 이로서 백제의 이름은 완전히 소멸한다.[148)

이후 약 10년 동안 동아시아 각국 사이에는 치열한 외교전이 펼쳐지게 된다. 한반도의 한 축을 이루고 있던 백제의 멸망은 백제와 동병상련의 입장에 있던 고구려로 하여금 필사의 외교전을 구축하게 하는데, 고구려의 주된 관심은 한반도의, 더 정확하게 말하면 신라의 후방에 있던 왜였다.

왜는 일관되게 신라와 당이 구현한 백제와 고구려 멸망이라는 국제질서의 변동을 인정하고 있었던 것을 알 수 있다. 물론 인정할 수밖에 없었겠지만 말이다. 하지만, 당과 신라가 반목하는 관계가 되자, 왜의 외교책에는 여러 선택의 경우의 수가 생겨나게 된다.

다시 말해, 이제 당의 노선을 택할 것인가. 아니면 신라 노선을 택할 것인지를 선택하지 않으면 안 된다. 당의 노선을 지지한다는 것은 한반도의 구 백제 땅에 직접 군원을 보내 당을 도와 신라와 싸우는 경우이거나, 당을 소극적으로 지원하는 중립안을 취한다는 것이 된다. 한편, 신라 노선을 선택한다는 것은, 신라에 대한 군원의 지원이라는 적극적인 지원도 있을 수 있을 것이고, 그 정도까지는 아니라도 적어도 신라 입장을 이해한다는 소극

---

146) 『일본서기』 천지2년(663)추8월무신조; 동 추8월기사조 참조.
147) 『일본서기』 천지2년(663)9월정사조; 동 신유조; 동 계해조; 동 갑술조 참조.
148) 『일본서기』 천지2년(663)9월정사조 참조.

적인 중립책을 지킬 수도 있을 것이다. 이러한 여러 경우의 수를 놓고 왜는 고민하게 된다.

그런데, 이러한 왜의 대외적 고민은 과연 대외적인 문제로만 그치는 문제였을까. 왜의 조정 내부에서도 당의 노선을 따를 것인지, 신라의 입장을 지지할 것인지, 아니면 이도저도 아닌 중립을 택할 것인지, 나아가 이러한 대외 노선을 둘러싸고 내부 정치세력 간의 사이에도 갑론을박이 존재했을 것이다. 결국 '백촌강 싸움' 이후의 십여 년간 왜의 대외적인 선택을 둘러싸고 내부 의견을 조율하는 연장선상에 '임신의 난'을 이해할 수 있는 실마리가 숨어 있는 것은 아닐까.[149)]

앞에서 언급한 것처럼 671년과 672년에는 당사와 신라사가 경쟁하는 것처럼 왜에 들락날락한다. 당은 왜를 억압하며 한반도에의 개입을 바랬고, 신라는 은근하게 한반도 문제에의 초연하기를 바랐다. 이에 왜는 결국 신라가 바라는 완곡한 중립을 고수했고, 이러한 외교적 선택의 변경이 국내정치가 덴지서 덴무로 넘어가는 국내정치의 변경으로 이어진 것이다.

그런 점에서 신라사 김압실이 왜에 장기간 머무르다 귀국하는 것은, 이후 덴무와 지토정권의 대외관계의 앞날을 이야기 하는 바로미터에 다름 아니었던 것이다. 다시 말해, 덴무와 지토의 외교노선은 신라를 중시하는 것이었으며, 한편으로 이는 왜국 내의 백제와 고구려로부터의 한반도 유민들에게는 왜국 내의 질서에의 순응은 거스를 수 없는 대세로 여겨질 수밖에 없던 것임을 의미한다.

제3절 672년의 '임신의 난'

'임신의 난'의 원인에 대해서는 몇 종류의 설이 있다. 먼저, 덴지천황의

---

149) 倉本一宏, 주139의 전게서 참조.

급진개혁노선이 원인이라는 설.150) 덴지는 663년에 백제의 부흥을 기도하고 한반도에 출병하여 신라와 당의 연합군을 반도에서 맞아 싸우려고 했음은 앞에서 확인한 바와 같다.

하지만 백제를 부흥하려는 전쟁은 왜군의 참패로 끝나고 말았다. 이로 인해 덴지는 당과 신라의 연합군을 방어하기 위한 시설을 쓰시마(對馬)와 이키(壹岐) 섬, 규슈 북부의 다자이후(太宰府) 근방, 그리고 세토(瀬戸)내해의 연안 곳곳에 쌓는다. 이를 '조선식 산성'이라 한다.151) 그 외에도 요소에 방위군인 사키모리(防人)와 봉화 시설을 설치한다.152)

한편, 서울을 나라(奈良) 분지의 아스카(飛鳥)로부터 비와(琵琶)호 남단의 오우미(近江) 궁으로 옮겼다.153) 이 오우미 궁에서 국내의 정치 개혁을 급진적으로 강화해 나가는 정책이 발표되었다. 그 대표적인 것이 '甲子의 宣'과 '경오년적(庚午年籍)'이다.154) 하지만 갑작스런 개혁은 호족이나 일반 민중에게는 전쟁 준비로 인한 피폐에 더하여 새로운 부담으로 작용하는 측면이 강했다.

그 결과, 새로운 시책들은 적잖은 불만 세력을 양산하는 결과를 낳았다. 이러한 불만은 오우미 궁 천도에 맞추어 많은 이유를 알 수 없는 화재(神火)로 나타난다.155) 이는 또 나아가 덴지의 개혁 정책의 방향은 지방호족, 특히 동국 지방의 호족들을 경시한 것으로 비춰지게 되고, 결국 이러한 불만이 '임신의 난'에서의 동국 귀족들이 덴무에게 호의를 보이는 것으로 표

---

150) 倉本一宏, 주139의 전게서 참조.

151) 龜田修一,「日韓古代山城の比較」,『古代武器研究』9, 2008; 小田富士雄,「古代朝鮮式山城整備の現況」『第2回東アジア考古學會・中原文化財研究院研究交流會予稿集』(財)中原文化財研究院・東アジア考古學會(福岡大學), 2008 참조.

152)『일본서기』천지2년(664)是歲조 참조.

153)『일본서기』천지6년(667)3월신유삭기묘조 참조.

154)『일본서기』천지9년(670)2월조;『續日本紀』宝龜10年(779)6월13일조 참조.

155) 森田悌,「神火」,『國史大辭典 15』, 吉川弘文館, 1996; 原秀三郎,「神火」,『日本史大事典 3』, 平凡社, 1993 참조.

출되었다는 것이다.

이 갑작스런 개혁에의 불만의 양성이 결국 '임신의 난'의 원인이라는 설이 다수설의 위치를 차지하고 있다. 두 번째로, 아스카(飛鳥) 시대에 빈번했던 황위 계승 분쟁의 한 사례로 보는 설.156) 당시 율령제의 도입을 목표로 한 덴지는 왜국의 전통적인 왕위 계승 방법이었던 형제간끼리의 계승 관례를 지양하고, 당을 모방한 적자 상속제, 이를테면 자신의 아들에게로의 왕위 계승을 목표로 한 것이 오아마 황자 측의 불만을 샀다는 설이다. 이에 더하여 오아마 황자는 정치적으로도 유능한 사람이었던 덕에, 오아마 황자를 지지하는 세력이 형성되어 있었던 것이 난의 발생으로까지 이어졌다고 보는 것이다. 세 번째로, 원래부터 덴지와 덴무의 사이에는 불화관계가 있었다고 보는 설. 에도(江戶)시대의 반 노부토모(伴信友)는『万葉集』에 수록된 여성 누카다(額田)왕157)의 와카(和歌)로부터 누카다왕을 둘러싼 불화가 덴지와 덴무의 왕위 쟁탈전으로 비화되었다고도 보았다.158)

그럼 다음에는, '임신의 난'에 대한 개략적인 기사의 정리와 함께 난의 경과를 살펴보자.

> 671년(천지10)정월 5일 덴지는 오토모 황자를 태정대신, 蘇我臣赤兄을
> 좌대신, 中臣連金을 우대신, 蘇我臣果安·巨勢臣
> 人·紀臣大人을 어사대부로 임명
> 9월　　　　덴지가 병으로 쓰러지다.
> 10월 17일 오아마 황자가 황위계승을 사절, 자신은 출가수행
> 을 願望.
> 10월 19일 오아마 황자가 요시노에 은둔할 것을 청하자 허락
> 11월 23일 오토모 황자와 5인의 중신들이 서약.

---

156) 星野良作,『硏究史 壬申の亂』(增補版), 吉川弘文館, 1978 참조.
157) 直木孝次郎, 人物叢書シリーズ『額田王』, 吉川弘文館, 2007 참조.
158) 伴信友,「長等の山風」,『伴信友全集 第4』, 國書刊行會, 1907~1909 참조.

11월 29일 5인의 중신들이 오토모 황자를 받들어 천황 앞에
서 서약

12월 3일 덴지가 사망

672년(천무원)5월 미노(美濃)에 있던 朴井連雄君이 징병 활동을 오
아마에게 급보

6월 22일 오아마가 3인의 도네리(舍人) 파견, 징병과 不破
道의 봉쇄

6월 24일 동국, 20인의 사냥꾼, 말 50필, 점을 치다, 수백 명

6월 25일 高市皇子 합류, 鈴鹿郡, 500명 수비병, 三重의
郡家

6월 26일 伊勢 朝明郡의 迹太川 천조대신에게 예, 오쓰 황
자, 美濃 군사 3000인, 東海道와 東山道에 모병,
桑名

6月 27日 오아마는 不破, 2만의 군대, 지휘권을 高市皇子,
점, 뇌우

[군사훈련, 열병]

6월 29일 倭古京 점거

7월 2일 오아마 황자가 전군에 진격명령, 수만의 군대로
야마토, 3천의 군사 주둔, 수만의 군대로 오우미
로 진군, 격퇴, 오우미 측에서 내분(山部王, 蘇我
臣果安), 투항, 高安城 공격

[3, 4, 5, 6일 소규모 전투, 일진일퇴]

7월 7일 비파호 방면 격퇴

7월 8일 倭古京을 둘러싼 최후의 공방

[9, 13, 17, 22일 연승, 대승]

7월 23일 오토모 황자 자결[26일 수급 들고 개선]

7월 24일 장군들은 오우미 측의 좌우대신과 죄인들의 수색
과 체포

8월 25일 오우미 측의 군신의 죄상과 처분을 발표

8월 27일 오아마 황자는 공을 상찬

[9월 8, 9, 10, 11, 12일 개선]

9월 15일　오아마 황자가 飛鳥淨御原宮의 조영 개시
673년(천무2)1월 5일　오아마 황자가 飛鳥淨御原宮에서 군신들에게 대
연회
2월 27일　오아마 황자가 飛鳥淨御原宮에서 즉위

이상에서 특기할 만한 사항은 다음의 두 가지 사항이다. 먼저, 672년 5월 (是月)의 기사로 미노(美濃)에 있던 오아마 황자의 도네리인 에노이노무라지오키미(朴井連雄君)가 오우미 측의 군사 활동을 급보하는 내용이다.[159]

이 기사는 '임신의 난'의 촉발 기사로 유명한데, "개인적인 일로 미노에 갔다가 오우미 조정이 미노와 오하리(尾張)의 지방관에 대해 덴지 천황의 무덤을 만든다는 명목으로 인부들을 동원하고 있는 것을 보았는데, 그들이 무기를 소지하고 있더라. 생각건대 이는 아마도 천황의 무덤 공사를 하는 것이 아니라, 반드시 다른 목적이 있는 듯하다. 그러니 빨리 대비책을 세우지 않으면 반드시 위험한 일이 있을 것 같다"는 내용이다.

또 다른 보고 기사도 보인다.[160] "오우미 경에서 아스카에 이르기까지 여기저기 척후가 배치되어 있으며, 우지(宇治)교를 지키는 자들이 오아마 황자의 도네리들이 먹을 식량을 운반하는 것을 차단하고 있다"는 보고이다.

이 두 가지 보고를 받은 오아마 황자는 보고들이 사실이라고 확인되자마자, 거병을 결의하는 것으로 되어 있다. 이상의 기사는 당시의 왜국 내부에 있어 군사적 움직임이 활발한 것을 의미한다. 이는 바로 직전 기사인 5월 30일에 전년도 11월에 이례적으로 2천의 대규모 인원을 이끌고 온 당사 곽무종이 소정의 목적을 마치고 돌아간 것과 관계가 없지 않을 것이다.

다음은 672년 6월 이후의 대규모 군세의 존재이다. 오아마 황자 측의 군세가 초기 단계인 6월 24일에는 20인의 사냥꾼과 말 50필 정도였는데, 25

---

159) 『일본서기』 천무원년(672)夏5월是月조 참조.
160) 주159의 전게서 참조.

일에는 500명의 수비병, 26일에는 3000명, 27일에는 2만 명, 하는 식으로 움직이는 곳마다 대규모의 군사에 대한 징발이 행해진다는 것이다. 이는 7월2일의 오아마 황자가 전군에 진격명령을 내리면서, 동원하는 군세가 수만 명 단위로 야마토와 오우미로 보내고 있는 데서도 여실히 나타난다.

이렇게 극히 짧은 기간 동안에 몇 만 단위의 대규모 군사 동원이 가능한 것은 무슨 이유에서일까? 672년 5월(是月) 기사가 말하는 것처럼 당사 곽무종의 귀국에 맞추어 왜국 내부에 군사적 움직임이 활발한 사정은, 672년 6월 이후의 대규모 군사적 동원이 가능한 사실과도 부합한다.[161]

다시 말해, 이상의 672년 5월 이후 7월까지의 왜국 내부에서는 대규모 군사적 운용이 가능한 분위기가 있었던 것이다. 이처럼 만 단위의 군대가 움직이는 상황은 오우미 측과 오아마 황자 측의 국내 전쟁을 상정하기보다는, 당과 신라 노선의 어느 쪽을 택할 것인가 하는 대외노선의 연장선상에서 이해하는 것이 훨씬 더 자연스럽게 보인다.

요컨대 672년의 '임신의 난'은 '백촌강 싸움' 이후 10여 년간의 당과 한반도 각 세력의 복잡한 국제적 정세가 얽혀 발생한 사건으로, 이를 단순히 오우미 측의 급진개혁노선이나 오우미 측과 오아마 황자 측의 왕권분쟁 차원의 문제로 이해하는 것은 '내란'이라는 도그마에 너무 사로잡힌 것이 해석이 아닐까.

결. '임신의 난'의 의미

663년 '백촌강 싸움' 이후의 왜를 둘러싼 외교의 행태를 살펴보면 이미 망한 백제와 고구려의 옛 땅에서의 사자는 물론이고, 당과 신라의 사자가 경쟁적으로 왜에 파견되고 있다. 이와 아울러 왜국 내부에서도 전후처리를

---

161) 倉本一宏, 주139의 전게서 참조.

둘러싼 지배세력 내부의 분화가 왕권 교대와 맞물려 진행되고 있다.

　이러한 복잡한 사정에 대한 이해를 도외시한 채, 종래의 설명은 단순히 왕권 교대만으로 고대일본 최대의 내전인 672년의 '임신의 난'을 설명하려고 했다. 하지만 672년의 6, 7월이라는 극히 짧은 시간에 벌어진 싸움으로 기록되는 '임신의 난'에 동원되는 군세는 수만을 헤아리는 대군이었다.

　이와 같은 대규모 군세를 설명하는 것은 복잡한 동아시아 정세 속에서 특히 '백촌강 싸움'과 같이 연계해 설명하는 쪽이 더 설득력이 있을 것이다. 다시 말해 동아시아세계를 뒤흔드는 국제 정세의 급격한 변화가 소용돌이 쳤던 7세기 말의 국제 정세를 감안하고, '백촌강 싸움'과 '임신의 난'을 다양하고 복잡한 국제정세의 연장선상에서 보아야 제대로 규명할 수 있다.

　이러한 외정과 내전을 거친 후에야 당의 율령체제에 입각한 중앙집권 국가의 확립이 달성되게 되고, 그 과제의 달성은 덴무·지토천황의 시대에 본격적으로 추진되었던 것이다. '임신의 난'의 의미는 왕통이 덴지에서 덴무로 옮겨 간 것만이 아니었다. 689년에는 아스카키요미하라령이 성립하고, 또 중국으로부터 배운 본격적인 궁도(宮都)의 조영과 함께 조방제(條坊制)의 방격(方格) 플랜을 가진 광대한 조영을 가진 후지와라(藤原)경이 조영되면서 명실상부한 일본율령체제가 성립되게 된다.

　그 외에도 천황이라는 군주호와 일본이라는 국호가 성립된 것도 이 시대를 기점으로 한다. 또한 당과 신라는 반도의 영유권을 둘러싸고 전쟁상태에 들어갔다. 양국은 배후의 안정을 위해서 왜와의 국교정상화를 노리고 다투어 통교를 구하게 된다.

　그 때문에 왜는 실제의 전쟁에서는 졌지만 동아시아세계의 위상에서 보면 전쟁 이전보다 오히려 입장이 강화된 느낌마저 든다. 이러한 왜의 입장은 후의 일본율령국가의 대외관 형성에 있어서 큰 영향을 미쳤다고 할 수 있다.[162]

162) 吉川眞司,「律令体制の形成」, 歴史學研究會·日本史研究會 編,『日本史講座第 1卷律

마지막으로, 이전의 동아시아세계가 중국(수, 당), 반도3국(고구려, 백제, 신라), 일본열도의 왜였던 것에 비하여, 이후 발해를 포함하여[163] 동아시아는 당·신라·발해·일본으로 재편되게 된다. 요컨대, '임신의 난'의 현재적 의의는 지금의 동아시아세계의 원형[164]을 7세기 후반기에 구할 수 있는 데서도 찾을 수 있을 것이다.

令國家の法と社會』, 東京大學出版會, 2004; 北康宏「日本律令國家法意識の形成過程 －君臣意識と習俗統制から－」, 『日本史硏究』501, 2004, 18~27페이지 참조.
163) 佐藤信 編, 『日本と渤海の古代史』, 山川出版社, 2003; 石井正敏, 『日本古代國家と 渤海』, 山川出版社, 2003; 浜田久美子, 「渤海史硏究の歩み」, 『歷史評論』643, 2003 참조.
164) 송완범 역, 『일본의 고대사 인식－'동아시아세계론'과 일본－』, 역사비평사, 2008 (원서는 李成市 編, 西嶋定生, 『古代東アジア世界と日本』, 岩波書店, 2000) 참조.

1부 결 론

이상과 같이 제1부에서는 다음과 같은 새로운 지견을 얻을 수가 있었다.

우선 제1장에서는 풍장의 재검토를 통하여 7세기의 왜국과 백제에 대해서 검토했다. 이를 통해 풍장은 백제 무왕의 아들이라는 것이 판명되고, 그 때문에 백제부흥군의 중심적 존재였던 복신은 의자왕의 왕자를 백제부흥군의 왕으로 추대하기 보다는 왜국에 있었던 무왕의 왕자 풍장의 송환을 요청한 것으로 보았다. 이러한 이해는 종래 '백촌강 싸움'에 왜국이 참전하게된 배경을 이해하는데 있어서 복안적 관점을 제공할 수가 있었다.

제2장에서는 '백촌강 싸움'과 백제유민에 대해서 검토했다. 백제왕자 풍장이 「백제왕」으로 되는 과정에는 무왕계라고 하는 백제 부흥군 측의 이해가 움직이고 있었다는 것을 지적했다. 나아가 '백촌강의 싸움'의 결과로 인해 대량으로 발생한 백제유민의 중심에는 고구려로 망명한 풍장에 대신하여 백제왕 선광을 상정할 수가 있다는 것을 명백히 했다.

이어 제3장에서는 백제왕씨가 성립하는 과정에 대해서 검토했다. 백제 멸망 후 다른 동아시아 각국에 있어서는 이른바 「백제왕」이 소멸하고 있는 것에 비해 왜국에서는 백제 멸망 직후부터 8세기 나라시대와 이후에 이르기까지 그 성격을 변화해 가면서도 「백제왕(백제왕씨)」의 존속을 인정하고 있는 점에 대해 분석했다. 이는 동아시아 제국에 있어 특이한 입장이라고 이야기할 수 있다. 그 배경에 대해 왜국의 대외적 위기의식 그리고 율령국가 건설상의 필요성에 기인한 것은 아닐까라고 이해하고 종래의 천황제 이해에 대해 재검토를 시도했다.

부론에서는 편찬사료가 아닌 금석문을 이용하여 백제왕씨에 관한 이해를 시도했다. 종래 별로 주목받지 못했던 '조상기동판'을 새롭게 검토해 나가는 가운데 당시 존재했던 백제왕씨의 사람들의 내면에도 다가서는 계기가 되었다.

보론에서는 보통 일본율령국가의 성립기라고 말해지는 7세기 말의 큰 사건이었던 '임신의 난'에 대해 종래의 시각과는 다른 관점에서 검토했다. 그 결과 고대 최대의 외정인 '백촌강 싸움'과 최대의 내전인 '임신의 난'은 발생시기가 10년 남짓할 뿐만 아니라 그 배경과 주체 세력 그 동기 등도 상호 연관되어 있음을 판명했다.

제2부

일본율령국가의 전개와 백제왕씨

서 언

제1부에서는 일본고대 국가형성의 최종 단계라고 말해지는 일본율령국가의 성립을 설명함에 있어 백제왕씨를 주된 검토 대상으로 서술해 왔다. 일본율령국가가 성립함에 있어서 가장 중요한 시기는 7세기말인데 7세기는 동아시아세계에 있어서 격동과 혼란을 불러일으킨 전란의 시기였다. 그 격한 전쟁의 결과로 백제와 고구려는 멸망하고 동아시아세계는 새로운 체제, 즉 당·신라·일본으로 재편되었다. 당·신라·일본의 신체제는 전체적으로 '율령국가군'으로 부를 만 하다고 생각한다.

하지만 동아시아의 삼국이 균질의 율령국가이었던 셈은 아니다. 특히 왜국은 밖으로는 백촌강싸움에서의 패배, 안으로는 임신의 난을 거쳐 일본율령국가를 형성해갔다고 말해진다. 일본율령국가는 당과 같은 선진의 율령체제에는 미치지 못하지만, 신라 같은 완결된 율령법을 갖는 것은 불가능했던 불충분한 율령체제에 비하면 율령의 법체계는 완비한 국가였다고 말할 수 있을 것이다.

제2부에서는 일본율령국가의 전개와 백제왕씨의 관계에 대해서 서술한다. 구체적으로는 평성경을 무대로 한 나라시대의 상황에 대해서 검토하지만 이 시기는 외래법인 율령법을 왜왕권 시대부터의 전통적인 시스템에 적용해 가는 시기이고 그리해 가는 도중에 백제왕씨에 대해서도 평가해갈 필요가 있다.

일본율령국가의 특징으로서 국가체제의 이중성이 지적되고 있다.[1] 다시

---

1) 井上光貞 『日本古代國家の硏究』(岩波書店, 1965); 同 「日本の律令体制」(『岩波世界講座古代 6』岩波書店, 1971); 吉田孝, 『日本律令國家と社會』(岩波書店, 1983); 早川

말해 일본율령국가의 내부에는 율령제적 원리와 씨족제적 원리가 함께 작동하고 있는데 전자는 관위와 위계가, 후자는 씨성 시스템이 주된 특징이다. 그래서 여기서는 율령제와 씨족제라고 하는 일본율령국가의 이중성에 주목하고 이하의 제1장과 제2장에서 각각의 백제왕씨의 문제에 대해서 검토해 가기로 한다.

우선 제1장에서는 나라시대에 있어서 백제왕씨의 주요한 변화에 주목한다. 그것은 백제왕씨의 본거지가 나니와에서 가와치의 가타노군으로 이동한 것이었다. 이 실태와 의미에 대해서 그리고 나라시대의 백제왕씨의 개관과 그 존재 이유에 대해서 살펴보는 것이 제1장의 목표이다.

이를 포함하여 제2장에서는 천황 지배질서의 큰 특징인 개·사성 정책 중에 한반도로부터의 도래계 씨족들은 어떠한 입장에 있었던가. 특히 7세기 후반의 백제와 고구려 멸망 후의 한반도계 유민의 후예들은 율령국가의 개사성 정책을 어떻게 받아들이고 있었던가. 나아가 백제왕씨 측의 입장은 또 어떠한 것이었던가. 한편 나라조정은 어떤한 의도를 갖고서 백제왕씨를 율령국가 체제로 포섭하려고 했던가에 대해서도 검토를 시도한다.

庄八, 「律令國家・王朝國家における天皇」(『日本の社會史』 3, 岩波書店, 1987) 참조.

제1장 나라(奈良)시대의 백제왕씨

서. 8C의 백제왕씨

본장에서는 『속일본기』를 중심으로 하여 나라시대의 기록에 보이는 백제왕씨의 모습을 검토하는 것에 의해 나라시대에서의 백제왕씨의 위치를 고찰하는 것을 목표로 한다. 나라시대의 백제왕씨에 관한 연구는, 今井啓一씨의 전통적인 방법의 연구 이래 발전된 연구는 그리 많지 않은 듯하다.[2] 그 이유는, 일본율령국가의 성립과 함께 천황을 중심으로 하는 지배질서 밑에 들어가 버린 외래왕조의 흔적은 그 역할을 다하고 사라져버렸다고, 생각하기 때문이다. 그러나 외래법이고 선진의 통치기술인 율령을 일본에 적응시키기 위해서는, 백제왕씨 같은 통치기술에 뛰어난 도래계 씨족을 유효하게 활용하는 것이 나라시대 이후도 계속 중요한 문제였을 것이라고 생각된다.

---

2) 今井啓一, 『百濟王敬福』(綜芸舍, 1965); 宋浣範, 東京大學大學院博士學位論文 『律令國家と百濟王氏』, 2005; 大坪秀敏, 『百濟王氏と古代日本』(雄山閣, 2008)가 있다. 그 중 백제왕씨에 관해 왕성한 연구를 한 大坪씨에 의하면 나라조정이 백제왕씨를 우대한 이유는 나라조의 다양한 정책(대불조립, 동대사 조영, 국분사·니사의 건설, 신라정벌계획)의 추진에 있어 구 백제계 도래인들의 보다 적극적인 협력을 기대했기 때문이라고 한다. 이러한 생각은 백제왕씨가 일본율령국가의 전개에 있어 이미 해결이 끝난 문제가 아니라 나라조정이 직면한 현재적 문제였다고 하는 필자의 생각과도 중첩되는 부분이 있기에 대국적으로 大坪씨의 의견을 많이 수용하고 있다. 그 외에도 利光三津夫·上野利三「律令制下の百濟王氏」(『前近代日本の法と政治－邪馬台國及び律令制の研究－』, 北樹出版, 2002, 초출 1988); 최근에는 崔恩永, 滋賀縣立大學大學院博士學位論文 『百濟王氏の成立と動向に關する研究』, 2017이 있다. 함께 읽혀지기를 바란다.

그래서 본장에서는 나라시대의 백제왕씨의 대우와 발전의 계기가 된 이른바 성무천황기에 있어서 백제왕씨의 가와치국 가타노(交野)에의 이주와 대불조립사업을 통하여, 또한 후지와라노 나카마로(藤原仲麻呂) 정권기에 있어서 백제왕씨와 조정 양쪽의 입장의 검토를 통하여 나라시대에 있어서의 백제왕씨의 위치를 재검토해 가고자 한다.

제1절 백제왕씨의 일본적 전개

우선 다음의<표 1>과 <표 2>는, 『속일본기』나 정창원문서에 보이는 나라시대의 백제왕씨 관계의 기사를 모은 것이다. 선광이후의 백제왕씨를 등장 순으로 나열하고, 전체적인 백제왕씨의 모습을 敍位[3]와 任官이라는 관점으로부터 분류했다. 서위와 임관은 말할 것도 없이, 율령체제하에서 관료로서 살아가는 사람들에게는 무시할 수 없는 중대한 문제였다.

〈표 1〉 8세기를 중심으로 한 백제왕씨의 서위[4]

씨 명	舊位階	叙任年月	新位階	叙任年月
昌 成	소자위	천무2,1		
禪 光	정광사	지통5,1	정광삼	지통7,1
遠 寶	직대사	동	종4위하	화동6,4
良 虞	동	동	동	양노1,1
南 典	동	동	종3위	천평9,9
慈 敬	정6위상		정5위하	동 16,2

---

3) 궁정의 연중행사의 한 가지로서 위계를 주는 행사인데, 매년 정월 7일의 백마절회에서 5위이상의 관리에게 행하여졌다.

4) 枚方市史編集委員會 編『枚方市史』제2권, 1972, 170~171페이지의 표(20)『白鳳·奈良時代における百濟王氏の叙位』을 주로 참조하면서 원충(元忠)과 이백(理伯)에 대해서는 『대일본고문서』로부터 보충함.

씨 명	舊位階	敍任年月	新位階	敍任年月
全 福	동		동	동
孝 忠	동		종4위하	동 20,2
敬 福	동		종3위	승보1,4
元 忠	정5위하	승보2(大3-336)		
同	정6위상		종4위하	보자8,1
女 天	종4위하	천평16,2		
理 伯	정6위상		종4위하	보귀1,7
理 善	동		동	연력2,10
三 忠	동		종5위하	보자4,1
武 鏡	종6위상		정5위하	연력2,10
信 上	정6위상		종5위하	신호1,10
文 鏡	동		동	신호1,윤10
文 貞	종6위상			
淸 仁	정6위상		종5위하	경운2,4
理 伯	정5위상	경운2(大5-700)		
明 信	종5위하		종2위	
元 德	정6위상		종5위하	연력2,10
玄 鏡	종5위하		종4위하	연력16,1
眞 善	정6위상		종5위하	연력2,10
俊 哲	종6위상		정5위상	천응1,9
仁 貞	정6위상		종4위하	연력10,1
仙 宗	동		동	보귀8,2
英 孫	동		동	
淸自刀	종5위하	천응1,9		
眞 德	동	연력3,2		

※ 괄호 안의 大문자는 「대일본고문서」를 가리킨다.

〈표 2〉 8세기에 있어 백제왕씨의 임관5)

임관년월일	관 위	씨 명	임관년월일	관 위	씨 명
문무4,10,15	상륙수	원 보	보자	대장소보	원 충
대보3,8,2	이요수	양 우	6,1,9	비후수	이 백
화동1,3,13	좌위사독	원 보	7,1,9	찬기수	경 복
	비전수	남 전		출하수	삼 충
양노5,6,26	번마안찰사	동	8,10,9	외위대장	경 복
천평10,4,22	원강수	효 충	신호1,10,13	어후기병장군	동
13,8,9	원강수	동	2,3,26	비탄수	이 선
15,6,30	육오수	경 복	2,5,10	출하수	문 경
16,9,15	산음도사	전 복		민부소경	삼 충
17,9,4	오장수	동	경운1,3,20	병부소보	동
18,4,4	상총수	경 복	1,8,29	섭진대부	이 백
18,4,11	좌중변	효 충		단마개	무 경
18,9,14	육오수	경 복	보귀2,7,23	이세수	이 백
18,10,25	대재대이	효 충		주계두	무 경
승보1,8,10	탄정소필	동		찬기원외개	이 선
2	치부소보 大3-366	원 충			
동 2,3,3	치부소보	동	보귀5,3,5	우경대부	이 백
동 2,3,12	출운수	효 충		출하수	무 경
동 2,5,14	궁내경	경 복	보귀8,1,27	석견수	현 경
동 4,5,26	상륙수	동	동 8,10,23	도서조	선 종
동 4,10,5	검습서해도병사	동		위문원외좌	인 종
동 6,4,5	섭진량	이 백	보귀10,2,23	안방수	선 종
경운2,4	대부 大5-700	동			
보자1,6,16	출운수	경 복	보귀11,6,8	육오진수부장군	준 철
동 2,8	대장소보 大15-131	원 충			

5) 주4 전게서, 171페이지를 수정. 표(21)「백봉·나라시대의 백제왕씨의 임관」을 주로
참조하고 『대일본고문서』에서 원충(元忠)과 이백(理伯)에 대해 보충.

임관년월일	관 위	씨 명	임관년월일	관 위	씨 명
동 2,10,25	산위료조	이 선	천응·1,4,8	근위원외소장	인 정
동 3,7,3	이요수	경 복	동 1,5,25	산위두	이 선
동 4,1,4	출우개	삼 충	연력1,윤1,17	번마수	인 정
동 5,11,17	남해도사	경 복	동 1,2,7	대선량	무 경
	내사인	문 경	동 2,6,21	비전수	인 정

※ 괄호 안의 大字는 「대일본고문서」를 가리킨다.

　　<표 1>과 <표 2>에 의하면 나라시대에 백제왕씨 출신들이 많이 활동하고 있는 것이 눈에 띈다. 그중에는 3위[6]에까지 승진한 인물이 두 사람 있다. 백제왕 남전(南典)[7]과 백제왕 경복(敬福)이다. 두 사람 모두 성무천황의 천평 연간에 3위를 받고 있는데, 이점에 주목하여 성무천황과 도래인과의 관계에 천착한 연구도 있다.[8] 성무천황과 도래인과의 관계는 대불조립사업에서 도래인들이 크게 활약한 일이나, 백제계유민과 고구려계유민의 양웅이었던 백제왕 경복과 고려복신이 성무조에 크게 등용된 점으로부터 알 수 있다. 그 중에서도 백제왕 경복은 나라시대의 백제왕씨중에서 가장 저명한 인물인데 그에 대해서는 경복의 훙전에 상세한 기사가 있고 그 외에 많은 연구도 있다.[9] 그에 대한 재검토는 다음 절에서 다루고자 한다.

　　나라시대의 백제왕씨를 생각할 때에 참고가 되는 것은 나가야마(長山泰孝)씨의 견해이다. 나가야마씨는 노무라(野村忠夫)씨의 설을 참고로 하면서

---

6) 竹內理三, 「律令官僚制における階級性」, 『律令制と貴族政權』, お茶の水書房, 1957, 156~182페이지; 野村忠夫『律令官人制の硏究』(吉川弘文館, 1967) 참조. 이들 연구와 다른 관점에서의 고대귀족의 존재에 대한 접근은 長山泰孝, 「古代貴族の終焉」(『展望日本歷史 6律令國家』東京堂出版, 2002, 초출은 1981)도 참조.
7) 본서의 제1부 제3장 제3절 참조.
8) 今井啓一, 『百濟王敬福』, 綜藝舍, 1965; 大坪秀敏 「聖武天皇の難波行幸に關する一試論」, 『國史學硏究』11, 1985; 同「大仏造營過程における百濟系渡來人 - 百濟王氏を中心に -」 참조.
9) 今井啓一 1965, 「百濟王敬福とその周緣」, 『百濟王敬福』, 綜藝舍(주2 참조). 「百濟王敬福とその周緣」·「百濟王氏と蝦夷経營」·「攝津國百濟郡考」(上·下) 등이 들어 있다.

다음과 같이 언급하고 있다. 神龜5年(728)경부터 그때까지 주로 지방호족에게 주어지고 있던 外位의 제도10)를 중앙의 관인에게도 적용하게 되고 관인이 승진하여 육위로부터 오위에 옮길 때에, (1) 이전과 같이 정육위상에서 종오위하로 승진하는 코스와, (2) 정육위상에서 일단 외종오위하로 나가고 다시 내위의 종오위하를 받는 코스로 나뉘어져있다. (2)의 코스로 나아가는 것은 그 만큼 승진이 늦게되고 불리한 조건을 감수하는 수밖에 없는 것인데, 이러한 제도가 만들어진 것은 중앙 관인 사회의 씨족적 세력 관계를 명확히 하기 위해서였다고 한다.11)

나라시대의 귀족들 중에서 일족의 모두가 (1)의 코스를 밟고 있는 씨족은 多治比眞人12)・藤原朝臣・石川朝臣13)・백제왕의 불과 네 씨족에 불과하고, 그 외의 씨족은 일부의 씨족 혹은 해당 씨족의 모두가 (2)의 코스를 밟을 수밖에 없었다. 이 제도는 천평18년(746)경까지 존속했는데, 백제왕씨가 등원씨 등 제일급의 귀족과 나란히 (1)의 코스를 취하는 씨족에 들어가 있었다는 것은 백제왕씨가 얼마나 우대되었던 씨족이었던가를 나타내는 증거라고 할 수 있다.14)

나아가 백제왕씨의 특징으로서는 대부분의 백제왕씨 들이 중앙귀족으로서의 경계선인 從五位下까지 도달하고 있는 일도 특징으로서 들어질 수 있다.15) 이는 백제왕씨 사람들이 지통조 이후 착착 정비되어가는 율령제도와 융화해가는 과정인 것이다.16) 제1장에서 언급한 대로 지통조는 백제왕씨에

10) 이 제도는 森公章씨에 따르면 신라로부터 수입으로 이해한다.
11) 野村忠夫,「內外位制と內外位階制」,『律令官人制の研究』, 吉川弘文館, 1967, 334~335페이지 참조.
12) 고대의 씨족으로 가와치(河內)국 다지히(丹比)군을 본거로 한다.
13) 소가씨의 일족으로 야마토국 다케치군 이시카와에 주로 살았다.
14) 주4 전게서, 166페이지 참조.
15) 주4 전게서, 165페이지 참조.
16) 長瀬一平,「白村江敗戰後における百濟王權について」,『千葉史學』6, 1985, 20~22페이지 참조.

게 있어서 크나큰 획기였다. 즉 백제왕으로부터 출발하여 단계적으로 백제
왕씨로 변화하는 과정이 바로 율령국가가 성립해 나가는 과정이었던 것이다.

이상으로 나라시대를 중심으로 하여 일본의 율령제 속에서 정착하는 백
제왕씨의 모습을 개관하여 보았는데 그 결과 백제왕씨는 신흥의 한반도계
도래씨족임에도 불구하고 특히 성무조를 중심으로 건실하게 율령관인화의
길, 즉 일본적 전개를 걸어온 것이 확인된다하겠다.

제2절 성무천황과 백제왕씨
-백제왕경복을 중심으로-

1) 백제왕씨의 가타노(交野) 이주

앞 절에서 성무천황의 시대에 한반도로부터 도래계 사람들이 크게 우대
받은 것을 지적했다. 특히 <표 1>과 <표 2>에서 확인한 바와 같이 나라시
대를 통하여 관위가 3위까지 승진한 도래인은 백제왕 남전(南典)과 경복(敬
福)인데 두 사람 모두 성무조에 활약한 인물이라는 점이 특징이다.

그럼 성무조에서의 한반도로부터의 도래인, 특히 백제왕씨에 대한 우대
책은 어떠한 상황을 배경으로 이루어진 것일까.

우선 나라시대의 백제왕씨의 발전의 계기가 되었다고 여겨지는 가타노
(交野)에의 이주에 대해서 검토해 보기로 하자. 반도계 도래세력의 특징으
로서 집단이주와 집단사성17)이 들어진다.18) 今井啓一씨에 의하면 백제왕
씨가 나니와(難波)에서 가타노로 집단이주한 시점을 750년경이며, 그 주모

---

17) 伊藤千浪, 「律令制下での渡來人賜姓」(『日本歷史』442, 1985) 참조.
18) 森公章, 「古代日本における在日外國人觀小考」(『古代日本の對外認識と通交』, 吉川
弘文館, 1998, 초출은 1995)에 의하면 백제왕씨에의 우대책으로서는 관국(寬國)에
안치, 조세의 면제, 관인의 출사, 씨성의 사여 등이라고 한다.

자는 아마도 백제왕 경복이 아니었을까 하고 지적하고 있다.[19] 이에 대해 奥田尚씨는 백제왕씨의 집단거주는 오히려 환무천황기를 주목할 필요가 있다고 하고 그 주동자는 백제왕 명신(明信)이 아니가 한다.[20] 이 점에 대해서는 다나카(田中史生)씨 등에 의한 적절한 언급이 있기에 그것에 양보하기로 하고[21] 여기서는 최근의 고고학적 성과를 반영한 후루이치(古市晃)씨의 견해를 소개한다.[22]

백제왕씨가 본거를 정하고 있던 나니와(難波)의 백제군[23] 부근은 근세까지도 야마토가와(大和川)와 요도가와(淀川)가 합류하는 지대로 수해의 피해를 입기 쉬운 곳이었다. 『속일본기』天平勝宝2年(750)5月辛亥(24日)조에는 「京中驟雨, 水潦氾溢. 又伎人, 茨田等堤往々決壞」라고 하여 큰 비로 제방이 붕괴되었다고 하고 있는데, 붕괴된 제방은 현재의 오사카시(大阪市) 평야(平野)구와 북하내(北河內)의 요도가와 유역에 있던 제방이라고 한다. 즉, 이 추측이 바르다고 한다면 요도가와로부터 야마토가와에 이르는 넓은 범위의 지역이 대규모 침수를 입었다는 말이 된다. 또한 백제왕 경복이 마침 이때 갑자기 가와치의 최고책임자(河內守)에 임명[24]되고 있는 배경에는

---

19) 今井啓一, 전게 주 2저서 참조.
20) 전게 주 4저서, 194~195페이지(奥田尚 집필)
21) 田中史生, 『日本古代の民族支配と渡來人』(校倉書房, 1997); 大坪秀敏, 전게 주 2논문 「百濟王氏交野移住に關する一考察」; 瀨川芳則, 「百濟王氏の氏神と氏寺」(百濟王神社 편 『百濟王神社と特別史跡百濟寺跡』, 1975, 18~19페이지 참조.
22) 古市晃, 「細工谷遺跡」(『木簡研究』20, 1998), 74~76페이지; 同, 「攝津國百濟郡の郡域と成立年代」(『大阪の歴史』56, 2000); 古市晃, 「百濟王氏と百濟郡」(森浩一 외 『檢証古代日本と百濟』, 大巧社, 2003), 177페이지 참조. 비슷한 지적은 今井啓一 전게 註 2書 『百濟王敬福』의 여러 논문에도 보인다. 나니와의 백제군·백제사·백제니사에 관한 고고학적 연구 성과는 大阪市天王寺區 편 『細工谷遺跡發掘調査報告Ⅰ－都市計畵道路難波片江線建設工事に伴う發掘調査報告書－』(財団法人大阪市文化財協會, 1999)을 참조하면 좋다.
23) 제1부의 제2장 제3절 참조.
24) 『續日本紀』 天平神護2年(766)6월28일조 참조.

이 자연재해와 어떠한 식으로든 연관되어 있었던 것은 아닌가 여겨지는 것이다.

다시 말하자면 이 대규모 수해에 의해 나니와의 백제군에 집단거주하고 있던 백제왕씨들은 백촌강 싸움 이후 거주하던 옛 거처를 잃고 가와치의 최고 책임자가 된 경복을 따라 가타노 지방으로 집단이주를 하였다는 것이다. 이는 또 현재의 히라카타시(枚方市)에 있는 백제사(百濟寺)의 창건이 나라시대 후반이라고 하는 고고학적 성과와도 부합하고 있는 점도 이 시기의 이전을 보여주는 커다란 증거가 될 수 있다.[25]

최근 가타노의 백제사적 주변의 발굴조사가 진척됨에 따라 나라시대후반부터 헤이안(平安)시대에 걸쳐 굴립주(掘立柱) 건물군과 대형 우물, 특히 백제사적 북쪽의 긴야혼마치(禁野本町)유적에서는 삼채(三彩)와 녹유(綠釉)의 도기 파편 외에도 묵서토기와 건물의 지방을 덮던 기와(屋瓦) 등이 출토하고 있는데, 이것들의 시기가 백제사가 기능하던 시기와 거의 일치하고 있는 것으로 보아 백제왕씨의 저택과 관련하는 시설일 가능성이 이야기되고 있다. 또한 백제사적의 동북쪽으로 약 500미터에서 600미터 정도 떨어진 나카미야야마토초(中宮山戶町)에서 나온 출토품 중에 '아마테라다(尼寺田)'라는 지명이 보이고 있는데, 이는 '나카미야아마테라다(中宮尼寺田)유적'으로서 알려지고 있다. 백제사적 발굴에 오랜 기간 동안 종사해 온 大竹弘之 씨에 의하면, 이 유적으로부터는 백제왕씨가 가타노로 이주한 후에도 나니와에서의 승사(僧寺)와 니사(尼寺)를 조영한 경험을 살려 가타노에서도 백제사와 함께 가타노니사(交野尼寺)를 조영한 것은 아닐까 하는 흥미 깊은 지적을 하고 있다.[26]

마지막으로 백제왕씨 이주 이전에 가타노 지역에 거주하던 도래계 씨족

---

25) 전게 註21 『百濟王神社と特別史跡百濟寺跡』 참조.

26) 大竹弘之. 「百濟尼寺の發見」(森浩一·上田正昭 編 『継体大王と渡來人』, 大巧社, 1998), 125~127페이지 참조.

과 당시 백제왕씨가 기반으로 하는 지역이었던 가와치 및 가타노 지역의 유래에 대해서 검토해 보자. 백제사 건립 이전에도 가타노에는 백제계 도래인인 후나(船)씨가 존재한 것은 아닌가 하는 견해가 있다. 1965년의 백제사 발굴조사에서 나라시대의 기와 양식 이전의 기와가 발견되었는데 그것은 백제왕씨에 의한 백제사 건립 이전에 누군가가 경영한 씨사(氏寺)일 가능성을 방증한다고 한다.[27]

그런데 이 설은 사료적인 증거가 확실하다고는 말하기 어렵다. 즉 사료적 신빙성이 불확실하다고 이야기되는 '백제왕삼송씨계도(百濟王三松氏系図)'[28]의 백제왕 경복에 관한 주기(注記)에 있는 '賜河內國交野郡, 以王辰爾旧館, 爲本居'을 주된 근거로 삼아 채택하고 있다는 점에서 의문이 없다고는 보기 어렵다. 하지만, 계보의 신빙성의 문제를 제외하고 생각하자면 백제왕씨 이전에 이 지역에 세력을 가진 세력 기반 위에 백제사가 건립될 가능성은 완전히 부정하기 어려운 것도 사실이다. 다시 말해, 백제왕씨가 가타노 지구에 원래 존재했던 구 백제계 도래씨족의 세력을 흡수한 위에 백제사를 건설했다고 생각하는 것도 불가능하지는 않을 것이다.

가와치국과 백제계 도래씨족의 관계가 깊은 것에 대해서는 이전부터 지적이 있었다. 후루이치(古市)군에는 왕인(王仁)을 시조로 하는 전승을 갖는 가와치노 후미(西文)씨가 존재하고, 또 다지히군에는 왕진이(王辰爾)를 시조로 하는 후나(船)씨 및 그 동족인 후지이(藤井)·쓰(津)의 양씨가 있고 아스카베(安宿)군에 있어서도 아스카베(飛鳥戶)씨(百濟安宿·百濟飛戶氏 중 百濟宿祢를 사성된 씨족)이 거주하고 있는 것처럼 도래의 신구(新舊)는 있지만 백제로부터의 도래라고 하는 공통의 기반이 매우 '밀접한 관계'를 갖

---

27) 瀬川芳則, 전게 주21 論文, 16~18페이지; 岡田敏行「渡來系氏族と仏敎－百濟王氏とその氏寺－」(『龍谷史壇』79, 1981)참조.
28) 上野利三, 주 2 전게서 소수「『百濟王三松氏系図』の史料価値について」(초출은 1983) 참조.

고 있으며 '하나의 문화 복합체'를 형성하고 있었다고 한다.[29] 또한 백제왕
씨의 이주는 '옛 도래계 씨족'으로서 적극적으로 나라조정의 국가적 사업에
협력할 수 있는 체제 만들기에 목적이 있었다고 한다.[30] 더욱이 가와치에
존재하는 이들 씨족이 선진 불교계의 사상에 매우 뛰어난 대응을 하고 있
었다고 이노우에(井上光貞)씨는 지적하고 있다.[31]

이상과 같이 백제왕씨가 나니와에서부터 가와치로의 집단이주는 750년
경에 당시의 백제왕씨의 실력자였던 경복에 의해 추진되고, 또한 가와치의
가타노 지역이 백제왕씨의 이주처로서 정해진 배경에는 가와치에 먼저 정
착한 선주 씨족이 구백제계 도래씨족이었던 관계가 엿보이는 것이다.

백제왕씨의 가타노 이주로부터는 먼저 백제왕씨가 이전에 도래하고 있던
구백제계 씨족을 묶어내는 힘이 있었던 점, 다음으로는 그러한 역량을 가진 점
을 나라조정으로부터 충분히 인정받고 있었던 것을 지적할 수 있을 것이다.

그럼 나라조정이 백제왕씨의 집단이주를 용인한 결정적 이유는 무엇이었
을까. 다음에 그 점에 대해서 검토하고자 한다.

2) 대불(大佛) 조영사업과 백제왕씨

백제왕 경복은 성무천황의 시기에 크게 활약하고 있었지만 그것은 다름
아닌 성무천황·광명황후(光明皇后)[32]·후지와라노 나카마로(藤原仲麻呂)에

---

29) 坂元義種「渡來系の氏族」(『古代の日本11 ウヂとイへ』, 中央公論社, 1987), 329페이
지에서는 『日本書紀』敏達元年(532)왕진이 설화 사료를 들어 백제왕씨와 이전의
백제계 도래계씨족의 관계를 논하고 있다. 大坪秀敏, 전게 주 2 논문「大仏造營計
畵における百濟系渡來人 - 百濟王氏を中心に -」, 2~7페이지 참조.

30) 大坪秀敏, 전게 주 2논문「百濟王氏交野移住に關する一考察」참조.

31) 井上光貞「王仁の後裔氏族と其の仏教 - 上代仏教と歸化人の關係についての一考察
-」(『論集日本歷史1 大和王權』有精堂, 1963, 초출 1943), 299~303페이지 참조.

32) 『續日本紀』光明薨伝760年6月乙丑條「創建東大寺及天下國分寺者。本太后之所勤也」
참조.

의해 추진된 '대불교사업'[33])에 유래한다고 보아도 좋을 것이다.[34]) 그런데 성무천황의 '대불교사업'의 기사는 741년부터 745년에 집중하고 있는데[35]) 그 시기는 정확히 '성무의 방황'이라고 말해지는 시기와 겹치고 있다.[36]) 성무의 방황은 740년의 '후지와라노 히로쓰구(藤原廣嗣)의 난'[37])에 의해 시작한다고 말해지지만 그 의미에 대해서는 의견이 아직 갈리고 있다.

첫째로, 성무는 말 그대로 정신이 정상이 아닌 상태로 방황하고 있었다는 의견이 있다.[38])

두 번째로, 이른바 '관동행행(關東行幸)'은 대해인황자(임신의 난에 의해 나중 천무천황)의 '새나라 만들기'의 체험을 따라하는 것에 의해 성무가 안고 있었을 위기의식을 호종하는 귀족관인들과 공유하고 또 그것에 의해 일체감을 얻으려고 했다고 한다. 공인경(恭仁京)의 조영(난파경(難波京) 천도)은 시가라키(紫香樂)에 있어서의 대불조립사업을 위한 거점 만들기였다.

결국 시가라키에서의 대불주조사업은 방기되고 이 이후의 불상 조립은 장소를 야마토의 금광명사(東大寺)로 옮기어 재개했다고 하는 것이다.[39])

---

33) 여기서는 대불조립과 동대사 건립 및 국분사와 국분니사의 조영 등을 포함하는 개념이다.

34) 大坪秀敏, 전게서 2 論文「大仏造營過程における百濟系渡來人－百濟王氏を中心に－」참조.

35) 『續日本紀』 741년3월 「國分尼寺建立詔」; 743년10월 「盧舍奈仏造立詔」; 744년11월 「甲賀寺始建盧舍奈仏像」; 745년5월 平城으로 귀환; 同年8月 『東大寺要錄』 天平17年 8月23日條 「大倭國添上郡山金里, 盧舍奈仏造立」 참조.

36) 740년 8월 藤原廣嗣의 난을 계기로 같은 해 12월 恭仁宮으로 옮기고, 그 후인 742년 8월 甲賀郡紫香樂宮, 同 9월 恭仁宮, 같은 해 12월 紫香樂, 743년 정월 恭仁宮, 同年 7월 紫香宮, 같은 해 11월 恭仁宮, 744년 閏正月 難波宮, 같은 해 2월 紫香樂宮로 옮기다가 드디어 745년에 平城京으로 귀환함.

37) 北山茂夫, 「七四〇年の藤原廣嗣の亂」(『日本古代政治史の研究』 岩波書店, 1959, 초출 1951) 참조.

38) 大坪秀敏, 전게서 2 論文「聖武天皇の難波行幸に關する一試論－百濟王氏との關連性を中心に－」참조.

39) 瀧浪貞子「聖武天皇『彷徨五年』の軌跡－大仏造立をめぐる政治情勢－」(『日本古代宮

그러나 어느 설을 취하던지 성무천황의 본뜻은 '대불교사업'의 수행에 있었
던 것만은 틀림없다.

다음으로는 경복의 홍전 기사의 검토를 통해 '성무천황기의 백제왕씨'의
중심인물인 경복에 대해서 고찰하기로 하자.

여기서는 백제왕 경복 홍전 중 경복 자신에 대해서 서술하고 있는 부분
을 중심으로 검토해 보고자 한다.

> <사료 1> 『續日本紀』天平神護2年(766)6月壬子(28日)條
>
> (가) 放縱不拘. 頗好酒色. 感神聖武皇帝, 殊加寵遇. 賞賜優厚. 時有士庶
>   來告淸貧. 每仮他物. 望外与之. 由是. 頻歷外任. 家无余財. 然性了
>   弁, 有政事之量.
>
> (나) 天平年中. 仕至從五位上陸奧守. 時聖武皇帝, 造盧舍那銅像. 冶鑄
>   云畢. 塗金不足. 而陸奧國馳驛, 貢小田郡所出黃金九百兩. 我國家
>   黃金, 從此始出焉. 聖武皇帝, 甚以嘉尙, 授從三位.
>
> (다) 遷宮內卿, 俄加河內守. 勝宝四年, 拜常陸守, 遷左大弁. 頻歷出雲·
>   讚岐·伊予等國守. 神護初, 任刑部卿. 薨時, 年六十九.

위 사료는 내용으로부터 <사료 1-(가), (나), (다)>의 세 부분으로 나눌
수가 있다. 우선 <사료 1-(가)>는 경복의 분방한 성격을 잘 묘사하고 있다.
특히 '時有士庶來告淸貧, 每仮他物. 望外与之. 由是. 頻歷外任. 家无余財'
부분에 주목한 다나카(田中史生)씨[40]는 '士庶'를 경복과 아무런 상관이 없
는 일반인으로 해석하는 것은 잘못이라고 하면서 이 기사에는 경복의 밑에
경복과 관계를 가진 많은 '士庶'가 모이고 그들에게 경복이 기대하지도 않
은('望外')의 재물을 주는 것에 의해 경복을 핵심으로 하는 사회 집단이 형
성되어 있던 상황을 읽어낼 수가 있다고 서술하고 있다.

廷社會の硏究』思文閣出版, 1991, 초출 1990) 참조.

40) 田中史生, 「古代日本の國家形成·展開と民族的展開-渡來人硏究の視点-」(전게 주
    21 저서), 31~32페이지 참조.

또한 씨에 의하면 백제왕씨는 7세기말에 도래한 재지성이 희박한 씨족임을 고려할 때 경복을 중심으로 하는 집단이 재지성을 기반으로 하는 집단이라고 보기는 어렵고 백제에서 부터의 도래인을 중심으로 하는 집단이었을 가능성이 극히 높다고 하면서 이 경복 같은 사회 집단 내에서의 성격은 문화인류학이 지적하고 있는 수장(首長)의 원초적 형태인 것이 아닌가 한다. 나아가 씨에 의하면 경복이 백제왕권을 상징하는 백제왕씨로서 존재하고 또한 그에 어울리는 관위와 관직을 수여받는 것에 의해 백제인들을 결집시키는 중심 요소가 부여되어 있었다고 하는 측면에도 주목한다. 백제유민세력이 백제왕씨를 중심으로 결집을 꾀하고 있었다는 지적은 필자의 지금까지의 논리와도 부합하고 있고 적극적으로 수용하고자 한다.

<사료 1-(나)>는 종오위상 무쓰노가미(陸奧守)가 되어 있던 경복이 황금 9백량을 바치는 것에 의해 관위 3위를 받고 있다는 기사이다. 이러한 7단계라는 파격적 승진[41]은 얼마나 성무천황이 황금의 헌상[42]에 감격했던가를 의미한다고 생각된다.[43] 하지만 백제왕 경복의 동북지방에의 파견과 황금 헌상에 관해서는 몇 가지의 점에서 주목할 필요가 있다. 동북 지방은 열도 내에서의 화외(化外) 즉, 교화해야할 대상인 이민족시되는 에미시(夷狄)가 사는 곳이라는 인식이 있었다.

---

41) 파격적인 승진은 백제왕씨에게 종종 보이는 현상이다. 본문 이외에 백제왕씨에 대한 파격적 승진은 육국사에서 총 8회 보이는데 환무조 때의 백제왕씨 출신 여성이 대부분인 것이 특징이다. 그 사례를 보이면 이하와 같다. ①女天…『續日本紀』天平16年(744)2月丙辰 ②淸刀自…同 天応元年(781)9月丁卯 ③眞德…同 延曆3年(784)2月辛巳 ④明本…同 延曆6年(787)10月己亥 ⑤孝法…『日本後紀』延曆15年(796)11月丁酉 ⑥惠信…同 ⑦永琳…『續日本後紀』承和3年(836)2月己丑 ⑧香春…『日本三代實錄』貞觀元年(859)11月辛未조 참조.

42) 田口勇·尾崎保博 編『みちのくの鐵-幻の砂金の歷史と科學-』(アグネ科學センター, 1995); 涌谷町 편『黃金産金遺跡關連資料集』, 1994; 伊東信雄, 『天平産金遺跡』(涌谷町, 1960) 참조.

43) 大坪秀敏, 전게서 2 論文「大仏造營計畵における百濟系渡來人-百濟王氏を中心に-」, 1~22페이지 참조.

고대일본의 율령국가는 이적(夷狄)을 화내(化內)의 세계로 포섭하기 위해 많은 노력을 하는데 그 노력의 한 가지가 무쓰(陸奧)·데와(出羽)로의 군사적 정이(征夷)이다. 그래서 무쓰, 데와로 파견되는 율령관인들은 일반적으로 군사적인 임무를 띠고 있었다고 이해된다.

그렇지만 백제왕 경복의 황금 헌상기사는 군사적인 관련성보다는 산금(產金)이라는 새로운 기술적 면에서 주목할 여지가 있다. 산금에 대한 포상을 기록한 『속일본기』천평감보원년(749)4월 갑오(22日)조와 같은 해 윤5월 갑진(11日)조에 의하면 산금 관계자로서 무쓰노가미(陸奧守) 백제왕 경복·무쓰노스케(介) 佐伯全成, 판관 大野橫刀, 大椽 余足人이 있고 獲金人은 丈部大麻呂과 朱牟須賣, 야금인은 戶淨山이다. 이 기사로부터는 국사의 관리 하에 산금에 관한 모든 시스템이 운영되고 있던 것을 알 수 있다.

그런데 관리인 무쓰국의 장관 백제왕 경복·大椽 余足人과 기술자인 獲金人 朱牟須賣과 冶金人 戶淨山은 도래계 사람이다. 더구나 백제왕 경복·余足人·戶淨山은 백제계유민의 후예이다. 이 사실은 무엇을 의미하고 있는 것인가. 고대일본의 율령국가의 대사업이었던 대불의 완성에 빼놓을 수 없는 황금 헌상은 실은 백제왕씨의 밑에서 백제계를 시작으로 하는 도래인 세력이 집결하고 그들 중에 채금과 야금을 담당하는 전문 기술자집단이 있었기 때문에 가능했던 작업인 것이다.

율령국가의 동북 경영에는 군사적 성격 있는 것은 아니고 기술적인 부분에서도 중요한 의미가 있었던 것이다. 이때 율령국가의 동북 경영에 참가한 백제왕 경복의 휘하에는 백제계 유민의 후예들이 집결하고 있었다고 할 수 있는 것은 아닌가.44) 또한 이것은 <사료 1-(가)>에서 본 바와 같이 백제유

---

44) 佐々木茂楨「陸奧國小田郡の產金とその意義」(高橋富雄 編『東北古代史の研究』吉川弘文館, 1987), 300~301페이지; 大竹弘之「百濟尼寺の發見」(森浩一·上田正昭 編『繼體大王と渡來人』大巧社, 1998), 76~85페이지; 今井倫子「日本律令國家の形成と渡來系氏族－百濟王氏を中心として－」(『大阪外國語大學言語社會學會研究大會報告集』5, 2003), 70~71페이지 참조. 그 외 위의 산금에 관한 상세 자료로서는 『黃金山

민세력이 백제왕씨를 중심으로 결집하고 있었다는 지적과도 상응한다고 할 수 있다.

<사료 1-(다)>에서는 경복이 종3위의 위계를 가지면서 관직은 정4위하 상당 혹은 종5위상당의 직에 그치는 것이 보인다. 나라시대의 백제왕씨는 가장 출세한 경복의 경우라도 참의(參議) 이상의 의정관이 되거나 중앙의 행정 기구내의 높은 관직을 차지하는 것은 상당히 어려웠던 것도 사실이다. 이러한 사실에 대해서는 나가야마(長山泰孝)씨가 율령정부가 백제왕씨를 등용한 장은 중앙 무대가 아니라 지방이었다,[45] 고 하는데 이것에 대한 언급은 다음 절에서 다루기로 한다. 이상으로 백제왕 경복의 훙전 기사로부터는 다음의 두 가지 사실이 확인된다고 할 것이다.

첫째, 경복을 중심으로 하는 많은 사람들이 모였다고 하는데 그 사람들은 백제계 유민의 후예였던 것은 아닌가 하는 것이다.

두 번째로, 경복은 율령국가의 동북 경영에 참가하고 있었지만 그것은 반드시 군사적인 목적만이 아니라 고도의 선진 기술을 이용한 사금 채취와 그 가공에 의한 황금의 획득이라는 점도 중요한 관점으로 주목할 필요가 있을 것이다.

神社志料』(黃金山神社事務所, 1954); 伊東信雄 『天平産金遺跡』(涌谷町, 1960); 涌谷町 編 『黃金山産金遺跡-關係資料集-』(1994) 등을 참조.

45) 전게 註 4 『枚方市史』第2卷, 166~168페이지; 전게 註 16 長山泰孝 논문 참조. 그 외에는 외국출신으로 일본에 왕래·체류하거나, 어느 경우에는 조정에 출사하더라도 '○○인'으로 칭해지는 사람들을 '재일외국인'이라고 하여 구별한다는 연구가 있다. 森公章「古代日本における在日外國人觀小考」(『古代日本の對外認識と通交』吉川弘文館, 1998, 初出 1995), 104~112페이지 참조.

제3절 藤原仲麻呂정권과 백제왕씨

1) 仲麻呂정권 전기의 백제왕씨
—'橘奈良麻呂의 변'과 관련하여—

여기서는 나라시대의 정치사[46]에서 중요한 위치를 차지하고 있는 후지와라노 나카마로(藤原仲麻呂, 이후 나카마로)[47]의 정권 하의 백제왕씨에 대해서 검토하기로 한다. 우선 나카마로에 대해서 간략하게 서술하고 나카마로 정권을 두 개의 시기로 나누어 생각해 보기로 한다.

나카마로는 문무(文武)천황 경운3년(706)에 후지와라(藤原)씨 네 집안 중의 하나인 남가(南家)의 시조였던 후히토(不比等)의 장자인 다케치마로(武智麻呂, 680~737년)의 차남으로서 태어났다. 나카마로가 8세기의 정사『속일본기』에 처음으로 출현하는 것은 천평6년(734)정월기묘(17일)조에 정6위로부터 종5위하로 승진하는 기사에 보인다. 그로부터 얼마 지나지 않은 천평9년(737)에 아버지 다케치마로를 포함해 숙부인 후사사키(房前 681~737, 北家)・우마카이(宇合 694~737년, 式家)・마로(麻呂 695~737년, 京家)들 후지와라 사형제가 당시 만연하고 있던 역병인 천연두에 의해 동시에 급사하게 된다. 이것에 의해 당대의 실력자 후지와라씨 집안은 후퇴를 하지 않을 수 없게 된다.

같은 해 9월에 다치바나 모로에(橘諸兄)정권이 확립하게 된다. 모로에 정권은 후지와라 정권의 정책에 비판적인 입장을 갖고 있었다. 이에 반발한 후지와라 집안의 히로쓰구(廣嗣)가 천평12년(740)9월에 반란을 일으킨다. 이어 같은 해 10월에 성무천황은 관동을 향해 행행을 시작하는데 이것이

---

46) 北山茂夫, 전게 주37 저서; 岸俊男, 『日本古代政治史研究』(塙書房, 1966); 林陸朗 『上代政治社會の研究』(吉川弘文館, 1969); 直木孝次郎 『飛鳥奈良時代の考察』(高科書店, 1996); 倉本一宏 『奈良朝の政変劇－皇親たちの悲劇－』(吉川弘文館, 1998) 참조.
47) 岸俊男 『藤原仲麻呂』(吉川弘文館, 1969) 참조.

바로 '성무의 방황'이라고 말해지는 시작이다. 반란 진압 후에도 성무의 방황은 745년까지 계속된다.

그 와중에도 모로에정권과 후지와라씨는 대립 자세를 유지[48]하고 있었다. 749년7월 성무는 효겸(孝謙)에게 양위하는 상황이 된다. 나카마로는 성무의 부인 광명황태후의 비호 아래 같은 해 8월에는 자미중태(紫微中台)의 장관이 되어 모로에 중심의 태정관 정치를 견제하는 위치에 선다. 이어 나카마로는 모로에를 압박하고 모로에는 756년 2월 자리에서 물러나는데, 모로에의 아들 나라마로(奈良麻呂)는 이에 불만을 품게 된다. 그 결과로 다음해 7월에 '나라마로의 변'[49]이 발각되고, 이후 나카마로는 한층 전제 독재의 길을 걷게 된다.

앞에서 서술한 나라시대 정치사의 흐름을 추적하면서 나카마로 정권의 중요한 시기로 '나라마로의 변'이 일어난 757년에 주목하고 싶다. 우선 중요한 사건들이 계속해 일어나고 있다.

> 757년 정월 모로에 사망
> 　　　　3월 도조왕(道祖王)을 태자에서 폐하다.
> 　　　　4월 대취왕(大炊王)을 새로운 황태자로 세우다.
> 　　　　　　도래인을 대상으로 거의 무제한으로 사성 시행
> 　　　　5월 나카마로 자미내상에 임명, 양노(養老)율령 시행
> 　　　　7월 나라마로의 변 발생
> 　　　　8월 천평보자(天平宝字) 개원

이어 이러한 혼란을 극복하기 위해 다음 해 정월에는 각 지방에 백성의 어려움을 살피는 문민고사(問民苦使)가 파견되고, 8월에는 효겸의 양위에

---

48) 瀧浪貞子, 전게 주39 論文「聖武天皇『彷徨五年』の軌跡－大仏造立をめぐる政治情勢－」참조.

49) 北山茂夫,「天平末葉における橘奈良麻呂の変」(전게 주37 저서, 초출 1952); 新日本古典文學大系『續日本紀』3(岩波書店, 1992), 보주20－21 참조.

의한 대취왕이 순인(淳仁)천황으로서 즉위한다. 이어 중국풍으로 관호 개정
과 더불어 나카마로에게는 대보(太保)와 혜미압승(惠美押勝)의 칭호가 부
여됨과 동시에 공봉(功封) 3천호 및 공전(功田) 100정과 주전(鑄錢)의 권리
가 허가되는 등 최대급의 특별한 대우가 이어진다.

이상과 같이 '나라마로의 변' 이후의 나카마로 정권의 전제는 눈에 띄게
부각된다. 그래서 757년을 경계로 나카마로 정권을 그 이전과 이후로 나눌
수 있다고 생각한다. 이를 반영하여 각 시기의 백제왕씨의 존재에 주목해
보자면 나카마로 정권의 백제왕씨에 대한 정책의 변화와 함께 백제왕씨 자
신들의 생각의 변천에 대해서도 살펴 볼 수가 있는 것은 아닐까 생각한다.

우선 나카마로 정권 전기의 백제왕씨에 대해서 주목해 보자.[50] 749년 7
월에 성무가 양위함에 따라 그의 딸 효겸이 즉위하자 모로에 정권의 확립
과 더불어 같은 해 8월에 성무의 부인인 광명황태후의 황후궁직이 확대되
면서 중국 풍의 관청인 '자미중태'로 개칭되는데 그 기관의 장관인 자미령
으로 나카마로가 취임한 것이다. 이 자미중태는 태정관과 모로에를 견제하
는 성격을 띤 실질적인 권력기관으로서 기능했다고 한다.[51] 이로부터 생각
해 보자면 성무의 퇴위가 부른 왕권교체는 또 다른 정권의 공백기를 초래
한 셈이다.

당시 최고의 권력기관인 자미중태의 구성원을 살펴보자면 장관에는 나카
마로, 大弼에는 大伴兄麻呂·石川年足, 少弼에는 백제왕 효충(孝忠)·巨勢
堺麻呂·肖奈王 高麗福信, 大忠에는 阿部蟲麻呂·佐伯毛人·賀茂角足·多
治比土作, 少忠에는 出雲屋麻呂·中臣張弓·吉田兄人·葛木戶主 등이다. 이
러한 대표적인 친 나카마로 기관 안에 백제계 유민인 백제왕 효충과 고구
려계 유민인 肖奈王 고려복신이라는 7세기말에 도래한 유민계 도래인들이

---

50) 大坪秀敏, 전게서2 논문 「藤原仲麻呂政權下における百濟王氏」 참조.
51) 北山茂夫, 「藤原惠美押勝の亂」(전게 주37저서); 瀧川政次郎 「紫微中台考」(『法制史
　　論叢第4卷 律令諸制及び令外官の研究』 角川書店, 1967, 초출 1954) 참조.

포함되어 있는 것에 주목할 필요가 있다.

더 나아가 같은 해 4月에는 백제왕 경복에 의한 황금의 공헌이 있었다. 앞 절에서 백제왕 경복에 의한 황금 헌상의 문제는 단순한 황금 발견의 문제에 그치지 않는다고 했다. 전반적인 산금 기술자의 확보와 그들 기술자들을 자신의 세력 하에 두고서 실제로 지배할 수 있는 지방관, 다시 말해 백제왕 경복과 백제계 도래씨족들의 존재를 확인할 수 있다는 것을 지적했다.

더불어 백제왕 경복은 천평승보2년(750)3월에는 이즈모(出雲)수, 5월에는 궁내경 및 가와치(河內)수, 752년 5월에는 히타치(常陸)수를 역임하고 있다. 그런데 그가 역임한 지방관 중 이즈모(出雲)를 제외하고는 다른 지방의 국분사의 기와로 기내(畿內) 계열의 기와가 사용되고 있는 사실에 주목하고 국분사 조영을 위한 준비 때문에 파견되었을 가능성이 있다고 하는 견해가 있다.52)

그것을 반영해서 大坪씨는 대불조립을 포함한 '대불교사업'에 있어 나카마로·광명황태후53)·백제왕씨 3자의 밀접한 관계를 생각하면 이번 백제왕 효충의 자미중대의 소필 임명은 적지 않은 의미가 있다고 한다.

또한 『동대사요록』제4권 팔번궁조에 나오는 홍인12년(821) 8월 15일의 태정관부에 의하면, 천평18년(746)10월 백제왕 효충은 대재대이에 임명되고 있다. 아마도 이는 다자이부 관내에 존재하는 우사(宇佐)팔번궁의 팔번신에 의해 황금 발견의 예언이 신탁되고 있는 것과 관계가 있을 것이다. 나아가 이로부터는 백제왕씨가 '대불교사업'에 있어서 황금의 헌상이라는 중요한 역할을 담당하고 있었던 것도 우연이 아닌 것이다.54)

이상 나카마로 정권 전기의 백제왕씨에 대해서 검토해 봤다. 그 결과, 백제왕씨는 나카마로 정권과 마찰의 여지는 있었지만 대체로 무난한 협력 관

계에 있었던 것을 알 수 있다.

그럼 나카마로 정권 후반기에서의 백제왕씨는 어떠한 정치적 선택에 놓여있었던 것일까.

2) 仲麻呂정권 후기의 백제왕씨
―'對 신라전쟁계획'과 관련하여―

앞 절에서 확인한대로 천평보자원년(757) 6월 발생했던 나라마로의 난[55]의 진압을 계기로 나카마로 정권은 권력의 전제화를 더욱 강화해 나갔다. 그리고 그 후는 내정에서 대외관계 쪽으로 관심을 기울이게 된다. 바로 그 것이 무쓰의 桃生城과 데와국의 雄勝城을 중심으로 하는 이민족인 에미시에 대한 정책[56]과 신라에 대한 전쟁계획이었다.

나라시대의 후반기인 760년대 초기를 중심으로 하여 이른바 대 신라전쟁계획이 세워지고 실제로 전쟁계획이 면밀하게 세워진다. 이 대 신라전쟁계획의 과정에서 백제왕씨를 시작으로 한반도계 유민들이 사료상에 자주 출현한다. 그래서 대 신라전쟁계획은 어떠한 이유에서 계획되고 또 실제로 운용되었던가, 또한 백제왕씨들이 이 계획에 참여하게 된 데에는 어떠한 배경이 있었는가, 등에 대해 검토해 보기로 한다.

여기서는 나카마로 정권의 대 신라전쟁계획에 대해서 검토한다. 나라시대에 들어 일본과 신라 사이는 신라의 의도적인 도발에 의해 험난한 관계가 되는 일이 종종 발행한다.[57]

---

55) 新日本古典文學大系『續日本紀』3 보주20－21(517~520페이지 참조)에 의하면 이 시기의 쿠테타 계획 이전에도 벌써 세 차례의 쿠테타 계획이 있었다고 한다.

56) 두 성의 완성된 것은 759년이고, 760년에는 조영의 논공이 이루어지는데 그 대상은 藤原朝狩와 백제왕 三忠이었다.

57) 신라에 의한 734년의 「왕성국」과 743년의 「土毛」의 채용이라고 하는 기존 질서의 변경을 요구하고 있는 것에 대한 일본의 반응은 군사적 입장을 강화하는 방향으로

그런데 다음 기사는 신라에 대한 전쟁계획의 출발점이 된 기사이다. '나라마로의 난'[58] 이후 안정기를 맞이하려던 나라조정에는 이번의 견발해사 오노노아손 다모리(小野朝臣田守, 이후 다모리)[59]가 가지고 온 당의 소식은 '나라마로의 난'이라는 내정의 일환과는 성질이 전혀 다른 대외적인 사건이었다.

> <史料 2> 『續日本紀』天平宝字2(758)年12月戊申(10日)條
> (a) 遣渤海使小野朝臣田守等奏唐國消息曰, 天宝十四載, 歲次乙未十一月九日, 御史大夫兼范陽節度使安祿山反, 擧兵作亂, 自称大燕聖武皇帝. 改范陽作靈武郡, 其宅爲潜龍宮, 年号聖武. 留其子安卿緖, 知范陽郡事. 自將精兵廿余万騎, 啓行南行. 十二月, 直入洛陽, 署置百官. 天子遣安西節度使哥舒翰, 將卅万衆, 守潼津關, 使大將軍封常清, 將十五万衆, 別圍洛陽. 天宝十五載, 祿山遣將軍孫孝哲等, 帥二万騎攻潼津關. 哥舒翰壞潼津岸, 以墜黃河, 絶其通路而還. 孝哲鑿山開路, 引兵入至于新豊. 六月六日, 天子遜于劍南. 七月甲子, 皇太子与卽皇帝位于靈武郡都督府, 改元爲至德元載. (중략)
> (b) 於是, 勅大宰府曰, 安祿山者, 是狂胡狡竪也. 違天起逆. 事必不利. 疑是不能計西, 還更掠於海東. 古人曰, 蜂猶有毒. 何況人乎. 其府帥船王及大貳吉備朝臣眞備, 俱是碩學, 名顯当代. 簡在朕心, 委以重任. 宜知此狀, 預設奇謀, 縱使不來, 儲備無悔. 其所謀上策, 及応備雜事, 一一具錄報來.

위의 기사는 크게 나누면 같은 해 9월에 발해로부터 귀국한 견발해사 다모리의 보고(a)와, 그것에 대한 나라조정의 대응책(b)으로 구성된 것이다.

나타난다. 이에 대해서는 北啓太, 「天平四年の節度史」(土田直鎭先生還曆記念會編 『奈良平安時代史論集』(上), 吉川弘文館, 1984); 鈴木靖民 『古代對外關係史の研究』 (吉川弘文館, 1985) 등을 참조.

58) 北山茂夫, 「天平末葉における橘奈良麻呂の変」(전게 주37 저서) 참조.

59) 『續日本紀』 天平宝字2년(758)9月丁亥(18日)조 참조.

다음에는 각각의 내용으로부터 무엇인가 얻어낼 수 있기를 바란다.

우선 기사 a 는, 755년 11월에 발생한 '안록산(安祿山)의 난'이 주된 내용이다. 당에서 일어난 이 난은 성당의 시대에서 쇠락의 시대로 변하는 시기에 위치하고 당과 국경을 접하고 있는 발해는 말할 것도 없고 한반도의 신라도 앞으로 당과의 관계를 어떻게 설정하는가 하는 과제에 직면하게 했다. 그리고 열도의 일본도 그 예외는 아니었다.

이처럼 안록산의 난은 당만이 아니라 동아시아 제국 전부를 끌고 들어가는 대사건이었다. 다시 말해 견발해사 다모리가 전하는 정보는 동아시아적 대사건인 안록산의 반란이 동북아시아에서 일본으로 파급되는 과정을 나타내고 있다. 난 중의 동북의 상황은 『구당서』侯希逸伝·劉全諒伝 등에 전하는데 발해와의 교섭의 상세는 당사에는 보이지 않고 『속일본기』에만 전한다는 의미에서 귀중한 사료인 것이다. 다모리의 보고에 의해 안사의 난에 대한 발해의 대응과 일본의 대처에의 과정을 알 수가 있다.[60]

<사료 b>에는 이상의 견발해사 다모리의 보고를 접한 당시의 일본중앙정부의 안록산의 난에 대한 이해와 대응책[61]이 보인다. 즉, 안록산의 세력은 당에게 이기기는 어려울 것이다. 안록산은 서쪽에 있는 당의 조정을 쳐부수는 것은 어렵기 때문에 오히려 해동(海東)[62]을 침략할 가능성이 있다.

---

60) 北山茂夫,「藤原惠美押勝の亂」(전게 주37 저서), 353~354페이지; 岸俊男 『藤原仲麻呂』(吉川弘文館, 1969)261~262페이지; 新日本古典文學大系『續日本記』3, 보주21 –25 참조.

61) 布目潮渢·栗原益男 『隋唐帝國』(講談社學術文庫, 1997), 295~308페이지; 新日本古典文學大系 『續日本紀』3, 보주21 –24 참조.
    대재부의 대응책은 기비노마키비(吉備眞備)에게 크게 의존하고 있다. 마키비에 대해서는 宮田俊彦 『吉備眞備』(吉川弘文館, 1961); 直木孝次郎,「吉備眞備と菅原道眞」(『新日本古典文學大系月報』83, 岩波書店, 1998) 참조.

62) 布目潮渢·栗原益男, 전게서 주61 306~308페이지 참조. 이 해동에 대해서는 두 가지의 관점에서 해석이 가능하다. 먼저 하나는 안록산 군대가 일본을 침공할지도 모른다는 해석. 다른 하나는 '해동'이란 한반도를 가리키는 것으로 해동이 혼란하게 되면 즉, 일본이 혼란하게 된다는 것이라고 이해하는 입장이다. 안·사의 난이 일본에

그러니 규슈(九州)의 대재부는 미리 방책을 세워 비록 침략의 가능성이 없어지더라도 준비를 게을리 하는 일이 없도록 하라, 는 내용이다. 이러한 당시 8세기 일본의 외교적 자세는 발해의 신중한 대응과는 많이 대조적이라 할 수 있다.[63]

이어 <사료 b>에서 중앙정부로부터 안록산의 난에 대한 준비를 하도록 대재부에 명령한 것에 대해, 대재부가 보고한 내용이 다음의 <사료 3>이다.

> <사료 3> 『續日本紀』天平宝字3年(759)3月庚寅(24日)條
> a ① 大宰府言, 府官所見, 方有不安者四. 據警固式, 於博多大津及壹岐·對馬等要害之處, 可置船一百隻以上以備不虞. 而今无船可用. 交闕機要. 不安一也.
> ② 大宰府者, 三面帶海, 諸蕃是待. 而自罷東國防人, 辺戍日以荒散. 如不慮之表, 万一有変, 何以応卒, 何以示威. 不安二也.
> ③ 管內防人, 一停作城, 勤赴武芸, 習其戰陳. 而大貳吉備朝臣眞備論曰, 且耕且戰, 古人称善. 乞五十日敎習而十日役于築城. 所請雖可行, 府僚或不同. 不安三也.
> ④ 天平四年八月廿二日有勅, 所有兵士全免調庸, 其白丁者免調輸庸. 当時民息兵强, 可謂辺鎭. 今管內百姓乏絶者衆. 不有優復无以自贍. 不安四也.

미친 영향에 대해서는, 和田軍一 「淳仁朝における新羅征討計畫について」(『史學雜誌』35~10·11, 1924); 藤間生大 「古代權力强化の國際的契機－道鏡卽位の意志がうまれた地盤についての一考察－」(『歷史學硏究』228, 1959), 27~30페이지 참조. 그 외 酒寄雅志 「東北アジアの動向と古代日本－渤海の視点から－」(『渤海と古代の日本』校倉書房, 2001, 초출은 1992); 河內春人 「東アジアにおける安·史の亂の影響と新羅征伐計畫」(『日本歷史』561, 1995), 23~33페이지 참조.

63) 『續日本紀』天平宝字2(758)年12月丙午條 참조. 발해 측의 움직임에 해서는 石井正敏 「初期日·渤交涉における一問題」(『日本渤海關係史の硏究』 吉川弘文館, 초출은 1974); 酒寄雅志, 「八世紀における日本の外交と東アジアの情勢－渤海との關係を中心として－」(전게 주62 저서, 초출은 1977) 참조. 그 외, 졸고, 「8세기 중엽 '신라정토'계획으로 본 고대일본의 대외방침」, 『韓日關係史硏究』25집, 2006 참조.

  b 勅, ① 船者宜給公糧, 以雜徭造.
    ② 東國防人者衆議不允. 仍不依請.
    ③ 管內防人十日役者, 依眞備之議.
    ④ 優復者, 政得其理, 民自富强. 宜勉所職以副朝委.

위의 기사는 대재부가 갖고 있던 현상의 문제점을 나열함과 동시에 그것들에 대한 나라조정의 대응 기사 등이 언급되어 있다. 우선 대재부 자신이 불안 요인으로서 지적한 문제점에 대해 간단히 언급하자면 다음과 같다. a① 배(전선)가 없다.[64] a② 방인(防人)이 없다.[65] a③ 병사의 운용을 둘러싸고 대재부 관인 사이에 알력이 있다. a④ 관내의 백성은 새로운 역에 대한 부담 능력이 없다 등이다.

이에 대해 조정의 칙답은 다음과 같다. b① 배(전선)의 건조를 승인한다. b② 동국의 방인에 대해서는 이미 논의를 한 결과 폐지하기로 한 것이므로 부활의 요청은 인정하기 어렵다. b③ 대재부의 책임자 기비노 마키비(吉備眞備, 695~775년)의 주장을 지지하며 관내의 방인은 50일은 군사훈련으로 하고 10일은 대재부의 성을 쌓는 일에 종사하도록 할 것. b④ 과역면제의 요청을 거부하고 좋은 정치를 행하는 것에 의해 인민을 부강하게 이끌며 직무에 최선을 다할 것, 등이다.

그 후 보자3년부터 6년(759~762)까지의 사이에 대 신라전쟁의 준비가 어떻게 실질적으로 추진되었던 가에 대해서 다음의 세 개의 사료군으로부터 살펴 볼 수가 있다. 이 사료들을 세 개의 덩어리로 나눈 기준은 전쟁의 목

---

64) 경고식에 필요한 배의 부족을 호소하다. 경고식은 외적습래 때의 경고를위해 미리 방법을 강구해 놓은 것으로 태재부 관내에서는 천평4년의 절도사 藤原宇合 때에 정한 경고식이 존재했다. 『續日本紀』宝龜11年(780)7月丁丑(15日)條 「勅, 安不忘危, 古今通典. 宜仰緣海諸國, 勤令警告. 其因幡·伯耆·出雲·石見·安芸·周防·長門等國, 一依天平四年節度使從三位多治比眞人縣守等時式, 勤以警告焉. 又大宰宜依同年節度使從三位藤原朝臣宇合時式.」 참조.

65) 『續日本紀』 천평보자원년(757)윤8월임신(27일)조 참조.

표와 이상을 이념화시키는 작업으로서 신에게 물건을 바치는 행위(奉幣)를
(A군). 실제의 전쟁에 필요한 무기와 도구의 준비작업(B군), 전쟁을 담당
하는 사람들의 존재(C군)이다.

〈표 3〉천평보자 3년부터 6년 사이의 대 신라전쟁 관련기사

A군 전쟁의 분위기 조성	① 天平宝字3年(759)6月壬子(18日)條 令大宰府造行軍式, 以將伐新羅也. ② 天平宝字3年(759)8月己亥(6日)條 遣大宰帥三品船親王於香椎廟, 奏応伐新羅之狀. ③ 天平宝字6年(762)11月丁丑(3日)條 遣御史大夫正三位文室眞人淨三, 左勇士佐從五位下藤原朝臣黑麻呂, 神祇大副從五位下中臣朝臣毛人, 少副從五位下忌部宿祢呰麻呂等四人, 奉幣於伊勢太神宮. ④ 天平宝字6年(762)11月庚寅(16日)條 遣參議從三位武部卿藤原朝臣巨勢麻呂, 散位外從五位下土師宿祢犬養, 奉幣于香椎廟. 以爲征新羅調習軍旅也. ⑤ 天平宝字6年(762)11月庚子(26日)條 奉幣及弓矢於天下神祇. ⑥ 天平宝字6年(762)11月壬寅(28日)條 遣使奉幣於天下群神.
B군 무기와 무구의 준비	① 天平宝字3年(759)9月壬午(19日)條 造船五百艘. 北陸道諸國八十九艘, 山陰道諸國一百四五艘, 山陽道諸國一百六十一艘, 南海道諸國一百五艘. 並逐閑月營造, 三年之內成功. 爲征新羅也. ② 天平宝字5年(761)8月甲子(12日)條 迎藤原河淸使高元度等, 至自唐國. 初元度奉使之日, 取渤海道, 隨賀正使揚方慶等往於唐國. 事畢欲歸, 兵仗樣, 甲冑一具, 伐刀一口, 槍一竿, 矢二隻, 分付元度. 又有內使, 宣勅曰, 特進秘書監藤原河淸, 今依使奏, 欲遣歸朝. 唯恐殘賊未平, 道路多難. 元度宜取南路, 先歸復命. ③ 天平宝字5年(761)11月丁酉(17日)條 以從四位下藤原惠美朝臣朝狩爲東海道節度使. 正五位下百濟朝臣足人, 從五位上田中朝臣多太麻呂爲副. 判官四人, 錄事四人. 其所管遠江·駿河·伊豆·甲斐·相摸·安房·上總·下總·常陸·上野·武藏·下野等十二國, 檢定船一百五十二隻, 兵士一万五千七百人, 子弟七十八人, 水手七千五百廿人. 數內二千四百人肥前國, 二百人對馬嶋. 從三位百濟王敬福爲南海道使. 從五位上藤原朝臣田麻呂, 從五位下小野朝臣石根爲副. 判官四人, 錄事四人. 紀伊·阿波·讚岐·伊予·土左·播磨·美作·備前·備中·備後·安芸·周防等十二國, 檢定船一百廿一隻, 兵士一万二千五百人, 子弟六十二人, 水手四千九百廿人. 正四位下吉備朝臣眞備爲西海道使. 從五位上多治比眞人土作·佐伯

	宿祢美濃麻呂爲副. 判官四人, 錄事四人. 筑前·筑後·肥後·豊前·豊後·日向·大隅·薩摩等八國, 檢定船一百卄一隻, 兵士一万二千五百人, 子弟六十二人, 水手四千九百卄人. 皆免三年田租, 悉赴弓馬, 兼調習五行之陳. 其所遣兵士者, 便役造兵器. ④ 天平宝字6年(762)正月丁未(28日)條 造東海·南海·西海等道節度使料綿襖冑各二万二百五十具於大宰府. 其製一如唐國新樣. 仍象五行之色, 皆畫甲板之形. 碧地者以朱, 赤地者以黃, 黃地者以朱, 白地者以黑, 黑地者以白. 每四千五十具成一行之色. ⑤ 天平宝字6年(762)2月乙卯(6日)條 造綿甲冑一千領, 以貯鎮國衛府. ⑥ 天平宝字6年(762)4月辛未(22日)條 始置大宰弩師.
C군 군인의 준비	① 天平宝字4年(760)11月丙申(10日)條 遣授刀舍人春日部三關, 中衛舍人土師宿祢關成等六人於大宰府, 就大貳吉備朝臣眞備, 令習諸葛亮八陳, 孫子九地及結營向背. ② 天平宝字5年(761)正月乙未(9日)條 令美濃·武藏二國少年, 每國卄人習新羅語. 爲征新羅也. ③ 天平宝字6年(762)2月辛酉(12日)條 簡点伊勢·近江·美濃·越前等四國郡司子弟及百姓, 年已下卄已上練習弓馬者, 以爲健兒. 其有死闕及老病者, 卽以与替. 仍准天平六年四月卄一日勅, 除其身田租及雜徭之半, 其歷名等第, 每年附朝集使送武部省.

A군의 ①·②·③은 당시의 전쟁 준비가 신라를 공격 대상으로서 강하게 의식하고 있는 것이 명백히 드러나 있다. 또한 香椎廟는 신공황후를 모시는 것으로 보아 신라와의 전쟁을 고하는 상징적인 의미를 드러내고 있다. 그리고 ③·⑤·⑥도 같은 목적을 띠고 있다고 추측할 수 있다. ③은 '이세신궁'에 ⑤·⑥은 '천하의 신'에게 물건을 바치고 특히 ⑤는 활과 화살을 바치고 있다. 다시 말해서 전쟁을 위한 목적이 명백하고 실제의 전쟁 준비에 진지하게 매달리고 있는 것을 알 수 있다.

B군에서는 ①·②가 船의 건조에 관한 기사이다. 많은 배의 건조는 전쟁 준비가 신라에 대한 단순한 협박이 아니라, 실제로 전쟁을 상정하고 있었던 것을 명확하게 보여주고 있다. 그리고 다른 기사들은 무기의 제조에 관한 내용인데, 무기의 제조는 국내기술만이 아니고 ③「五行之陳」, ④「唐國新

樣」과 같은 당의 신식전법과 기술도 도입하여 본격적인 대외전쟁준비를 시도하고 있다. 또 신식무기인 弩[66] 의 준비도 진척시키고 있는 일은 ⑥에 보이는 대로이다.

C군에서는 B군의 ②를 포함해 ①·③에서 전투원의 집합과 군사훈련의 모습을 알 수가 있다. 그리고 같은 군의 ②에서는 신라어의 통역을 양성하는 것처럼 명실상부한 대 신라전쟁에 대한 방침을 확인할 수가 있다.

이상의 검토에서 나라조정이 대 신라전쟁을 국가적 과제로서 여기고 있었다고 하는 점이다. 그 본심을 왜곡하고 나카마로가 자신의 정권을 유지하기 위해 대 신라전쟁의 준비를 강행했다던가, 대 신라전쟁계획의 결과에 의해 양성된 군사력은 나카마로 정권의 유지를 위해 이용되었다고 하는 종래의 주장[67]은 재고의 여지가 있다고 생각한다.

이상과 같이 여기서 확인할 수가 있는 것은 나라조정이 대 신라전쟁을 무엇보다도 국가적 과제[68]로서 인식하고 있었다고 하는 것이다.

그런데 B군의 ②기사에 의하면 나라시대에 있어서 두 번째의 절도사 체제가 시작한다. 절도사 체제는 나라시대에서 두 번 집행되는데 두 번 모두 신라와의 사이에서 벌어진 군사적 긴장관계가 있있었던 때의 시대적 산물이다.[69]

---

66) 板橋源「鎭守府弩師考」(1『岩手大學學芸學府研究年報』811), 1955, 17~22페이지; 近
　　江昌司「本朝弩考」(『國學院雜誌』80－11, 1979) 참조. 그 후 대재부의 노사(弩師)는
　　「延曆十六年廢止」(『類聚三代格』弘仁5년5월21일),「史生 1人을 빼고 弩師를 增員」
　　(『類聚三代格』寬平6년9월13일)등에 보인다. 그 외 新日本古典文學大系『續日本紀』
　　3, 보주24－13 참조.
67) 北山茂夫(『日本古代政治史の研究』, 岩波書店, 1959; 岸俊男(『藤原仲麻呂』, 吉川弘文
　　館, 1969) 참조.
68) 그 본심을 왜곡하여 나카마로가 자신의 정권을 유지하기 위해 대 신라전쟁준비를
　　강행했다라든가 대 신라전쟁계획의 결과에 의해 양성된 군사력은 나카마로 정권의
　　유지를 위해 활용되었다고 하는 주장이 종래는 유력설이었다. 北山茂夫,「藤原惠美
　　押勝の亂」·「天平末葉における橘奈良麻呂の亂」(전게 주37저서); 岸俊男、전게 주47
　　저서 참조.

다음의 표는 B군의 ②절도사 기사를 모은 것으로 여기서는 백제왕 경복과 백제조신 足人[70])이 각각 남해도절도사와 동해도부절도사에 임명되어 있는 것을 확인해 두고자 한다.

〈표 4〉 천평보자5년(761)절도사체제의 편성

	인명	관할	군세
동해도	節度使(正)藤原朝臣朝狩 (副)百濟朝臣足人 田中朝臣多太麻呂	遠江·駿河·伊豆·甲斐·相摸 安房·上總·下總·常陸·上野· 武藏·下野	배152 병사 155700 水手7520
남해도	節度使(正)百濟王敬福 (副)藤原朝臣田麻呂 小野朝臣石根	紀伊·阿波·讚岐·伊予·土左· 播磨·美作·備前·備中·備後· 安芸·周防	배121 병사12500 水手4920
서해도	節度使(正)吉備朝臣眞備 (副)多治比眞人土作 佐伯宿祢美濃麻呂	筑前·筑後·肥後·豊前·豊後· 日向·大隅·薩摩	배121 병사12500 水手4920

여기서 백제왕 경복과 백제조신 足人을 등용하고 있는 것은 군사씨족으로서의 백제왕씨의 이점을 살리고자 하는 것에 의의가 있을 것으로 생각한다. 이 두 사람은 천평의 산금 정책에서도 활약한 것으로 보아 조정이 백제계도래세력의 협력을 구할 때에는 백제왕 경복을 중심으로 하는 인맥에 의존하고 있었다고 이해할 수도 있을 것이다.

앞 절에서 백제왕 경복은 백제왕씨 중에서도 가장 중심적인 존재이고 또한 백제왕 경복과 백제계 도래세력 간에는 매우 밀접한 관련이 있는 것을 확인할 수가 있었다. 그것을 포함해서 본 절에서는 천평보자 연간의 대 신

---

69) 北山茂夫, 「藤原惠美押勝の亂」(전게 주37 저서, 초출은 1953), 353~354페이지; 岸俊男, 전게 주47 저서, 261~262페이지; 新日本古典文學大系 『續日本紀』3, 보주21-25 참조.

70) ① 天平宝字元年(757)5月丁卯(20日)「從五位下에서 從五位上으로」

② 天平宝字4年(760)正月丙寅(4日)「從五位上·陸奧介兼鎭守副將軍을 正五位下로」

③ 天平宝字5年(761)11月丁酉(17日)「正五位下·東海道節度使副」

라전쟁계획에 관련하는 기사를 재음미한 결과 나라조의 국가적 사업이었던 대 신라전쟁준비에도 백제왕씨와 백제계의 유민 계열의 사람들이 적극적으로 참가하고 있는 모습을 확인할 수가 있었다. 그 배경에 구 백제계씨족의 대표자로서 백제왕씨의 군사적 능력을 나카마로가 높게 평가하고 있었던 것은 아닐까 생각하고 있다.

제4절 백제왕씨의 위치

나라시대에 있어서 백제왕씨의 동향은 제2절에서 확인한 대로 율령관인화에 의한 일본적 전개라는 말로 정리할 수가 있다. 이러한 율령관인화의 발단이라고 할 수 있는 지통조에 있어서 선광이 이끄는 일족이 백제왕씨로 변화해가는 배경에 대해서 다음의 두 점으로부터 확인해 두자.

우선 첫 번째로, 일본율령국가로부터의 관점이다. 지통조는 율령국가의 건설이 왕성하게 진행된 시기였다. 그 때문에 660년의 백제 멸망, 663년의 백촌강의 패전 이래 30년간에 걸쳐 백제왕 선광과 백제계 도래인들은 일본의 새로운 체제에 대응하지 않으면 안 되었다. 바로 그 것이 다름 아닌 율령국가의 관인으로서 살아가는 길이었다. 또 일본율령국가는 「소제국」의 조건으로서 신라를 번국으로 취급하려고 하였다. 그러나 실제로는 신라는 일본의 번국이 아니었다. 그래서 일본율령국가는 백제왕씨를 번국의 왕처럼 인식하는 것에 의해, 백제(왕)와 동일한 위치에 있었다고 여겨졌던 신라와 신라왕을, 일본과 일본천황의 밑에 두는 존재로서 의식하게 되었다.

두 번째로, 백제계의 사람들로부터의 시점이다. 반도의 전화로부터 도망쳐 온 백제왕족, 옛 신하들, 많은 구 백제의 유민들은 왜와 함께 일치단결하여 열도 서국(西國)의 방위시설의 공사에 착수했다. 또 백제유민들은 집단으로의 거주와 이주를 경험하면서[71], 서로의 동족의식을 공유할 수 있었다.

이러한 백제유민의 특성은 백제왕씨가 구 백제계 씨족들의 대표적인 존재로서 기능하는 결과를 초래했다. 한편 일본율령국가는 백제왕씨의 구 백제계씨족에 대한 우위를 인정하고 율령국가의 성립에 이용하려했다.

그러한 유민계 도래인의 동족의식 유지의 이해에 대해서는 사카모토(坂元義種)씨의 주장이 참고가 된다. 씨에 의하면, 도래인의 집단 거주와 집단 이주 그리고 동족의식의 유지에 대해서, 다음과 같이 이해하고 있다. 도래인이 외국에서 더욱이 이민족 속에서 생활해 간다고 하는 것은 무척 어려운 일이다. 그 경우에 언어, 풍습을 똑같이 하는 동일 민족이 서로 의지하여 집단으로 행동한다고 하는 것은 여러 가지로 유리하였을 것이고, 도래인이 특정의 지역에 거주하고 집단으로 행동하는 것은 이러한 배경이 있기 때문일 것이다. 그리고 그 결과, 지연적인 결합을 강화하기 위해 공통의 조상을 만들어내게 되고, 이는 의제적 혈연집단의 형성으로 나타난다고 한다.[72]

이러한 백제왕씨의 나라시대에서의 전체상을 추구할 적에 빠트릴 수 없는 것은, 백제왕씨의 씨족적 성격일 것이다. 이 점에 대해서는 다음의 <표 5>가 참고가 되는데, 다음의 세 가지 점을 지적할 수가 있다.

⟨표 5⟩ 나라시대의 관계에서의 백제왕씨[73]

太 政 官	인 명	大 藏 省	인 명
소납언	현경 충종	소보	원충
좌대변	경복	宮 內 省	인 명
좌중변	효충 인정	경	경복 숭의
우중변	경인	대보	자경 교덕
우소변	경인	대선량	무경

---

71) 大津透, 「近江と古代國家−近江との開發をめぐって−」(『律令國家支配構造の研究』, 岩波書店, 1993, 초출 1987), 97페이지의 표6 참조. 이 표에 의하자면 번호 6까지가 백제유민들의 집단거주와 집단이주를 나타낸 것이다.

72) 坂元義種, 「渡來系の氏族」, 『古代の日本11 ウヂとイエ』, 中央公論社, 1987 참조.

73) 주4 전게서, 167페이지를 수정.

太 政 官	인 명	大 藏 省	인 명
순찰사	전복	목공두	인정
中 務 省	인 명	단아정	원승
소승	충금	衛部 馬寮 兵庫	인 명
시종	교의 영인 경세	우위문독	승의
내사인	문경	우위문좌	승의
대감물	충성	위문원외좌	인정
중궁량	인정	좌위사독	원보
좌대사인대속	추전	좌위사좌	교준
도서조	선종	우위문독	영손
式 部 省	인 명	좌병위좌	충종
대학소윤	승의	우병위독	현경 영손 안의
산위두	이선	우마대윤	선의 교룡
산위조	이선	우병고두	교덕 영인
治 部 省	인 명	내병고정	원승
대보	교덕	京 職	인 명
소보	원충 원신 경인	우경대부	이백 승의
民 部 省	인 명	우경소진	승의
대보	경충	內 侍 司	인 명
소보	삼충	상 시	명신 경명
주계두	무경 총철	令 外 官	인 명
刑 部 省	인 명	자비소필	효충
경	경복 현경 교덕	외위대장	경복
대보	총철 경세	근위원외소장	인정
소보	교승	중위소장	충신
대판사	원승		

첫째로, 전문적인 지식을 필요로 하는 실무관료적인 성격이다. <표 5>에 의하면, 국정상 중요한 위치를 차지하는 中務省[74]·式部省[75]·民部省[76] 등

---

74) 천황의 국사행위와 후궁의 사무를 담당.
75) 문관의 인사를 주로 담당한다.

에 있어서는 장관(卿)이나 차관(大輔·少輔)에 취임한 예는 적지만, 계산하는 재능이나 학식을 필요로 하는 중무성의 大監物·圖書助·式部省의 大學少允, 民部省의 主計頭 등의 관직에 많이 진출하고 있다. 8성 중에서는 형부성에 가장 많이 장관·차관을 보내고 있는 것도 학문에 능한 백제왕씨의 씨족적 성격에 의한 것 일 게다. 유민계 도래인은 일반적으로 학예를 가지고 조정에 출사하는 일이 많았는데, 문화적으로 선진국으로서의 지위를 유지할 수 있었던 백제의 왕족으로서 백제왕씨가 특히나 학문에 능하고 있던 것은 어쩌면 당연한 것이었다고 할 수 있겠다.

두 번째로는, 백제왕씨의 군사 씨족적 성격이다. 백제왕씨는 衛部[77]·馬寮[78]·兵庫[79] 등 군사적인 관사의 장관·차관에 많이 취임하고 있고 군사에 뛰어난 성격을 나타내고 있다. 학문과 군사의 양면에 뛰어난다고 하는 것은 도래계 씨족에는 일반적으로 보이는 현상이었다.[80] 백제왕씨의 군사적인 성격은 단순히 중앙에 있어서만이 아니고, 특히 변경이었던 동국(東國)의 경영에도 발휘되게 되었다.

이상의 백제왕씨의 특징은, 초기의 도래씨족과 매우 공통하고 있는 현상이다. 즉 초기 도래씨족은, (1) 기내의 개척, (2) 문필과 수공업 등의 특수기술, (3) 군사력을 이용한 관여, (4) 교육과 불교 같은 일에 종사하여 정치적 입장과는 일정한 거리를 두고 있는 경우가 많았다.[81]

백제왕씨의 국사임관 상황을 보면, 동해·동산도의 양국의 국사에 임명된

---

76) 전국의 민정 특히 재정을 담당한다.
77) 궁성의 경호를 담당.
78) 말의 사육과 조교를 담당.
79) 병고의 의장, 병기의 관리를 담당.
80) 『일본서기』천지10年(671)정월시월조에 의하면 망명백제귀족たちは법관대보、학직두의 관직과 약, 오경, 음양에 뛰어난 데에서 알 수 있듯이 학문적인 면에서의 활약이 두드러진다. 이와 동시에 병법에도 능숙한 사람들의 사례가 확인된다.
81) 長山泰孝, 「渡來人の動き」, 『古代の地方史第 3卷 畿內』, 朝倉書房, 1979, 107~120페이지 참조.

것이 압도적으로 많고, 그 중에서도 관동보다 더 먼 변경의 국사가 많다.[82]
이는 역시 백제왕씨가 군사에 뛰어난 씨족이었기 때문으로 생각되는데, 이
러한 백제왕씨의 성격은 특히 무쓰(陸奧), 데와(出羽)관계의 방면의 경영에
발휘된 듯하다. 그럼 백제왕씨의 무쓰, 데와와 관련하는 관직에의 취임 상
황을 보이면 다음과 같다.[83]

> 出羽守三忠同宝字7年(763)正月壬子(9日)
> 同 文鏡同天平神護2年(766)5月甲子(10日)
> 同 武鏡同宝龜5年(744)3月甲辰(5日)
> 陸奧鎭守福將軍俊哲同宝龜11年(780)6月辛丑(8日)

이 중 한 예로 백제왕 삼충[84]을 든다. 삼충에 관해서는 아키다(秋田)성
유적의 발굴조사에서 새로운 지견이 얻어지고 있다.[85] 1989년·90년의 아키
다성 외곽 동문 및 그 남쪽 지구에서 실시된 제54차 조사에서, 300점을 넘
는 목간과 40여점에 이르는 칠지(漆紙)문서[86]가 발견되었는데 그 중의 제

---

82) 段熙麟, 『日本史に生きた渡來人たち』(松籟社, 1986)30~31페이지에 의하면, 백제왕
  씨는 육오지방(陸奧, 出羽國); 관동지방(常陸·武藏·上總·下總·安房國); 동해지방(相
  模·遠江·尾張·飛驒·近江國); 機内地方(河内·和泉國); 산양지방(播磨·備前·美作·周防
  國); 산음지방(丹波·但馬·出雲·石見國); 북륙지방(越後國); 남해지방(伊勢·紀伊·讚
  岐·伊予國); 서해지방(肥後·日向國) 등의 지방관에 부임하고 있다.
83) 枚方市史, 168~169페이지 참조.
84) ① 天平宝字4年(760)正月丙寅 「正六位上에서 從五位下로」
  ② 同7年(763)正月壬子 「從五位下出羽守」
  ③ 天平神護2年(766)五月甲子 「從五位下民部少輔」
  ④ 神護景雲元年(767)三月己巳 「從五位下雅樂員少輔」
  (以上『續日本紀』)。
85) 秋田市敎育委員會, 『秋田城出土文字資料集』 2, 1992, 183~187페이지 참조.
86) 칠지문서는 폐기된 문서가 우연히 칠이 들어 있는 용기의 덮개로 쓰임에 따라 칠이
  종이에 스며드는 것에 의해 부식되지 않고 남아 그 종이의 내용을 전하는 문서를
  이른다. 일본에서는 1973년에 미야기(宮城)현의 다가죠(多賀城)시의 '다가죠유적'에
  서 처음으로 발견되었다.

11호 칠지문서에 백제왕 삼충의 이름이 나오고 있다. 문서의 석문은 다음과 같다.

<사료 4> 평성 원·2년도 秋田城外郭 동문과 남측지구 제 54차調 사 11호 칠지문서

送 以 解
天平寶字
從五位下行勳十二等小野朝臣 『竹□』
□六位上行介百濟王 『三忠』

『속일본기』천평보자4년(760) 정월 병인(4일)조 「出羽介正六位上授外從五位下」나 동7년(763) 정월 임자(9일)조 「從五位下出羽守」에 의해, 본문서 목간은 천평보자4년 정월 이전의 사료이고, 「□六位上行百濟王三忠」의 □는 「正」인 것을 알 수 있다.[87] 또 백제왕 삼충을 전후로 한 데와국의 장관(守)과 차관(介)은 다음의 <표 6>과 같다.

〈표 6〉백제왕 삼충의 전후 데와국의 장관과 차관[88]

장관(守)	차관(介)
多治比家主 양노7, 9, 17	
田邊難波 천평9, 4, 14	
小野竹良 천평보자4, 정, 4	백제왕三忠 천평보자4, 정, 4
백제왕삼충 동 7, 정, 9	
佐伯美濃麻呂 동 8, 10, 3	上毛野馬長 천평보자8, 정, 21
백제왕文鏡 천평신호2, 5, 10	坂上石楯 천평신호2, 5, 10
백제왕武鏡 보귀5, 3, 5	下毛野根麻呂 보귀5, 3, 5
上毛野馬長 동 7, 7, 21	

---

87) 주85 전게서, 183~184페이지 참조.
88) 주85 전게서, 186페이지 참조.

장관(守)	차관(介)
多治比乙安 동 10, 9, 21	
백제왕英孫 연력4, 9, 29	
藤原仲成 동 4, 11, 2	

이상과 같이 백제왕씨는 변경인 무쓰·데와에서 활약한 것을 확인할 수 있는데, 그것은, 군사씨족으로서의 백제왕씨의 일면이라고 하는 종래의 의견과 합치한다고 할 수 있다. 그 외 『동대사요록』권4, 八幡宮의 黃金託宣 기사, 즉 다자이후(太宰府)에서의 황금의 신탁기사로부터 알 수 있듯이, 백제왕씨 세력은 나라시대의 대불조립과 동대사, 국분사의 조영에 있어 서쪽으로부터 동쪽(무쓰에서의 백제왕 경복의 황금 헌상)에 이르는 열도 전역에서 깊은 관계를 가지고 있었다.

나아가 淳仁천황과 후지와라 나카마로(藤原仲麻呂)정권 하에서, 대(對)신라전쟁계획에 백제왕씨가 참가하고 있던 사실도 백제왕씨의 군사적 성격과 관련이 있다고 생각되어지는 것은 아닐까.

이에 관련하여 大坪秀敏씨는, 백제왕씨와 百濟朝臣이 절도사에 뽑힌 이유에 관해 다음과 같이 이야기하고 있다. 이는 당·신라의 연합군에 의해 망해버린 백제왕족을 대신라전쟁에 참가시키는 것에 의해, 한층 신라에 대한 전쟁의 기운을 드높여 관인의 통일을 꾀하려고 하는 나카마로의 배려가 있었다고 한다.[89]

그러나 이 견해는, 淳仁천황의 對신라 전쟁계획이란 것은 나카마로가 자신의 정권을 유지하기 위해 강행한 것 이라든가, 對신라전쟁계획의 결과에 의해 양성된 군사력은 나카마로정권의 유지를 위해 이용되었다고 하는 관점[90] 으로부터 얻어진 결론이 아닐까.

---

89) 大坪秀敏, 「藤原仲麻呂政權下における百濟王氏」, 『歷史と伝承』(日野昭博士還曆記念), 永田文昌堂, 1988, 506페이지 참조.

90) 北山茂夫, 『日本古代政治史の硏究』, 岩波書店, 1989, 353~354페이지 참조; 岸俊男,

그런데 백제왕씨는 나라시대를 통하여 군사적인 관직에 진출하는 경우가 많고, 유달리 나카마로정권 때만 두드러진 것은 아니다. 오히려 백제왕씨의 씨족적 성격의 한 특징인 군사 씨족적 성격에 주목해야할 것이 아닐까. 大坪씨의 나카마로 개인에 주목하는 생각, 즉 신라에 대한 악감정과 내정적인 이유로 보기 보다는, 천지정권의 서국에서의 방위시설공사에서 볼 수 있는 것처럼, 백제왕씨가 갖고 있던 비상시에 있어서의 군비 대책의 노하우를 적극적으로 평가한 결과라고 보는 것이 더 합리적일지 모른다. 즉 백촌강패전 이래의 백제왕씨가 갖고 있던 군사기술적인 면이 율령국가 측으로부터 평가되었다고 보는 것이, 나카마로 개인의 권력욕이라고 생각하는 것보다 설득력이 있다 할 것이다.

세 번째로, 율령국가의 동북경영에는 백제왕씨의 군사 씨족적 성격 외에, 고도한 기술적인 면에서의 평가가 있었다고 보는 점이다. 백제왕 경복은 일본 최초의 산금의 현장[91]인 무쓰국 小田군에서 백제계유민 출신의 기술자 집단을 이끌고, 사금광의 발견과 사금채취 그리고 야금까지의 일관된 공정을 지휘했던 것이다.[92] 그러한 첨단 기술의 분야에도 백제왕씨는 뛰어나 있었는데, 나라 조정은 백제왕씨가 가지고 있던 기술적인 장점을 잘 파악하고, 율령국가의 운용에 도움이 되도록 이용했다고 볼 수 있다.

『藤原仲麻呂』, 吉川弘文館, 1969, 261~292페이지 참조.

91) 黃金山神社事務所 편, 『黃金山神社史料』 1954; 伊東信雄, 『天平產金遺跡』, 涌谷町, 1960; 涌谷町 編, 『黃金產金遺跡―關係資料集一』, 1994 참조.

92) 『속일본기』 천평감보원년(749)4월갑오조, 동년 윤5월갑진조 참조.

결. 나라시대의 백제왕씨

이상을 간단하게 요약하면 다음과 같다.

우선 제1절에서는 지통조 이후의 나라시대에서 백제왕씨를 총괄한다. 그 결과 백제왕씨라고 하는 씨족은 보통 6위에서 5위로 관인이 승진할 때에 정6위상에서 종5위하로 나아가는 패턴을 유지하고 있는데 이는 각각 승진이 빨라 유리한 것으로 이로부터 보아도 백제왕씨가 관인으로서 우대를 받은 씨족임을 알 수 있다.

제2절에서는 나라시대의 백제왕씨 중에 가장 이름 높은 존재인 백제왕 경복을 중심으로 검토했다. 백제왕 경복이라는 인물은 대불조립사업에 필요한 황금을 생산한 것으로 유명하다고 말해지지만 나니와에서 가타노로 그 본거지를 옮긴 일을 잊어서는 안 될 것이다. 그 이유에 대해서는 나니와경의 정치적 중요성이 적어진 것이 하나의 이유라고 말해진다. 니이가 나니와 백제군이 수해의 위협으로부터 벗어난 것은 백제왕씨의 제2의 도약이 가능함을 기대하게 했다.

제3절에서는 나카마로 정권기를 나라마로의 변 이전과 이후로 나누어 검토했다. 우선 나카마로 정권 전기에서는 나카마로와 백제왕씨의 사이에 긴장이 없던 것은 아니지만 그 계기는 나카마로와 경쟁 관계에 있던 도요나리(豊成)의 자식과 백제왕씨의 여성이 혼인 관계를 맺었기 때문이다. 그러면서도 나카마로 정권의 후기에 들어서도 백제왕씨의 등용이 계속된다. 그 배경으로서 구백제계씨족을 통제할 수 있는 백제왕씨의 실력을 나카마로가 인정했기 때문이라도 여겨진다. 그 결과 나라시대의 국가 사업 중의 하나였던 대 신라전쟁계획에 백제왕씨가 참여하고 있는 것이다. 그 이유에 관해서는 백제왕씨가 신라에 의해 멸망된 씨족이라는 관점으로부터의 독특한 견해도 있는 것이지만 그 보다는 백제왕씨의 씨족적인 성격의 특징으로서 군사 씨족적인 성격의 영향이 더 컸던 것은 아닐까 생각한다.

제4절에서는 백제왕씨의 씨족적 성격으로서 하나는 학문적인 면에서의 실무관료라고 하는 성격이 있고, 다른 하나는 군사씨족으로서, 또한 첨단기술을 소유하는 기술 관료의 집합체로서 폭넓은 씨족적 특성을 갖고 있다고 할 수 있다.

마지막으로 이상과 같은 나라시대에 있어 백제왕씨를 우대한 이유는 율령국가의 이념의 완성에 필요한 요소를 백제왕씨가 가지고 있었기 때문일 것이다. 율령국가의 이념은 국내와 국외에 각각 이적과 번국을 이끄는 구조가 존재한다. 국내에서의 백제왕씨의 존재라고 하는 것은 천황에 봉사하는 이국왕의 명칭으로서, 국외에서는신라와 대등한 존재인 백제를 상징하는 흔적으로서 의의가 있었을 것이다.

요컨대 백제왕씨의 존재라고 하는 것은 이념상으로는 번국이어야 하는 신라가 실태로서는 그러지 않았던 현실에서 율령국가의 이면과 실태가 유일하게 확인될 수 있는 귀중한 사례로서 나라시대에 계속해서 중요시되었던 것이다. 결국 백제왕씨가 일본율령국가 내부에서 중요시된 이유는 구 백제계 도래인집단을 장악할 수 있는 실력과 명분의 소유자였기 때문일 것이다. 특히 나카마로는 대불교사업에 공이 있었던 백제왕씨의 역량을 인정하고 그러한 장점을 대륙풍의 율령국가의 완성에 활용하려고 했던 것이 아닐까.

한편 나라시대에는 백제왕씨가 완전히 율령 관인화, 즉 율령국가의 질서에 포함되는데, 그것은 서위와 임관 그리고 관계에서의 백제왕씨의 실상에서 여실히 나타난다. 율령국가는 백제왕씨를 실무적 관료와 군사 씨족 그리고 첨단 기술의 집단으로 재편성하고, 천황의 질서 밑에 위치 지운다. 또 백제왕씨는, 그러한 움직임에 따르지 않을 수가 없었다.

제2장 일본율령국가의 개·사성정책에 대하여
- 오위(五位)이상 귀족관인의 승진형태를 중심으로 -

서. 반도유민의 존재

고대 일본에서의 개·사성은 천황고유의 권한이고 나아가 그 범위는 열도 내에 거주하는 도래인 들에게도 미치고 있다. 『수서』 신라전에 의하면 신라 영내에는 신라인만이 아니고 중국인·백제인·왜인도 포함되어 있는 것을 알 수 있다. 그러한 사정은 신라만의 특수한 일이 아니고 동아시아 각국에도 똑같은 현상이었을 것이다. 즉 고대 동아시아 각국의 내부구조는 다민족사회였다.[93) 열도의 밖으로부터의 이주자들의 개사성에 관한 지금까지의 연구로는 그들을 도래인 혹은 귀화인이라고 부르고 있다.

나아가 중국과 반도에서 열도로 밀려 온 대규모의 이주의 파도는 크게 보아 세 차례 있었다고 한다. 이 세 차례란 ① 4세기말~5세기초두, ② 5세기말~6세기 초기, ③ 7세기후반이다.[94) 그러나 제3회째의 이주에 해당하는 사람들을 앞의 2회와 똑같이 볼 수 있는 지에는 의문이 있다. 즉 7세기 후반의 동아시아 세계의 격동기에 등장한 그들과 이전의 이주민들과는, 그 규모나 도래자 들의 신분의 면에서도 크게 달랐다고 생각한다.

바꾸어 말하면 제 1·2단계의 이주자들은 돌아갈 모국이 혼란 상태에 있

---

93) 石上英一, 「古代東アジア地域と日本」, 『展望日本歴史6 律令國家』, 東京堂出版, 2002, 초출은 1987 참조.
94) 關晃, 『歸化人』, 至文堂, 1956; 上田正昭, 『歸化人』, 中公新書, 1966; 平野邦雄, 『歸化人と古代國家』, 吉川弘文館, 1993 등이 있다.

었다고 해도 완전히 멸망하고 있지 않았던 것에 비해 7세기 후반의 이주자들의 경우는 귀국할 장소, 모국이 완전히 멸망해버렸다는 점으로부터 그들을 반도계유민이라고 부를 것을 제언하고자 한다.

여기서는 반도계유민의 개사성에 대해 논술하려고 한다. 근래의 반도계유민의 개사성에 관한 연구[95]는 7세기후반의 반도계 유민을 이전의 이주자들과 구별하는 등 필자의 연구와 합치하는 바가 적지 않다.

이를 포함하여 백제왕씨는 왜 개성이 없었던가. 이에 대해 백제왕씨를 제외하고 다른 백제계 유민씨족, 그리고 고구려계 유민씨족은 어찌 해서 개사성을 반복했던가에 대해서도 논을 심화시켜 가고 싶다. 나아가 백제왕씨와 고구려계 유민씨족과의 비교를 통하여 백제왕씨의 실태를 보다 선명하게 부각시켜 보고 싶다. 마지막으로 일본율령국가의 하부구조인 씨족제적 유제인 개사성 구조와는 별개의 백제왕씨를 어떻게 이해할 것인가에 대해서도 간략히 정리해 전체적인 전망을 서술해보고자 한다.

제1절 「유민」 후예의 개사성기사의 검토

나라시대의 정사인 『속일본기』에는 도래계인들의 개사성에 대한 관련기사가 종종 나오고 있다. 이를 살피기 위한 전제로서 도래인 개사성의 연구에는 몇 가지의 개념규정이 필요하다.

첫째로, 개성과 사성에 대해서 이다. 보통 개사성이라고 하여 개성과 사성이라는 두 가지의 역사적 사실이 같은 일처럼 이해되어 왔는데 엄밀하게 말하면 개성과 사성이란 다른 개념이다. 구체적으로 말하면 개성이란 有姓

---

95) 伊藤千浪, 「律令制下の渡來人賜姓」, 『日本歷史』442, 1985; 田中史生, 「律令國家と蕃俗」, 『日本古代國家の民族支配と渡來人』, 校倉書房, 1997; 菅澤庸子, 「八世紀における新來渡來人の改賜姓について」, 『世界人權問題硏究所センター紀要』4, 1997 참조.

者를 대상으로 한 개념이고 사성이란 밖으로부터의 이주자와 無姓者를 대
상으로 한다. 단 사료상에 보이는 개성과 사성은 혼용되어 있고 당시의 사
람들에 있어서 개사성은 동일개념이었던 모양으로 여기서는 특별한 구분은
하지 않기로 한다.

두 번째로 성의 정의에 대해서 이다. 加藤晃氏에 의하면 성의 범위는 개
인명에서 인명을 뺀 우지나(ウジ名)와 가바네(カバネ)의 부분을 의미한다
고한다.96) 그 중 우지나는 일족을 다른 것과 판별하는 성의 명칭을 의미하
고 가바네란 사회계급의 상하질서를 의미한다고 하는 것이 통설이다. 나아
가 우지나에는 단순히 혈족관계를 나타내는 것이 아니고 일정의 사회적인
식이 필요하다고 한다.97)

세 번째로 일본율령국가에서 반도유민은 언제까지 계속해서 유민인가에
대한 문제이다. 반도의 유민이 발생한 7세기 후반의 열도는 왜로부터 일본
으로, 대왕으로부터 천황으로 변하는 과도기였다. 즉 고대국가의 완성기로
서 일본율령국가가 형성해 가는 시기였다. 그래서 일본율령국가는 반도유
민을 국가체제하에 수용할 필요가 있었다. 그 부단한 노력의 성과가 백제왕
에서 백제왕씨로의 변화였던 일은 앞에서 서술한 대로 이다.

백제왕씨의 일본율령국가에의 편입이란 백제계 유민세력이 천황의 질서
하에 복속하는 것을 의미하고 나아가 구백제계 도래세력(제 1·2단계의 이
주자)까지 포함하여 통솔 하에 두는 것을 의미하는 것이었다. 다른 한편 백
제왕씨와 백제유민세력의 일본율령질서에의 편입이란 그들이 일본율령국가
에서 귀화인으로서 재편되는 것을 의미한다.

귀화가 성립하기 위해서는 반도유민의 도래로부터 귀화에 필요한 수속을
밟을 필요가 있다. 그 수속을 밟지 않으면 일본의 公民(化內民)으로서 대우
되지 않는다. 그럼 귀화의 조건이란 무엇일까. 그것은 공민이란 무엇일까라

---

96) 加藤晃, 「日本での姓の成立について」, 『續日本古代史論集』上, 吉川弘文館, 1972 참조.
97) 주95의 菅澤庸子 논문 참조.

는 문제와 똑같다. 공민이라면 호적에 기재되지 않으면 안 되고 성이 없는 사람이라면 천황과의 관계에 의해서는 사성의 기회도 있고 또 位記를 받는 가능성도 생긴다. 이러한 과정을 채우지 않으면 조정에 의해 「安置」된 상황 그 대로에 그친다. 사성이 되고 나서야말로 일본의 공민, 즉 귀화인이 될 수 있는 것이다. 요컨대 반도유민의 개사성화란 안치된 상황의 유민계 도래인에서 귀화인으로의 크나 큰 진전이라고 말할 수 있는 것이다.

근래에 「蕃姓」과 「和姓」98)이라던가, 「新來渡來人」과 「渡來系和姓者」99)나 「我俗」과 「蕃俗」100) 등의 말로서, 전시대의 귀화와 백제·고구려멸망에 의해 이주한 사람들의 귀화에의 구별의 필요성이 인식되어가고 있는 것 같다.101)

이상의 인식을 갖고서 이하의 개·사성기사에 대해 살펴보기로 한다.

1) 神龜元年(724)의 사성

『續日本紀』神龜2年2月의 기사는 원정천황의 양위와 성무천황의 즉위 전기기사로 부터 시작한다. 성무천황의 즉위는 나라시대의 황위계승에 있어서 크게 기대되어졌던 것이었다. 천무천황의 혈통을 계승시키기 위해 元明과 元正이라는 중계의 구실을 했던 여성천황이 두 대에 걸쳐 필요했다.102)

그런데 『속일본기』神龜元年(724)2月 甲午(4日)條에 의하면 성무천황은 大極殿에서의 즉위와 함께 천하에 大赦하고 詔를 내려 이르기를 자신에의

98) 義江明子, 「律令制下の公民の姓秩序」, 『史學雜誌』84-12, 1975. 주95의 伊藤千浪 논문 참조.
99) 주95의 菅澤庸子 논문 참조.
100) 주95의 田中史生 논문 참조.
101) 주94의 平野邦雄 저서 참조.
102) 井上光貞, 「古代の女帝」, 『天皇と古代國家』, 岩波書店, 2000. 초출은 1964; 荒木敏夫, 『可能性としての女帝』, 靑木書店, 1999 참조.

황위계승은「不改常典」에 의한 것이기 때문에 정당한 것이라고 강조하고 있다. 또 나아가 神龜元年의 개원과 함께 辭別[103]이라고 하여 大赦·叙位·賜物·復除 등을 언급하고 있다.

헌데『속일본기』의 같은 날 기사에는 특필해야 할 내용이 있다.

<사료 1>『續日本紀』神龜元年(724)2月甲午(4日)條
又官官仕奉韓人部一人二人〈爾〉, 其負而可仕奉姓名賜.

즉 각 관청에 근무하는 韓人部의 사람들에게 성명을 내린다고 하는 것이다. 그럼 여기의 韓人部라고 하는 것은 어떠한 것이었을까. 그것은 다름 아닌 7세기말, 왜(일본)로 건너간 반도유민 속에서의 有位者集団을 가리킨다고 생각한다. 그 근거는 약 100일후의 기사로부터 알 수 있다.[104]

<사료 2>『續日本紀』神龜元年(724)5月辛未(13日)條
從五位上薩妙觀賜姓河上忌寸. 從七位下王吉勝新城連. 正八位上高正勝三笠連. 從八位上高益信男拭連. 從五位上吉宜, 從五位下吉智首並吉田連. 從五位下＊兄麻呂羽林連, 正六位下賈受君神前連, 正六位下樂浪河內高丘連, 正七位上四比忠勇椎野連, 正七位上莉軏武香山連, 從六位上金宅良·金元吉並國看連, 正七位下高昌武殖槻連, 從七位上王多宝蓋山連, 勳十二等高祿德淸原連, 无位狛祁乎理和久, 古衆連. 從五位下吳肅胡明, 御立連. 正六位上物部用善物部, 射園連. 正六位上久米奈保麻呂久米連, 正六位下賓難大足長丘連, 正六位下胛巨茂城上連, 從六位下谷那庚受難波連, 正八位上答本陽春麻田連.

<사료 2>에 보이는 24인에 대해 <표 1>『속일본기』神龜元年5월신미조의 개사성 유민에 대해 정리해보았다.

---

103) 新日本古典文學大系『續日本紀』2, 142페이지 주8 참조.
104) 주95의 伊藤千浪 논문, 皆澤庸子 논문 참조.

〈표 1〉『속일본기』신구원년오월신미조의 개사성 유민의 후예[105]

번호	예전 성	새로운 성	이름	위계
1	薩	河上忌寸	妙觀	從五位上
2	王·高	新城連	吉勝	從七位下
3	高·高	三笠連	正勝	正八位上
4	高·高	男捄連	益信	從八位上
5	吉·百	吉田連	宜	從五位上
6	吉智·百		首	從五位下
7	都能·百	吉田連	兄麻呂	從五位下
8	賈·百	羽林連	受君	正六位下
9	樂浪·百	神前連	河內	正六位下
10	四比·百	高丘連	忠勇	正七位上
11	荊·百	椎野連	軌武	正七位上
12	金·新	香山連	宅良	從六位上
13	金·新	國看連	元吉	從六位上
14	高·高	國看連	昌武	正七位上
15	王·高	殖槻連	多賓	從七位上
16	高·高	蓋山連	祿德	勳十二等
17	狛·高	清原連	祁乎理和久	無位
18	吳肅·高	古衆連	胡明	從五位下
19	物部·百	御立連	用善	正六位上
20	久米·百	物部射園連	奈保麻呂	正六位上
21	賓難	久米連	大足	正六位下
22	胛	長丘連 城上連	巨茂	正六位下
23	谷那·百	難波連	康受	從六位下
24	答本·百	麻田連	陽春	正八位上

(출신의 百, 高, 新은 각각 百濟·高句麗·新羅를 가리킨다)

이토(伊藤千浪)씨에 의하면 神龜元年의 사성은 백제·고구려 멸망 후의

---

105) 주95의 菅澤庸子논문 9페이지의 표를 참조하여 약간 수정.

도래인으로서 본국에서 높은 지위와 뛰어난 재능을 가진 자 및 그 자손이 번성(蕃姓)인 채로 일본에서 관인으로서 조정에 출사하고 있던 때에 그들에게 사성을 명하는 조(詔)가 내려지고 일본적인 성으로 변화하였다고 이해될 수 있다고 한다. 또한 이 때 주어진 성은 모두 일본적인 우지나에 가바네이고 또 이미키(忌村)성 하나 이외는 모두 무라지(連)성이고 주거지에 연유한 우지나가 주어지고 있다고 한다.106)

즉 그 들의 대부분이 백제와 고구려멸망에 휩쓸려 왜에 건너 온 반도유민의 후예들이다. 그 후도 반도유민의 후예들을 대상으로 한 소규모의 사성은 계속되어졌다.107)

그 후 천평보자연간에는 반도유민의 후예에 관해 대규모의 개사성기사가 존재한다. 보자연간은 『속일본기』 이외에도 『신찬성씨록』 서문에 유민의 후예들에의 개사성기사가 보인다.108) 이에 대한 언급은 별도의 논문에 미루기로 한다.

2) 宝字년간(757~764)의 사성

다음의 <사료 3>은 <사료 1>과 사료적 성격이 유사하다고 하는 공통점이 있다. 단 <사료 1>이 관청에서 근무하는 반도유민의 후예들의 개사성에 관한 것인 점에 대해 <사료 3>은 관청에 관계없는 일반의 반도유민의 후예들을 대상으로 하고 있다고 하는 점이 약간 다르다고 할 수 있다.

그런데 <사료 3>의 전후의 사정을 개관하면 동년 3월에는 황태자였던 道祖王을 폐위한다고 하는 기사가 있다.109) 그리고 곧이어 <사료 3>과 같은 날인 4月4日에는 여러 신하들에게 다음 황태자를 누구로 하면 좋은가에

---

106) 주95의 伊藤千浪 논문 26페이지 참조.
107) 『續日本紀』天平5년6월조; 동 6년9월조; 동 19년6월조; 동 天平勝宝2년정월조 참조.
108) 佐藤宗諄, 「眥野氏の系譜」, 『奈良女子大學文學部研究年報』30, 1986 참조.
109) 『續日本紀』天平宝字 원년 3월 丁丑조 참조.

대해 묻고 있다. 신하들은 塩燒王과 池田王을 추천하는데 孝謙天皇은 大炊王을 지명하고 있다. 大炊王은 다음 천황인 淳仁이다.

또 <사료 3>을 포함하는 긴 기사의 내용은 ① 황태자 폐위사정, ② 瑞祥의 출현, ③ 백성의 부담을 경감하기 위해 中男과 正丁의 연령을 한 살씩 끌어올리는 일, ④ 효의 덕목을 장려하고 孝経을 보급시키는 일, ⑤ 僧尼와 祝과 官人의 待遇, ⑥ 東大寺의 匠丁이하의 사람들에 대해 금년의 田租를 면제하는 일 등이다.

<사료 3> 『續日本紀』 天平宝字元年(757)夏4月辛巳(4日)條
其高麗·百濟·新羅人等, 久慕聖化. 來附我俗, 志願給姓, 悉聽許之. 其戶籍, 記无姓及族字, 於理不穩. 宜爲改正.

이 기사의 특징은 반도유민의 후예들이 바란다면 성을 준다고 하는 관대한 정책이다. 이것은 무엇을 의미하고 있는 것인가. 천황의 고유권한 속에 성을 내리는 일이 포함되어있다는 점으로부터 <사료 3>은 파격적이라고 말할 수 있는 것은 아닐까. 이시모다(石母田正)씨에 의하면 천평승보연간에 시작하는 도래인에의 무제한의 사성은 나카마로정권이 의식적인 기반의 확대를 노렸던 것이라고 하는데,[110] 만약 이 견해가 바르다고 한다면 나카마로 정권의 대 신라정책과 관계가 있을 것 같다. 나아가 구백제계세력과 백제왕씨와의 관계를 생각할 때에도 유익한 견해라고 할 수 있겠다. 그런데 <사료 3>의 결과는 4년 뒤의 <사료 4>의 기사로부터 알 수 있다. 백제출신자 131인, 고구려출신자 29인, 신라출신자 20인, 중국인은 8인 등 모두 188인에 미치는 대량의 개·사성정책이라고 말해진다.[111]

---

110) 石母田正, 『日本の古代國家』, 岩波書店, 1971 참조.
111) 주95의 伊藤千浪 논문 참조.

<사료 4> 『續日本紀』天平宝字5年(761)3月庚子(15日)條

百濟人余民善女等四人賜姓百濟公. 韓遠智等四人中山連. 王國嶋等五
人楊津連. 甘良東人等三人淸篠連. 刀利甲斐麻呂等七人丘上連. 戶淨道等
四人松井連. 憶賴子老等卌一人石野連. 竹志麻呂等四人坂原連. 生河內等
二人淸湍連. 面得敬等四人春野連. 高牛養等八人淨野造. 卓杲智等二人御
池造. 延爾豊成等四人長沼造. 伊志麻呂福地造. 陽麻呂高代造. 烏那龍神
水雄造. 科野友麻呂等二人淸田造. 斯臘國足二人淸海造. 佐魯牛養等三人
小川造. 王宝受等四人楊津造. 荅他伊奈麻呂等五人中野造. 調阿氣麻呂等
廿人豊田造. 高麗人達沙仁德等二人朝日連. 上部王虫麻呂豊原連. 前部高
文信福当連. 前部白公等六人御坂連. 後部王安成等二人高里連. 後部高呉
野大井造. 上部王弥夜大理等十人豊原造. 前部選理等三人柿井造. 上部君
足等二人雄坂造. 前部安人御坂造. 新羅人新良木舍姓縣麻呂等七人淸住造.
須布呂比滿麻呂等十三人狩高造. 漢人伯德廣足等六人雲梯連. 伯德諸足等
二人雲梯造.

<사료 4>를 표로 정리하면 다음과 같다. 이 표로부터 알 수 있는 36인의
대표자를 시작으로 하는 구성원에 대해서는 상세한 설명이 있다.112) 또 스
가사와(菅澤庸子)씨는 옛 성의 유래에 대해서 다음과 같이 정리하고 있는
데 ① 본성이 그대로 성으로 된 경우(高·王·金·物部·久米 등), ②「행정지
명+관위+성+명」에 준한 행정지명으로 본성을 거듭한 이름이 성이 되었다
(上部高 등), ③「행정지명+명」에 준하는 명칭(上部 등), ④ 출신국의 본거
지를 성으로 한다(卓 등), ⑤ 일본에 오고 나서부터「어디(국호)로부터 온
누구」라는 의미가 붙은 명칭(狛) 등등 옛 성이라고 해도 다양한 특징이 있
다고 한다.113)

---

112) 주95의 菅澤庸子 논문 참조.
113) 주95의 伊藤千浪 논문 참조.

〈표 2〉『속일본기』 천평보자5년3월경자조의 개사성 유민의 후예[114]

	旧姓	新姓	名	人數	出自
百 1	余	百濟公	民善女	4人	百濟
2	韓	中山連	遠智	4	
3	王	楊津連	國嶋	5	
4	甘良	淸篠連	東人	3	
5	刀利	丘上連	甲斐麻呂	7	
6	戸	松井連	淨道	4	
7	億賴	石野連	子老	41	
8	竹志	坂原連	麻呂	4	
9	生	淸瑞連	河內	2	
10	面	春野連	得敬	4	
11	高	淨野連	牛養	8	
12	卓	御池造	呆智	2	
13	廷爾	長沼造	豊成	4	
14	伊志	福地造	麻呂		
15	陽	高代造	麻呂		
16	烏那	木雄造	瀧神		
17	科野	淸田造	友麻呂	2	
18	斯臘	淸海造	國足	2	
19	佐魯	小川造	牛養	3	
20	王	楊津造	賓受	4	
21	荅他	中野造	伊奈麻呂	5	
22	調	豊田造	阿氣麻呂	20	
高 23	達沙	朝日連	仁德	2	高句麗
24	上部王	豊原連	虫麻呂		
25	前部高	福当連	文信		
26	前部	御坂連	白公	6	
27	後部王	高里連	安成	2	
28	後部高	大井連	吳野		

114) 주95의 菅澤庸子 논문의 10페이지의 표를 이용하여 약간 수정했다.

	旧姓	新姓	名	人數	出自
29	上部王	豊原造	弥夜大理	10	
30	前部	枾井造	選理	3	
31	上部	雄坂造	君足	2	
32	前部	御坂造	安人		
新 33	新良木舍姓	淸住造	縣麻呂	7	
34	須布呂比	狩高造	滿麻呂	13	新羅
漢 35	狛德	雲梯連	廣足	6	
36	伯德	雲梯造	諸足	2	唐

여기서 생각나는 것은 가바네에 「公」·「連」·「造」의 세 개가 사용된 일이다. 나아가 <사료 2>와 <표 1>에는 「連」밖에 없는 것이다(忌村이 한 예). 그런데 <사료 4>와 <표 2>에서 「公」은 백제왕족의 성인 「余」씨만이 「公」으로 변하고 있다. 그 중에서 「連」과 「造」의 사이에는 서열관계가 존재한다.115)

즉 「公」·「連」·「造」의 순으로 서열이 지켜진다고 하는 점이다. 백제왕족의 혈맥을 끄는 余氏에게 公姓이 사여되고, 또 連姓과 造姓과의 상하관계의 존재로부터, 이때 사성된 도래인 내부의 지위의 상하에 대해서는 본국에 있어서의 신분이나 지위의 상하도 포함하여 일본에서의 성의 질서에 대응시켜 결정된 것이다.116) 요컨대 백제계유민의 후예들과 백제왕씨를 비교하면 서열상의 상하관계가 보다 더 명백해진다.

또 <사료 4>는 이후도 반도유민계씨족의 개사성정책에 있어서 기준이 되는 중요한 역할을 하는 사료이지만117) 나아가 반도유민의 후예들을 씨성의 질서 내에 포함시키는 것을 의미하고 중앙관인에 한정되지 않는 일반의 반도계 유민을 대상으로 한 점, 그리고 그 사성기준은 그 집단내부의 사회

---

115) 주95의 伊藤千浪 논문 참조.
116) 新日本古典文學大系『續日本紀』3, 보주23-15 참조.
117) 『日本後紀』延暦18년 12월 갑술조 참조.

적 지위에 대응한 것이었고, 중심적 존재에는 「連」·「造」를 주었던 점, 시대가 내려가는 것에 의해 사성의 대상이 확대하고, 널리 성을 주게 된 것이 명백하게 되었다고 하는 이토(伊藤)씨의 견해[118]는 정곡을 찌르는 바가 있다고 하겠다.

그렇다고 한다면 반도에서의 상하질서가 유민발생의 시점에서부터 한 세기를 지난 시점에서도 또 이국의 땅에서도 반영되어있었다고 하는 것이 된다. 그 것은 나라시대의 유민계의 사람들의 지배와 관리의 특징일 것이라고도 말할 수 있는 점이지만, 한 편으로는 반도유민의 시스템 내부에 강고한 연관을 가지는 부분이 있었던 것을 나타내고 있다고 말하지 않을 수 없다. 바꾸어 말하면 반도유민의 사회내부에서의 구조적인 특성, 즉 본국에서의 상하서열관계가 집단이주와 거주생활 속에서 이국생활 속에서도 계속하여 유지되었다는 점의 반영이라고 할 수도 있을 것이다.

한편 이 점은 일본율령국가 측의 입장에 서면 백제왕씨를 전면에 내세워 7세기 후반의 백제유민세력의 통제를 꾀했다는 점, 나아가 4·5세기로 거슬러 올라가는 구백제계도래세력에 까지 백제왕씨를 중심으로 하는 질서를 적용하려고 하는 것에 의해 일본율령국가의 발전의 기회를 공고히 하려고 하였던 점을 지적할 수 있겠다.

제2절 「백제」성의 사람들

고대 일본의 정사인 육국사로 부터는 백제왕씨 이외에도 백제와 무엇인가의 관계가 있는 성을 가지고 있는 사람들이 많이 검출된다. 그럼 본장에서는 백제왕씨 이외의 「백제」 계성을 가지고 있는 사람들의 검토를 통하여 거기서부터 역으로 백제왕씨의 특질을 발견해내고자 한다.

---

118) 주95의 伊藤千浪 논문 참조.

백제왕씨 이외의 백제인들에 관한 사료로서는 다음과 같은 것이 있다.

① 余→百濟朝臣
·百濟朝臣余益人, 余東人
『續日本紀』天平宝字2年(758)6月甲辰(4日)條, 「余益人, 余東人等四人…
百濟朝臣」
·百濟朝臣河成
『續日本後紀』承和7年(840)6月丙寅(22日)條, 「外五位下·備中介余河成,
賜百濟朝臣姓」
『日本文德三代實錄』仁壽3年(853)8月壬午(24日)條, 「散位外五位下, 本
姓余後改百濟朝臣」
·百濟朝臣福成
『續日本後紀』 承和7年(840)6月丙寅(22日)條, 「右京大屬正六位下余福
成, 賜百濟朝臣姓」

余→百濟公
·百濟公民善女
『續日本紀』 天平宝字5年(761)3月庚子(15日)條, 「百濟人余民善女等四
人, 賜百濟公姓」

② 百濟公
·百濟公秋麻呂
『懷風藻』天智天皇, 大友皇子條, 「但馬守百濟公秋麻呂」
『續日本紀』神護景雲2年(768)8月癸巳(16日)條, 「正六位上大屬…外從五
位下」
·百濟公水通
同 宝龜元年(770)10月甲寅(26日)條, 「正六位上…外從五位下」
·百濟公豊貞
『續日本後紀』承和6年(839)8月戊寅(29日)條, 「改加賀國人正六位上本居,
貫附左京四條三坊」

·百濟公淸永

『續日本後紀』承和13年(846)3月丙辰(15日)條,「播磨國散位正八位上, 改本居貫附左京三條二坊」

·百濟部→百濟公

『日本後紀』弘仁2年(811)4月己丑(26日)條,「阿波國人(略)一百人賜姓百濟公」

③ 百濟宿祢

『日本後紀』弘仁3年(812)正月辛未(12日)條,「賜姓百濟宿祢」

　　　同　　弘仁6年(815)正月庚辰(8日)條,「從八位下…四千子…外從五位下」

『日本三代實錄』貞觀4年(862)7月乙未(28日)條,「右京人造兵司少令史·正六位上飛鳥戶造弥道場」

『日本三代實錄』貞觀5年(863)10月庚午(11日)條,「右京人從六位下…太政官正八位下…河內正七位上」

·百濟宿祢河成

『續日本後紀』承和12年(845)正月甲寅(7日)條,「外從五位下…從五位下」

　　　同　　承和13年(846)2月庚子(29日)條,「從五位下·安芸介」

·百濟宿祢康保

『續日本後紀』嘉祥2年(849)正月壬戌(7日)條,「正六位上…外從五位下」

『日本文德三代實錄』齊衡元年(854)10月甲戌(23日)條,「外從五位下·伊豆前守…毆殺部下百姓數人」

·百濟宿祢有世

『日本三代實錄』貞觀4年(862)7月乙未(28日)條,「河內安宿祢郡人皇太后少屬正八位上附右京職」

　　　同　　貞觀6年(864)8月辛未(17日)條,「菅野朝臣, 正七位上·賜姓御春朝臣」

·百濟宿祢有雄

　　　同　　元慶4年(880)8月庚戌(29日)條,「氏人主稅助外從五位下」

④ 百濟連

『續日本後紀』承和3年(836)閏5月戊寅(10日)條, 「百濟連淸継賜姓多朝臣. 淸継誤負後父之姓. 今有落葉歸根之請.」

⑤ 百濟

·百濟春継

『續日本後紀』承和10年(843)4月己未朔條, 「勘当陵守長」

·百濟豊國

『日本三代實錄』貞觀5年(863)7月丙辰(26日)條, 「右兵衛」

·百濟岑子

　　　　同　　　　貞觀7年(865)12月丙辰(9日)條, 「阿波國坂野郡人·女一產三男」

그들과 백제왕씨와의 사이에는 밀접한 관련이 있었다고 생각되지만 한 편으로는 명확한 차이를 지적할 수가 있다. 그것은 백제왕씨들의 대부분이 종오위하의 지위를 얻고 있는 것에 비해 다른 백제계도래씨족들은 대개 지위가 그 보다는 낮았다는 점이다.

田中史生씨는 이러한 지위의 차이를 천지조이후의 일본왕권에 포함된 백제왕권의 상징으로서 위치지우고 있던 백제왕씨가 백제왕계 도래인들에게 영향력을 가지고 있던 근거로서 이해하고 있다. 또 백제왕씨가 도래인이 많이 이주한 동국을 기반으로 하여 조직된 에미시(蝦夷) 정토군의 장군으로서 중앙으로부터 파견되기도 하고 동국의 지방관인 국사를 많이 역임했다고 하는 일로부터 백제왕씨의 백제계 도래인들에 준 영향력의 크기를 추측할 수가 있다고 한다.[119]

나아가 시대는 조금 뒤의 일이지만 백제계의 사람들과 백제왕씨의 관계를 추측하는데 참고가 되는 기사가 있다. 이는 위의 ①의 百濟朝臣河成의

---

119) 田中史生, 「古代日本の國家形成展開と民族的展開」, 씨의 주95저서 참조.

기사이다.

<사료 5> 『續日本後紀』 承和7年(840)6月丙寅(22日)條
丹後國人武散位從八位上時統宿祢余氏男諸兄等廿人改本居貫附右京二
條二坊. 備中介外五位下余河成. 右京大屬正六位下余福成等三人. 賜姓百
濟朝臣. 其先百濟國人也.
<史料 6> 『日本文德天皇實錄』 仁壽3年(853)8月壬午(24日)條
散位外五位下百濟朝臣河成卒. 河成. 本姓余. 後改百濟. 長於武猛. 能引
强弓. (中略)卒時七十二歲.

이 기사는 나라시대의 것은 아니지만 백제왕씨를 생각하는 전거로서는
중요한 기사라고 말할 수 있다. ①과 <사료 5>에서는 5인의 백제조신이 확
인되는데 예외 없이 여씨성에서 백제조신으로 성이 변한 경우이다.

즉 余씨로부터 백제조신으로 개성한 사람은 益人·東人·河成·福成·諸兄
의 다섯 명이다. 또 <사료 6>에서도 백제조신 河成이 본성은 余였지만 뒤
에 백제로 개성했다고 하는 것을 알 수 있다.

여(余)씨란 백제왕족의 국성이다.120) 그렇다면 지통조에 백제왕으로부터
백제왕씨에의 개호의 사실은 백제왕족 중에서도 일부분의 사람들에게 한정
되어 행해졌다고 생각할 수 있다. 즉 선광과 그 직계의 소수를 대상으로 백
제왕씨에의 사호가 행해지고 선광가계 이외의 백제왕족들은 「余」라는 성을
그대로 사용하고 있었다고 생각되는 것이다. 그리고 余성을 가진 백제유민
계의 사람들은 9세기의 중반이 되고부터 개성된 경우라도 백제왕의 성은
주어지지 않고 백제조신에 그치고 있다.

나아가 백제조신의 위계는 <사료 6>의 백제조신 河成의 예로부터도 알
수 있듯이 散位外五位下가 제일 높은 것이기 때문에 백제왕씨와의 대우라
는 것과는 상당한 차이가 있는 것을 알 수 있다.

---

120) 坂本太郎, 平野邦雄監修 『日本古代氏族人名辭典』, 吉川弘文館, 1990, 680페이지 참조.

다음으로 百濟公씨의 계보는 『新撰姓氏錄』에 의하면 이하의 세 가지가
확인된다. 백제공씨의 계보에는 신구의 계보가 뒤섞여있다. ①과 ③은 구계
보이고 ②는 신계보인 것을 알 수 있다.

① 左京諸蕃下
   出自百濟國都慕王二十四世孫汶淵王也.
② 右京諸蕃下
   因鬼神感和之義. 命氏謂鬼室. 廢帝天平宝字三年. 改賜百濟公姓.
③ 和泉國諸蕃
   出自百濟國酒王也.

그러던 중에 ②의 계보는 백제왕 선광의 시대와 같다. 당시 귀신도 감화
할 정도의 큰 공훈의 소유자라고 말해지던 鬼室씨의 조상은 백제부흥군의
지휘관인 복신이었다. 귀실복신의 자가 귀실집사였는데 그는 從五位上의
大學賽頭였다.[121]

이처럼 백제왕과 동시대이면서 크나 큰 공훈의 평판이 있었던 「귀실씨」
라고 해도 「백제왕씨」와는 큰 차가 있었던 것이다. 요컨데 백제왕씨와 백제
계씨족의 경우에는 상당한 신분상의 격차가 있었던 것을 확인할 수 있다.

이상으로 나라시대 이후가 되면 백제계왕족인 余씨가 개성되는 경우일지
라도 새롭게 백제왕씨가 주어진 경우는 없고 오로지 백제조신이나 백제공,
그리고 백제宿祢 등이 주어진 것은 백제왕씨가 선광 직계의 일족에게 주어
진 극히 특수한 것이라는 점을 새롭게 명확히 제시하고 있다고 말할 수 있
을 것이다.

즉 백제왕씨는 백촌강의 싸움 후 천무・지통조에 걸쳐서 특수한 역사적사
정하에 만들어진 것이었다. 백제왕씨의 성립이란 7세기 후반의 한정된 시기

---

121) 『日本書紀』天智10년 정월시월조.

에 통용한 논리의 결과였고, 나라시대 이후가 되면 이러한 「왕성」사여의 논리가 통용하지 않게 된 것을 나타내고 있다.

한편 나라시대 이후의 백제왕씨 생성의 단절은 나라시대 이후의 일본율령국가 하에서도 백제왕을 자리매김하는 과정을 여실히 보여준다고 말할 수 있다.

제3절 「고려」성의 사람들

다음으로 백제왕씨와의 비교의 의미에서 같은 반도계유민인 고구려유민계[122]에 대해서 언급해보도록 하자. 고구려유민계의 사람들의 모습을 통하여 백제유민계와 백제왕씨의 모습을 더욱 확실히 부각시킬 수 있는 것은 아닐까.

고구려유민계에 대해서는 다음의 두 가지로 접근해 본다.

첫 번째로, 고구려유민의 발생에 대해서 고구려 멸망의 직접적인 원인은 역시 당의 강력한 군사력에 기인한다고 할 수 있을 것이지만, 고구려내부의 분란이 없었더라면 고구려의 멸망 시기는 더욱 늦어졌을 것이다. 『자치통감』에는 고구려 멸망후의 당에 의한 논공사실이 자세하게 나타나고 있다. 즉 고장, 남산, 信誠, 남생 등은 사면되어 관위를 수여받고 있고 남건과 부여 풍(백제의 풍장왕)은 유배의 벌을 받고 있다.[123] 이로부터 저항을 한 경우에는 유배를, 항복한 자에게는 관위를 주고 있는 것을 알 수 있다.

두 번째로, 고구려멸망에 동반하여 동아시아 각국으로 건너간 고구려유

---

122) 土橋誠, 「日本と報德國との交渉について」, 『史想』19, 1981, 77~87페이지 참조.
123) 『資治通鑑』卷201 「十二月丁巳, 上受俘于含元殿, 以高藏政非己出, 赦以爲司平太常伯員外同正, 以泉男産爲司宰少卿, 僧信誠爲銀靑光祿大夫, 泉男生爲右衛大將軍, 李勣以下, 封賞有差, 泉男建流黔州, 扶餘豊流嶺南」 참조.

민의 존재에 대해서 언급한다. 우선 당에서의 고구려유민세력의 존망은 안동도호부의 변천과 관계가 깊다.124) 이러한 안동도호부의 변천과 맞물려 고구려유민의 실질적인 지도자로서 활약한 인물이 몇 사람인가가 확인된다.125)

다음은 신라에 건너간 고구려유민에 대해서인데, 신라와 결합한 고구려유민들의 중심은 옛 고구려왕족 안승(安勝)126)이었다. 나아가 왜에 건너간 고구려유민의 존재에 대해 검토하면 고구려멸망을 전후로 하여 사신의 왕래가 빈번히 보이는데127) 그것은 왜를 둘러싼 당·신라와의 치열한 외교전의 반영일 것이다.

그런데 나라시대의 고구려유민계의 사람들에 관해서 검토하기로 한다. 먼저 「고려왕」에 대해 생각해 본다. 앞에서 백제왕씨의 성립은 백제왕 豊璋과 백제왕 선광과의 존재를 빼고는 설명할 수 없다고 서술했다. 그리고 백제왕씨의 성립은 7세기말의 持統朝가 전환기가 되는 점도 지적했다.

이에 대해서 「고려왕」에 대해서는 나라시대에 처음으로 사료상에 출현하고 그 기사도 단편적이다.

　　　　<사료 6> 『續日本紀』大宝3年(703)4月乙未(4日)條
　　　　從五位下高麗若光賜王姓.

여기에 등장하는 고려 若光이라는 인물은 『續日本紀』천지5年(666)10月

---

124) 『旧唐書』권39 지리지 참조.
125) 『旧唐書』권199상, 고려전 참조.
126) 『旧唐書』권220고려전, 『三國史記』고구려본기 總章2년 2월조, 동신라본기 문무왕 10년 6월조 참조. 村上四男, 「新羅の高句麗再建」, 『朝鮮古代史研究』, 開明書院, 1987. 초출은 1966 참조.
127) 佐藤信, 「古代の大臣外交に關する一考察」, 『境界の日本史』, 山川出版社, 2003 참조. 『日本書紀』天智10년정월조; 동 天武원년5월조; 동 2년8월조; 동 4년3월조; 동 5년11월조; 동 8년2월조; 동 9년5월조; 동 10년7월조; 동 13년5월조 참조.

己未(26日)條에「玄武若光」이라고 보이고 있는데, 고려 약광과 현무 약광이 동일인인가 아닌가에 대해서는 이전부터 논의가 있어왔다.128) 만약 동일인이라고 한다면 왜 약 40년간이나 왜에 체제하고 있으면서 이 시기가되어 재등장하고 있는 것인가, 또 다른 곳에 약광이라는 이름이 전연 보이고 있지 않는 점 등 의문이 적지 않다. 한 편으로 고려 약광과 현무 약광이다른 인물이라고 해도 문제가 없는 것은 아니다. 즉 왜 고려 약광에게 왕성이 제공되었는가에 대해서는 아무런 설명이 없는 것이다.

어찌되었든 여기서는 668년의 고구려멸망을 전후로 하여 왜에 건너간 고구려유민의 한 사람에게 大寶연간에「王」이라는 성이 내려졌다고 이해해둔다. 여기서의 왕성이란 종래의 설에서는 가바네처럼 사용되어진 것은 아닌가 여겨져 왔다. 이 점은 백제왕씨와 비교해보면 두드러지게 차이가 난다.

그 이유는 다음 장에서 상세하게 다룰 예정이지만 역시「고려왕」성의 특징은 율령제적지배의 질서내의 범주에 들어가는 것에 비해, 백제왕씨는 율령제적인 가바네의 질서에 들어가지 않는 것을 나타내고 있는 점이 아닐까. 나아가 이「王」성마저 이곳의 한 군데밖에 보이지 않기에 더더욱 그렇다.

다음은 나라조정이 동해연변에 분산되어 있던 고구려계 유민들을 집단적으로 모아 한 곳에 이주시킨 기사에 대해서 분석한다.

<사료 7> 『續日本紀』 靈龜2年(716)5月辛卯(16日)條,
以駿河·甲斐·相摸·上總·下總·常陸·下野七國高麗人千七百九十九人,
遷于武藏國, 置高麗郡焉.

동해도 지방에 산개하고 있던 약 2,000인의 고구려계유민의 후예들을 동국의 무사시(武藏)국에 모아 고려군을 창설한 목적은 무엇보다도 동국의 개발에 있었던 것일 것이다.129) 나라시대에는 이처럼 고구려계 유민들을

---

128) 古典文學大系『日本書紀』下, 364페이지의 주26 참조.

통제하고 관리하는 시스템으로서 지역에 새롭게 군을 만드는 방법을 채용
했다고 생각한다.130)

　다음으로 고구려계유민의 가장 중심적인 존재로서 고려복신이라는 인물
에 대해 살펴보기로 한다. 고려복신은 백제왕씨에 있어서 백제왕경복처럼
큰 존재감을 보이는 인물이다. 특히 고구려계의 유민의 후예는 가바네의 변
동이 많았지만 고려복신의 경우는 그 변동을 많이 경험하고 있다. 밑의 사
료는 고려복신의 훙전인데 네 부분으로 나누어 분석하기로 한다.

　　　<사료 8> 『續日本紀』延曆8年(789)10月乙酉(17日)條
　　① 散位從三位高倉朝臣福信薨. 福信武藏國高麗郡人也. 本姓肖奈. 其
　　　　祖福德屬唐將李勣拔平壤城. 來歸國家. 爲武藏人焉. 福信, 卽福德之
　　　　孫也.
　　② 小年隨伯父肖奈行文入都. 時与同輩. 晩頭往石上衢, 遊戱相撲. 巧用
　　　　其力, 能勝其敵. 遂聞內裏. 召令侍內豎所, 自是著名. 初任右衛士大
　　　　志, 稍遷, 天平中, 授外從五位下, 任春宮亮. 聖武皇帝, 甚加恩幸.
　　③ 勝宝初, 至從四位紫微少弼. 改本姓賜高麗朝臣, 遷信部大輔. 神護元
　　　　年, 授從三位, 拜造宮卿, 兼歷武藏·近江守.
　　④ 宝龜十年, 上書言, 臣, 自投聖化, 年歲已深. 但雖新姓之榮, 朝臣過
　　　　分. 而旧俗之号, 高麗未除. 伏乞, 改高麗以爲高倉. 詔許之. 天應元
　　　　年, 遷彈正尹, 兼武藏守. 延曆四年, 上表乞身, 以散位歸第焉. 薨時,
　　　　年八十一.

　①부분은 복신의 출신에 관한 기사이다. 고구려멸망과 함께 조부인 福德
이 왜에 도래하고 있었던 것에 의해 복신이 태어난 곳은 무사시(武藏)국이

<hr>

었다. 또 본성이 肖奈[131] 인 점으로 보아 고구려 5부의 한 곳의 출신이었던 것도 알 수 있다. 그리고 ④에 의하면 그는 延曆8년에 죽을 때 향년 81세였는데 태어난 해는 708년에 해당한다. 또 708년은 위의 <사료 8>의 무사시국 고려군이 만들어지기 8년 전에 해당하기 때문에 「고려복신」이 태어난 당시는 고려군이 없었다고 하는 것이 된다.

그렇다면 복신은 고려군의 성립이전부터 무사시국에 살고 있었던가, 아니면 ①의 복신의 출생기사가 잘못되어있었던가는 명확하지 않다. 그렇지만 어느 쪽이든 복신은 백제왕씨의 거주지보다 훨씬 동국의 지역에서 자신의 세력을 형성하고 있었던 것을 알 수 있다.

②부분은 고려복신의 소년기와 초기관직시대이다. 특히 肖奈씨와 관계가 깊은 것을 알 수 있다. 「肖奈」씨에 대해서는 「肖奈公」과 「肖奈王」의 두 가지의 사례가 있다. 고려복신의 「肖奈公」에 관한 사료가 처음 보이는 것은 『續日本紀』天平10年(738)3月辛未(3日)條의 「從六位上肖奈公福信에게 外從五位下를 내리다」에 계속하여 天平11年(739)秋7月乙未(5日)條에도 「外從五位下肖奈公福信에게 從五位下를 주다」라고 나온다.

그런데 天平15年(743)5月癸卯(5日)條에는 「肖奈王福信에게 正五位下를 주다」라고 한다. 또 그 외에도 天平15年(743)6月丁酉(30日)條, 天平19年(747)6月辛亥(7日)條에도 「肖奈王」의 기사가 보인다. 이러한 변화의 사정에 대해서는 아직 상세한 논고는 없는 것 같고 금후의 연구가 기다려진다. 또 「天平中授外從五位下」의 기사로부터 알 수 있는 것처럼 관위의 출발은 「外從五位下」로 부터 출발하고 있고 백제왕씨의 관위의 출발이 내위인 종오위하부터인 점으로 보아 백제왕씨의 쪽이 보다 높은 수준의 신분이었던 것을 알 수 있다.

③의 단계가 되면 고려복신으로 성이 바뀌고 從三位까지 관위가 오른다. 이 고려조신에 대해 고려복신과 직접적으로 관계가 있는 사료로서는 『續日

---

131) 佐伯有淸, 「肖奈氏の氏族とその一族」, 『成城文芸』136, 1991 참조.

本紀』天平勝宝2年(750)正月丙辰(27日)條에「從四位上肖奈王福信等臣六人賜高麗朝臣姓」이 있다. 또 복신은 지방관으로서 자신의 본거지인 무사시국의 국사에 근무하고 있다. 이에 대해서는 <표 3>의 설명을 참조하기 바란다.

④는 고려복신의 최후의 근무처에 관한 것과 고창조신에의 개성에 대해서이다. 특히 고려조신으로부터 고창조신의 개성이유는 나라말기의 고구려계유민의 입장을 이해하는데 시사적인 사례이다. 즉 고창조신에의 개성이유는「고려라는 이름은 이미 오래된 국의 이름으로 바라옵건데 성을 고창(高倉)으로 하기를 원하나이다」에 보이는 대로 고려라는 이름은 옛 습속이기 때문에 고창이라는 일본식의 성으로 바꾸고 싶다고 하는 것이다. 이는 나라조 말기의 고구려계유민의 의식을 대변하고 있는 것은 아닐까. 이 고창조신에 대한 보충 사료는 宝龜10年條의 기사가 있다.[132] 또 뒤에서 언급할 예정이지만 자신의 본거지인 무사시국의 국사를 몇 번이나 역임하고 있다.

다음으로 복신의 경력을 표로 정리해 본다.

〈표 3〉 고려복신의 경력[133]

연 도	내 용
709	탄생
716	고려군 건군
729	內竪所, 右衛士大志
738	종5위하
739	정5위하, 春宮亮
743	肖奈王姓
747	정오위상
748	종4위하, 紫微中台少弼
749	고려조신성

---

132)『續日本紀』宝龜10년3월무오조 참조.
133) 中村順昭,「武藏國の國司と在地社會」,『シンポジウム古代武藏國を考える』, 2003 참조.

연 도	내 용
750	미농국사解, 3-390
756	동대사헌물장 4-119
757	4-177,179 13-207,4-187 4-223
758	정4위하, 4-239
759	신라군 건군
760	무사시국에서 은몰전900정
762	信部大輔
763	4-193
765	但馬守
767	종3위
770	造宮卿但馬守
771	조궁경무사시守
773	무사시국을 동해도로
776	조궁경
779	조궁경으로 오우미守
781	고창조신
783	광인천황의 山作司
785	彈正尹으로 무사시수
789	종3위로 무사시수, 나이 81세로 사망

* 아라비아숫자는 『대일본고문서』의 권-페이지를 의미한다.

이 표로부터 알 수 있는 것은 복신이 고구려유민계씨족의 본거지인 무사시국에서 지방관을 반복하고 있는 사실이고 이 점에 대해서는 이미 土田直鎭씨의 연구가 있다.[134] 반도계유민이 그 집단거주지에 있어서 일정의 정치적 역할을 담당하고 있었던 일을 알 수 있다.

다음으로 고려복신 이외의 고구려계유민 중에서 활약이 두드러진 5인의 인물에 대해 보기로 하자. 그 들에게는 일반의 관인들과 구별되는 특징이 있었다. 그 것은 발해나 당에 관계하는 외교무대에서의 외교사절로서 활약

---

134) 「武藏の國司」, 『古代の武藏を讀む』, 吉川弘文館, 1994, 초출은 1964 참조.

한 점, 그리고 지방관, 특히 무사시국에서의 근무가 많았던 점, 나아가 박사의 직에서 크게 평가된 점 등 이다.

첫 번째로, 복신의 자식인 고려조신 石麻呂가 있다. 그는 무사시국의 介로서 근무하고 뒤에는 고창조신으로 개성되어 있다.[135]

두 번째로, 고려조신 大山이다. 그는 巨万朝臣으로서도 사료 상에 등장하고 있다. 또 그는 견당사와 견발해사로서 그리고 무사시국의 介로서도 활약하고 있다.[136]

세 번째로, 고려조신 殿嗣인데 그는 견발해사로서 대활약하고 있다.[137]

네 번째로, 고려조신 廣山이다. 그는 견당사로서도 활약하고 있다.[138]

다섯 번째로, 나라시대초기의 인물로서 肖奈行文이 있는데 그는「박사」의 직에서 활약하고 있다. 또 그는 위에서 본 고려조신복신의 백부이다.「肖奈公」으로서의 사료는 그 외에도 있지만 그것들은 초기 고구려계이주민의 대표적인 모습일 것이다.[139]

이상으로 첫 번째로「고려왕」의 문제, 두 번째로「고려군」의 문제, 세 번째로「고려조신」의 문제 등 세 가지로 제한하여 고구려계유민의 실태에 대해 검토해 보았다. 나아가 네 번째로는「고려복신」이외에도 고구려유민계 사람들 중에 활약이 두드러진 5인의 인물에 대해 언급했다.

그런데 다음의 사료는 연력연간 이후에 있어 고구려계 사람들을 대상으로 사성하고 있는 기사군이다. 특히 <사료 9>는 시나노(信濃)국에서 집단거주하고 있는 고구려유민 이전의 고구려로부터의 구 도래인의 존재를 나타내고 있다. 그들은 <사료 9>의 ①에 의하면 합계 12인인데 그들은 고구려의

---

135)『續日本紀』宝龜4년2월조; 동 9년2월조; 延曆4년3월조 참조.
136)『續日本紀』天平勝宝6년4월조; 天平宝字5년10월조; 동 6년10월조; 동 5년10월조 참조.
137)『續日本紀』宝龜8년5월조; 동 9년9월; 동 9년10월조; 동 10년정월조 참조.
138)『續日本紀』天平宝字6년4월조 참조.
139)『續日本紀』養老5년정월조; 동 神龜4년12월조;『懷風藻』宝龜3년;『藤氏家伝』下;『万葉集』3836 참조.

행정조직인 5부에 비유한 구성을 가지고 생활하고 있는 것을 알 수가 있다.

아마도 그들이 아직 이전대로의 고구려행정조직의 이름을 흉내 낸 구성을 유지하고 있었다고 하는 사실은 백제유민과 구백제계도래세력과의 관련(제Ⅰ장)을 생각할 때 고구려유민계의 사람들과의 관련에서도 주목할 필요가 있는 것은 아닐까.

<사료 9> 『日本後紀』延曆18年(799)12月甲戌(5日)條
① 又信濃國人外從六位下卦婁眞老. 後部黑足. 前部黑麻呂. 前部佐根人. 下部奈弖麻呂. 前部秋足. 小縣郡人無位上部豊人. 下部交代. 高麗家継. 高麗継楯. 前部貞麻呂. 上部色布知等言. 己等先高麗人也.
② 小治田. 飛鳥二朝庭時節. 歸化來朝. 自爾以還. 蔓世平民. 未改本号. 伏望依去天平勝宝九歲四月四日勅. 改大姓者.
③ 賜眞老等姓須須岐. 黑足等姓豊岡. 黑麻呂姓村上. 秋足等姓篠井. 豊人等姓玉川. 文代等姓淸岡. 家継等姓御井. 貞麻呂姓朝治. 色布知姓玉井.

②에서 주목하고 싶은 것은 「귀화래조」라는 말이다. 일본은 668년의 고구려멸망단계에서는 어떠한 태도로 반도유민들을 받아들였던가는 별개로 해도 그들 고구려계의 사람들은 지금 단계에서는 적어도 일본에 「귀화래조」하고 있는 존재라고 하는 확고한 인식을 갖고 있는 것을 알 수 있다.

이와 같은 인식은 백제유민에게도 적용되는 것인데, 동일조에 「甲斐國人 止弥若虫와 久信耳鷹長 등 190인이 이르기를 우리의 선조는 원래 백제인이었는데 성조에 오는 것을 앙망하여 바다를 건너 투화하였다. 이에 천조가 윤지를 내려 攝津職에 안치하였다. 후에 병인세정월27일의 格에 의거하여 甲斐國으로 옮겼다. 그 이래 세월이 오래 지났다」라고 하는 것으로 부터도 알 수 있다.

그리고 여기의 병인년은 『일본서기』 천지5년(666)是多條의 기사[40]와 대응하는[141] 것으로 이 기사는 고구려와 백제멸망후의 반도유민들에게 해당하는 것이 확인된다. 나아가 ③에서는 賜姓者의 수는 9인인 일과 사성의 근거는 천평승보9세4월4일의 칙이라고 하는 것을 지적한다.

요컨대 이상의 칙은 반도유민들의 대량 사성기사로서도 유명한데 그 칙이 나온 후 40년이나 지나고 나서 위와 같은 사성기사는 지금도 구성인 채로의 미사성의 사람들이 많다고 하는 현실을 설명해 주고 있다.

　　　<사료 10> 『續日本後紀』承和2年(835)10月戊戌(27日)條
　　　遣唐錄事松川造貞嗣. 散位同姓家継等賜姓高峰宿祢. 其先高麗人.

　　　<사료 11>　　　同　　　承和3年(836)3月壬寅(3日)條
　　　木工寮筭師八戶史礒益. 同姓弥継等廿人賜姓常澄宿祢. 其先高麗人也.

　　　<사료 12>　　　同　　　承和3(836)4月戊戌(30日)條
　　　遣唐錄事高岑宿祢貞継改宿祢賜朝臣. 其先高麗人也.

　　　<사료 13> 『日本三代實錄』貞觀14年(872)5月甲申(15日)條
　　　勅遣從五位上守右近衛少將藤原朝臣山陰. 到山城國宇治郡山科村. 郊迎勞渤海客. (略)安置鴻臚館. 右京人左官掌從八位上狛人氏守賜姓直道宿祢. 氏守爲人長大. 容儀可觀. 權爲玄蕃屬. 向鴻臚館. 供讌饗送迎之事. 故隨氏守申請. 聽改姓. 其先. 高麗國人也.

구 고구려계의 사람들은 8세기의 고구려유민의 후예들과 같이 외교무대에서 활약하고 있다. 그러나 8세기의 나라시대에 비하여 9세기의 고구려유민의 후예들은 급속하게 이전의 활발한 활동영역을 잃고 있다. 그것은 나라

---

140) 동서 「以百濟男女二千余人, 居于東國, 凡不擇緇素, 起癸亥年, 至于三歲, 並賜官食」 참조.
141) 譯注日本史料『日本後紀』, 集英社, 2003, 190페이지의 보주1 참조.

조정의 움직임, 즉 공적외교의 쇠퇴도 있었을 것이지만, 한편으로는 고구려계유민의 후예들의 내부사정도 이전 같지 않았던 사실의 반영이기도 하다.

　그 대표적인 사건이 고구려계씨족의 영웅인 복신의 고려조신으로부터 고려는 旧俗의 이름이기에 고창이라는 새로운 성으로 바꾸고 싶다고 하는 개성요구에 잘 나타나있다고 생각한다. 즉 고구려 계통의 유민의 개성은 오히려 고구려계 유민 내부의 구심력을 급속히 잃어버리게 한 것이 아닌가 여겨진다.

제4절 백제왕씨와 고려성과의 비교

　668년 9월 고구려멸망 이래의 사료상에 존재하는 「고려국인」이라고 하는 표현에 대해서, 다음과 같은 이해를 얻었다. 즉 고구려계유민은 백제유민과 그 중심인 백제왕씨 같은 또 다른 반도계 유민으로 생각할 수가 있다.

　또 천무조에는 그들을 「化來」라든가 「投化」하는 고구려인이라고 부르고 있는 일도 확인한 대로 이다. 그런데 이 고구려계의 유민들은 백제왕씨와 어떠한 면에서 구별되는가. 그리고 이 구별은 어떠한 의미를 가지고 있는 것일까.

　우선 백제왕씨를 중심으로 하는 백제 유민계와 고구려유민계의 상이점에 대해 검토한다.

　첫 번째로, 그 발생단계에서의 차이이다. 야마토왕권과 백제유민과는 백촌강패전의 결과, 서로 의존하는 관계에 있었다. 외부로 부터의 침입의 두려움에 대항하는 운명공동체로서의 의식이 있었다. 이에 대해 고구려유민은 그 입장이 달랐다.

　고구려멸망의 시점인 668년은 야마토왕권에 있어서는 당과 신라의 침입의 위기의식이 비교적 적은 시기였다. 즉 당과 신라로부터의 사신이 있어 경쟁적으로 왜와의 관계를 정당화하려고 노력하고 있었다. 그러한 시기에 있어서 고구려로부터의 유민의 존재는 왜국 측에서 볼 때 우대하기만 하는 대상만은 아니었던 것이다.

두 번째로, 일본의 율령국가 시스템이 기능하는 8세기이후에 있어서 백제계유민의 후예는 朝臣·公·宿祢·部·連·百濟라고 하는 성을 천황으로부터 받고 그 존재가 8·9세기를 통하여 수많은 예가 제Ⅲ장에서 확인되었다. 이에 대하여 고구려계유민의 후예의 존재는 본론의 제Ⅳ장에서 확인한 것처럼 王·公·朝臣의 성이 있었지만 그 존속기간은 거의가 8세기를 중심으로 하고 있었던 것을 확인했다.

세 번째로, 백제계유민의 후예가 지방관이나 무관에 많이 임명되고 있는 것에 비해, 고구려계유민의 후예는 지방관과 외교관으로서 기능하고 있었다. 여기서 고구려계유민의 후예의 대다수가 외교관으로서 활약하고 있는데 그것은 고구려와 같은 계통이라고 하는 의식을 갖고 있던 발해와의 관계를 고려한 율령국가의 움직임이 작용한 결과일 것이다. 그리고 고구려계유민출신의 지방관은 무사시국에 집중되어 있었다. 그것은 무사시국에 고려군이 건군된 사정의 반영일 것이다. 그것에 대해 백제왕씨는 서국(西國)을 중심으로 하면서 동국의 변경에서는 군사적·기술적 관료로서 활약했다.

네 번째로, 백제계유민의 경우는 그 중심적인 존재로서 백제왕씨라고 하는 한 씨족이 있었지만 고구려계 유민세력에는 결집의 핵이 되는 중심적인 존재는 확인할 수 없었다. 다만 고려조신복신의 존재가 고구려계 유민의 대표적인 인물로 보이는데 그 자신이 고려의 이름을 번국의 잔영으로 생각해 고창성으로 고치는 등 고구려계유민의 잔영을 부정하고 있는 것을 알 수 있다. 이는 백제왕씨가 津連眞道라는 구백제씨족이 개성을 청원할 때에 백제출신을 오히려 뒤 배경으로서 기능시키고 있는 것[142]과 대조적이다.

다섯 번째로, 앞에서 언급한 것처럼『續日本紀』天平勝宝9歲(756)4月의

---

142)『續日本紀』延暦 9년7월신사조 참조.

勅은 반도계유민의 후예에의 대량사성기사로서 유명하지만 그 후의 延曆18
年(799)의 단계까지 信濃國의 고구려계유민의 후예들이 고구려적인 시스템
인 5부조직의 잔영의 성을 가지고 생활하고 있었다고 하는 기사143)는 信濃
國이 변경이라고 하는 사정을 감안하더라도 고구려유민의 후예의 속에 아
직도 사성되어 있지 않은 사람들이 많은 것을 이야기한다.

이처럼 반도로부터의 유민이지만 백제계유민과 고구려계 유민과의 사이
에는 다양한 면에서 차이가 있는 것을 지적할 수 있었다. 그럼 이러한 차이
는 어떠한 이유로부터 생길 수 있었을까. 그 이유에 대해서는 세 가지를 지
적해 두자.

첫 번째로 고려왕이라는 성의 특징은 우지나·가바네 지배의 틀의 큰 특
징인 개성이 빈번히 행해진 것에 대해, 백제왕씨는 개성이 한 번도 행해지
지 않았다고 하는 것에 의해 우지·가바네 질서의 일반적인 범주에는 들어
가지 않은 것을 보이고 있기 때문일 것이다.

두 번째로, 내일한 고구려유민의 총세는 백제유민에 비하여 현저하게 적
다.144) 현존의 사료에서 고구려유민의 총세를 산정하는 것은 어려운 일이
지만 무사시국의 고려군의 창군기사에 의하면 그 수가 동해도 7국의 인수
를 합하여 1769인인 것145)으로부터 무사시국에 집중적으로 존재했다고 볼
때 대략은 추측이 가능하다고 생각한다.

세 번째로, 두 번째와 관련하는 일이지만 백제유민에 비하여 주어지는
위계가 낮다. 이는 고구려계유민이 큰 세력이 되는 것을 어렵게 했을 뿐 만
아니라 유민의 당초부터 수준이 높은 사람이 적지 않은 일의 반영이 아닐까.

---

143) 『日本後紀』延曆18년12월5일조 참조.
144) 森公章, 『白村江以後』, 講談社, 1998, 158~163페이지 참조.
145) 『續日本紀』靈龜2년 5월신묘조 참조.

결. 백제와 고구려의 유민

이상으로 백제왕씨를 중심으로 하는 백제유민계 도래인과 거의 똑같은 배경과 자격을 갖는 고구려유민계 도래인을 개사성정책에 대해 검토했다. 그 결과 양자는 그 발생으로부터 다양한 면에서 차가 있는 것을 확인했다. 그를 포함하여 다음의 세 점에 대해 지적해 두고자 한다.

첫 번째로 고구려멸망의 사정은 복잡한 면이 있었다. 그리고 멸망의 복잡함은 고구려유민의 복잡함으로 연결되어졌다. 당의 목표는 고구려의 완전멸망보다는 백제의 처리와 똑같이 당지배하에서의 고구려의 재건이었다. 그러나 신라는 고구려유민들을 대당전쟁에 활용했다.

대당전쟁에서 고구려유민의 중심적인 존재는 신라가 임명한 고구려왕 安勝이었다. 한편 왜는 백제유민과는 다른 방법으로 고구려유민을 처치했는데 그것은 빠른 단계에서 사성질서에 포섭시키는 것이었다.

두 번째로 일본에서의 고구려유민계의 사람들에의 대응책은 율령국가의 이념에 포섭하는 것이었다. 그것은 약광을 「고려왕」으로 임명하는 것으로 나타났다. 그러나 「고려왕」을 일본의 천황이 임명한다고 하는 것은 신라가 고구려왕 安勝을 자신의 세력 하에 둔다고 하는 것과 매우 유사했다. 당의 중화질서를 흉내 낸 소제국질서가 신라와 일본에서 실험된 증거일 것이다.

세 번째로 양 유민계 도래세력을 비교하면 반도로부터의 유민세력이지만 많은 점에서 차가 있었다. 즉 백제왕씨는 씨족제적 질서인 우지나·가바네의 틀의 특징인 개성이 한 번도 보이지 않는 것에 비하여, 고구려의 경우는 개성이 빈번히 행해진 일로부터 우지나·가바네 지배의 일반적인 틀에 들어갔던 것을 알 수 있었다. 또 그것은 백제왕씨가 헤이안시대의 초기까지 번영한다고 하는 것에 비해, 고구려의 가바네는 헤이안기에 들어가면 그 힘을 잃는 결과가 되었다고 할 수 있다.

고대일본의 都市와 移動의 문제

- 천궁(遷宮)과 천경(遷京) -

서. 고대도시

고대일본에 도시가 존재했을까. 도시라는 말 자체가 서양의 폴리스에서 온 말이긴 하지만, 요즈음 일본고대사 학계에서는 지배자의 거주공간이며 정치 공간이기도 한 '궁도'를 도시의 영역에 넣고 있다.[146]

사토 마코토(佐藤信)는 '권력과 도시', '도시민중의 세계', '도시문제', '발굴에 의해 명백히 밝혀진 도시상'이라는 네 가지 관점으로부터 '궁도의 도시성'에 주목하고 있다. 이는 또 수도로서, 방어적 측면에서, 장엄함과 의례공간으로서, 대칭성에 빛나는 종교적 성격을 가지면서 도시의 청정성과 계층성에 의지하면서 나름의 유통 경제 속에서 생활하는 도시민의 집합 덩어리라는 측면에서 도시성이 풍부한 공간이라 할 수 있다고 한다.[147]

그런데 종래의 이해는 고대일본의 도시를 궁(宮)과 도성(都城)의 합체로서의 '궁도(宮都)'라는 공간적 이해와 관련지어 설명하려 했던 게 아닌가

---

146) カール·マルクス(手島正毅 譯), 國民文庫28『資本主義的生產に先行する諸形態』, 大月書店, 1959, 21쪽 참조; 狩野久, 「古代都城研究の視覺」, 『日本古代の國家と都城』, 東京大學出版會, 1990(처음 발표는 1962)과 鬼頭淸明, 『日本古代都市論序說』, 法政大學出版局, 1977 참조.

147) 佐藤信, 「宮都の形成と変容」, 新体系日本史6『都市社會史』, 山川出版社, 2001, 11~26쪽 참조; 동, NHKカルチャーラジオ歷史再發見『木簡から讀み解く平城京』, NHK出版, 2010 참조.

생각된다.[148] 하지만 이러한 이해는 이동하는 지배자의 공간으로서의 궁과
경의 모습을 완전하게 설명하고 있다고는 할 수 없다. 그래서 율령국가 성
립 이전의 왕궁 혹은 궁이 갖는 성격과 율령국가 이후의 궁과 경이 세트로
되어 있는 궁경(宮京)의 모습을 나누고, 특히 이동하는 궁과 경을 천궁과
천경의 문제로 분류하여 재검토할 필요가 있는 것은 아닌가 생각한다.

제1절 궁도와 궁·경

'궁실, 도성'이나 '궁전, 도성'의 표현들은 고대 일본의 사료 상에 존재하
고 있다. 먼저 전자는 '도성과 궁실은 어느 한 곳에 두는 것이 아니라 두
세 곳에 마련해야 한다'는 부분[149]에, 그리고 후자는 '도성을 만들기 시작
하고 궁전을 건설한다'는 부분[150]에 보인다.

이러한 궁실과 도성, 궁전과 도성을 합해 연구사에서는 궁도라는 표현이

---

148) 關野貞,「平城京及大內裏考」,『東京帝國大學紀要』工科第 3冊, 1907; 喜田貞吉,『藤
原京』, 鵤故鄕舍出版部, 1942; 八木充,『古代日本の都』, 講談社現代新書, 1974; 鬼頭
淸明,『日本古代都市論序說』, 法政大學出版局, 1977; 岸俊男,『宮都と木簡－よみが
える古代史』, 吉川弘文館, 1977; 同,『古代宮都の探究』, 塙書房, 1984; 동,『日本古
代宮都の硏究』, 岩波書店, 1988: 동,『日本の古代宮都』, 岩波書店, 1993; 狩野久,『日
本古代の國家と都城』, 東京大學出版會, 1990; 今泉隆雄,『古代宮都の硏究』, 吉川弘
文館, 1993; 山中章,『日本古代都城の硏究』, 柏書房, 1997; 동, 『長岡京硏究序說』,
塙書房, 2001; 橋本義則,『平安宮成立史の硏究』, 塙書房, 1995; 동,『古代宮都の內
裏構造』, 吉川弘文館, 2011; 直木孝次郞,『難波宮と難波津の硏究』, 吉川弘文館,
1994; 佐藤信,『日本古代の宮都と木簡』, 吉川弘文館, 1997; 仁藤敦史,『古代王權と
都城』, 吉川弘文館, 1998; 龜田博,『日韓古代宮都の硏究』, 學生社, 2000; 林部均,
『古代宮都形成過程の硏究』, 靑木書店, 2001; 小澤毅,『日本古代宮都構造の硏究』,
靑木書店, 2003; 金田章裕,『古代景觀史の探究－宮都・國府・地割』, 吉川弘文館,
2002; 石川千惠子,『律令制國家と古代宮都の形成』, 勉誠出版, 2010 등 참조.
149) 『日本書紀』天武12년(683)12월조 참조.
150) 『續日本記』延曆3년(784)6월조 참조.

일반적이지만, 아울러 고대일본의 궁도와 같은 의미로 궁과 경을 합해 궁경의 표현을 사용한다. 예를 들면 8세기 나라시대의 궁도인 평성궁과 평성경을 합해 '평성궁/경'이라 부르기로 한다. 요컨대 왕권의 상징으로서의 지배공간인 궁경은 왕권의 권위를 나타내기 위한 공간의 집합체여야 했다.

제2절 천궁과 천경의 사정

고대일본에서 궁도 즉 궁경이란 지배자인 '천황'의 거주공간이었을 뿐 아니라 동시에 지배공간이었다는 사실을 고려할 필요가 있다. 때문에 천황이 언제 생성된 역사적 개념인가가 궁경 시작의 중요한 판단 기준이 된다. 천황은 7세기 후반에 율령을 통치체제로 한 강력한 중앙집권 국가가 출현하였을 때의 군주의 칭호이다.[151] 또 이 7세기 후반 이후를 고대일본의 완성된 국가형태가 성립된 시기라고 하는데, 이를 한마디로 '율령국가'라고 부르기도 한다. 궁경이란 바로 이 율령국가의 통치 체제 중 핵심인 천황의 지배 공간이었던 셈이다.[152]

그렇다면 그러한 왕궁 혹은 궁은 어디에 있었던 것일까. 그리고 당시 지배자들의 공간은 무슨 이유로 빈번히 이동하고 있었을까. 다음의 <표 1>은 『고사기(古事記)』와 『일본서기(日本書紀)』에 보이는 지배자의 통치 공간을 나열한 것이다. 특히 <표 1>에서 확인되는 바와 같이 전자의 '제기(帝紀)'의 인용에는 '치천하(治天下)'의 개념, 즉 통치하는 왕권이 소재한 궁의 이름이 반드시 기재되어 있다. 이러한 사례로부터 알 수 있는 것은 고대일본

---

151) 森公章, 「天皇号の成立をめぐって」, 『古代日本の對外意識と通交』, 吉川弘文館, 1998 참조.
152) 岸俊男, NHK大學講座 『日本の古代宮都』 日本放送出版協會, 1981 참조; 송완범, 「고대일본의 '궁도'에 대하여」, 『신라문화제학술논문집』 제29집, 2008 참조.

의 '궁도'는 정권의 중추라는 의미를 넘어서 통치의 상징이라는 의식이 있었던 것을 알 수 있다. 물론, 이 기재 내용에는 신화에 바탕을 둔 기술도 많기 때문에 제시된 공간 모두가 역사적 사실을 담보한다고는 볼 수 없고, 또 전승 공간 모두가 확실하게 비정되어 있는 것은 아니다.

〈표 1〉『고사기』와 『일본서기』의 지배공간의 전승[153]

지배자	고사기	일본서기
神武	畝火之白檀原宮	畝傍橿原宮
綏靖	葛城高岡宮	葛城高丘宮
安寧	片塩浮穴宮	片塩浮穴宮
懿德	輕之境岡宮	輕曲峽宮
孝昭	葛城腋上宮	腋上池心宮
孝安	葛城室之秋津嶋宮	室秋津嶋宮
孝靈	黑田盧戶宮	黑田盧戶宮
孝元	輕之堺原宮	輕境原宮
開化	春日之伊邪河宮	春日卒川宮
崇神	師木水垣宮	磯城瑞籬宮
垂仁	師木玉垣宮	纏向珠城宮
景行	纏向之日代宮	纏向日代宮
成務	志賀高穴穗宮	
仲哀	穴門之豊浦宮·筑紫之訶志比宮	穴門豊浦宮·橿日宮
応神	輕嶋之明宮	明宮
仁德	難波之高津宮	難波高津宮
履中	伊波礼之若櫻宮	磐余稚櫻宮
反正	多治比之芝垣宮	丹比柴垣宮
允恭	遠飛鳥宮	
安康	石上之穴穗宮	石上穴穗宮
雄略	長谷朝倉宮	泊瀬朝倉宮

---

153) 송완범, 「고대일본의 '궁도'에 대하여」, 『신라문화제학술논문집』제29집, 2008, 255~256페이지 참조.

지배자	고사기	일본서기
清寧	伊波礼之甕栗宮	磐余甕栗宮
顯宗	近飛鳥宮	近飛鳥八釣宮
仁賢	石上廣高宮	石上廣高宮
武烈	長谷之列木宮	泊瀬列城宮
継体	伊波礼之玉穂宮	磐余玉穂宮
安閑	勾之金箸宮	勾金橋宮
宣化	檜隈之廬入野宮	檜隈廬入野宮
欣明	師木嶋大宮	磯城嶋金刺宮
敏達	他田宮	譯語田幸玉宮
用明	池辺宮	磐余池辺双槻宮
崇峻	倉崎柴垣宮	倉梯宮
推古	小治田宮	小懇田宮

이후 6세기 말 7세기 초의 지배자인 스이코 이래로도 지배 공간은 대략 야마토의 아스카(飛鳥)지역으로 고정되게 된다. 이 이유에 대해서는 6~7세기 고대일본의 중신이었던 소가(蘇我)씨와의 관계에 주목하는 연구가 있다. 593년 이래 7세기의 아스카에서는 다음과 같이 적지 않은 변천이 되풀이되었다.154)

推古여왕; 豊浦宮·小墾田宮
舒明; 飛鳥岡本宮·田中宮·廐坂宮·百濟宮
皇極여왕; 小墾田宮·飛鳥板蓋宮
孝德; 飛鳥川辺行宮/難波長柄豊碕宮
齊明여왕; 飛鳥板蓋宮·飛鳥川原宮·後飛鳥岡本宮
天智; 近江大津宮
天武; 島宮·岡本宮·飛鳥淨御原宮, 難波京
持統여왕; 飛鳥淨御原宮

154) 송완범, 「고대일본의 '궁도'에 대하여」, 『신라문화제학술논문집』제29집, 2008 참조.

그런데 7세기의 지배자들과 왕궁의 변화상에는 특기할만한 것이 있다. 먼저 여성 지배자들의 대거 등장이다. 즉, 최초의 여성 지배자인 스이코와 최초의 양위를 실현하였다가 또 최초로 다시 왕위에 복귀한 고쿄쿠(皇極; 나중의 사이메이(齊明)천황), 그리고 명실상부한 최초의 여성 천황으로서의 지토(持統) 등이 그것이다. 그 외에도 고쿄쿠와 사이메이에서의 왕궁에서 알 수 있는 것처럼 최초로 아스카의 이타부키(板蓋)궁이 양 시대에 걸쳐 사용되고 있는 것을 알 수 있다. 이렇게 고대일본의 7세기는 여성 지배자의 시대이기도 하고 또 왕궁의 변천상에서도 지금까지와는 다른 면모를 보여주고 있다.155)

한편 고대일본의 궁경의 본격적인 시작은 덴무(天武)와 지토 이후의 시기를 기다리지 않으면 안 된다. 앞에서 궁도의 시작은 천황이라는 군주호의 시작과 관계한다고 언급했다. 일본고대사 학계에서는 천황호의 시작에 대해 덴무를 천황호의 시작으로 한다. 그리고 현존 목간에서 천황호가 쓰인 가장 빠른 예도 역시 덴무 때이다. 덴무와 그의 정치적 동업자인 지토의 시기를 보통 율령국가의 시작으로 간주하는 것이다.156)

다음으로는 율령국가의 출현과 함께 나타난 새로운 궁경 건설을 전후로 한 사정을 살펴보면 다음과 같다.

> 덴무5년9월; '신성(新城)'의 계획
> 덴무11년3월; '신성'의 시찰을 위해 천무가 직접 순행
> 덴무12년7월; '왜경(倭京)'을 순행
> 덴무12년12월; 또 하나의 수도인 나니와에 택지를 반급
> 덴무13년2월; 음양사와 기술자를 기내에 파견
> 덴무13년3월; 경사를 순행하고 궁실을 확정

---

155) 岸俊男, NHK大學講座『日本の古代宮都』日本放送出版協會, 1981 참조.
156) 森公章, 「天皇号の成立をめぐって」, 『古代日本の對外意識と通交』, 吉川弘文館, 1998 참조.

덴무천황 5년경부터 시작된 궁경 출현의 움직임이 덴무13년에 이르면 드디어 결행 단계에 이르고 있는 듯이 보인다. 그러나 이후 덴무조의 기사 어느 곳을 보아도 궁경에 관한 기사는 보이지 않게 된다. 이 원인은 와병에 따른 천무의 죽음과 황태자 구사카베(草壁)황자의 돌연한 죽음과 관계있는 듯하다. 그러다가 이후 등장한 지토천황은 덴무천황의 장례를 마치고 난 이후, 지토4년10월에 새롭게 건설되고 있는 궁경을 시찰하고, 경과 궁의 지신(地神)에게 제사를 지낸다. 그리고 4년 이후인 지토8년12월에 비로소 등원궁/경 천도를 실행한다. 이로서 지통과 몬무(文武)천황 2대에 걸쳐 번성한 명실상부한 궁경이 만들어져 실제로 기능하게 된 것이다.157)

그런데, 이러한 본격적인 궁경의 시작으로서의 등원궁/경은 비교적 빠른 시기에 그 수명을 다하고 있다. 이러한 사정에 대해서는 등원경의 지정학적 입장으로부터 그 이유를 찾는 작업이 이루어지고 있다. 즉, 등원궁/경의 위치 구조가 위쪽인 북쪽이 낮고, 밑인 남쪽이 높은 구조였기 때문에 도시의 유지에 필수적인 오물 수거의 어려움으로 인해 빨리 문을 닫을 수밖에 없었다는 것이다. 이로부터는 도시의 운용과 위생이 얼마나 중요한 요소인가를 생각하게 한다. 이러한 위생으로부터의 관점은 이후 고대 궁·경의 연구에 있어서 중요한 포인트가 된다.158)

다음은 평성궁/경의 나라시대이다. 나라시대는 평성궁/경 이외에도 복도로서의 난파경(難波京)159)과 천도한 임시 왕도로서의 공인경(恭仁京), 자향낙궁(紫香樂宮), 보량궁(保良宮), 유의궁(由義宮)이 있었다.160) 이러한 경위

---

157) 송완범, 「고대일본의 '궁도'에 대하여」, 『신라문화제학술논문집』제29집, 2008 참조.
158) 송완범, 「'일본율령국가'의 도시 '平城宮·京' 연구」, 『史叢』제77호, 2012 참조.
159) 난파경은 고토쿠(孝德)조 백치3년(652)에 보이고 있는데, 이것은 이후의 난파경과 구별하기 위해 전기난파경라고 한다. 이후 7세기말의 복잡한 국내외 정세와 관련하여 고토쿠 이후의 난파경은 부침을 거듭하게 된다. 덴무8년11월에 난파의 주위의 산에 검문소(關)를 설치하고 난파경을 둘러싸는 나성을 쌓았다는 기사가 보인다.
160) 나라시대의 임시적인 천황의 처소는 공인경, 자향낙궁, 보량궁, 유의궁이 있다. 공인경과 자향낙궁에의 천도에는 등원씨에 대한 기존 씨족의 반격에 대해 규슈(九

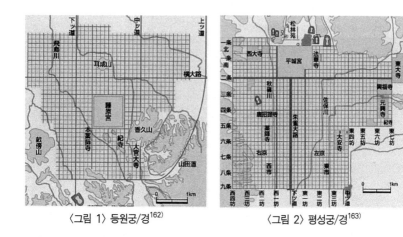

〈그림 1〉 등원궁/경[162)]   〈그림 2〉 평성궁/경[163)]

는 8세기 일본율령국가의 공식적 궁도였던 평성궁/경의 운영이 때로는 복
도제로 인해, 또 때로는 정치적 상황 논리에 따라 얼마나 가변적이었던가를
말해준다. 한편으로 이러한 점은 8세기의 일본율령국가가 이후의 평안궁/경
의 시대에 비해 많이 불완전하고 미숙한 시대였던가를 웅변해 준다.[163)]

　　평성궁/경을 전후로 한 궁도의 성립 사정은 다음과 같다. 몬무천황 사후
겐메이(元明)천황이 즉위한다. 이후 화동원년2월에는 평성에의 천도의 명령
이 하달되고, 동 3년3월에는, 천도가 실현된다. 그러나 천도의 실현 후에도
궁도의 담이 아직 만들어지지 않은 불완전한 상태인 것이 확인되고 동 5년
경이 되어서야 궁경이 이제 거의 완성되었다는 기사가 보인다.

　　州)에 있던 후지와라노 히로쓰구(藤原廣嗣)가 일으킨 반란이 배경이 되었다. 北山
　　茂夫, 「七四0年の藤原廣嗣の叛亂」, 『日本古代政治史の研究』, 1959 참조.
161) 송완범, 「고대일본의 '궁도'에 대하여」, 『신라문화제학술논문집』제29집, 2008,
　　265쪽 참조.
162) 송완범, 「고대일본의 '궁도'에 대하여」, 『신라문화제학술논문집』제29집, 2008,
　　266페이지 참조.
163) 송완범, 「고대일본의 '궁도'에 대하여」, 『신라문화제학술논문집』제29집, 2008 참조.

　다음은 장강궁/경(長岡宮/京)이다. 장강궁/경의 경우는 연력3년(784)5월의 천도를 위해 시찰한다는 기사가 떨어지기 무섭게, 같은 해 11월에 천경이 결행되고 있는 것에서 알 수 있는 것처럼 매우 급작스럽게 천도 계획이 추진되고 실천된 매우 드문 예에 속한다. 그럼 본래 이 사업은 왜 추진되었을까, 또 왜 이렇게 천도가 빠른 속도로 추진될 수 있었을까 하는 의문이 든다. 먼저 전자는 장강궁/경도 그렇지만, 이후 추진될 평안궁/경 사업의 추진자가 덴무계의 천황이 아닌 덴지(天智)계의 간무(桓武)천황이라는데 주목할 필요가 있다. 하지만 감무의 의도와는 달리 평성궁/경에 익숙해 있던 나라조의 귀족들은 새로운 궁경의 건설에 반대하는 의견이 많았다.

　다음으로 평안궁/경의 조영 과정을 들여다보자.[164] 장강궁/경의 조영이 예상대로 여의치 않자 감무는 새로운 궁도의 조영을 계획하기 시작한다.[165] 이후 평안궁/경은 잠깐 동안 천황 거소가 옮겨 다니는 경우를 빼 놓고는 거의 천년 동안 고대의 수도로서만이 아니라 일본의 수도로서 기능한다. 이러한 평안궁/경 건설의 의미는 고대에서는 대체적으로 남쪽에서 북쪽으로의 천도라는 지정학적 특성을 보인다.[166]

---

164) 평안궁/경 건설에는 건물의 이축이 행해지는데, 평성궁/경에서 만이 아니라 또 하나의 수도였던 난파경으로부터도 시행되었다는데 주목할 필요가 있다. 즉, 이러한 건물의 이축 행위는 기존의 장소로 두 번 다시 돌아가지 않겠다는 의지의 표현이기도 하고, 또 건물의 신속한 재배치를 무난하게 설명할 수 있는 것이기도 하다. 요컨대, 평성궁/경과 난파경의 양쪽으로부터 건물의 이축 행위라는 것은 이제 궁경을 한 군데만 운영하겠다는 궁경의 축소라는 것을 의미한다.

165) 이러한 사정은 연력12년정월조 기사에서부터 출현하기 시작하는데, 같은 해 12월에는 택지를 나누어 주고 다음 해 6월에는 경내를 청소시키고 있고, 다음 달에는 시인, 즉 시장에 종사하는 사람들을 배치하기 시작한다. 그리하여 다음 해인 연력13년(794)10월에 정식으로 천도를 결행한다. 그 이후에도 평안궁/경의 건설 사업은 연력24년까지 간단없이 계속된다.

166) 이러한 이유에 대해서는 고대의 야마토왕권 이래의 옛길의 존재와 그 활용의 확산을 전체적으로 볼 필요가 있다는 의견이 있다. 그 옛길은 남북만이 아니라 동서를 가로지르는 직선도로이다 보니 그 길들은 때로는 교차하기도 한다. 대개 남북을 관통하는 옛길에는 상/중/하의 세 길이 축을 이루고 있고, 동서의 옛길은 물길

　고대일본의 지배자가 거주하고 정무하는 공간이 바뀌고 이동하는 것에서
움직이지 않는 공간으로의 변화는 무엇을 말하는 것일까. 이는 일본율령국
가의 전개와 전환과도 매우 밀접한 관계가 있을 것이다.[167]

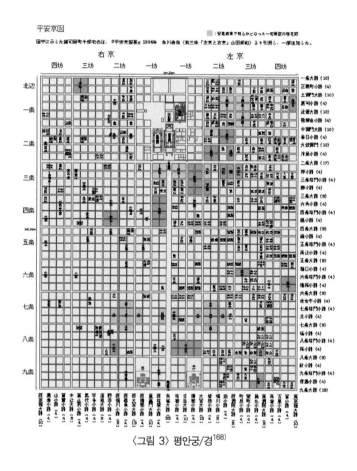

〈그림 3〉 평안궁/경[168]

　을 따라서 존재하는 경향이 강하다고 한다.
167) 송완범, 「고대일본의 '궁도'에 대하여」, 『신라문화제학술논문집』제29집, 2008, 272
　　페이지 참조.

제3절 고대일본의 도시와 이동

고대의 도시문제란 인구의 집중에 따른 상수도 확보와 하수도 처리, 폐
기물의 오염과 위생상의 문제로 발생하는 역병의 유행,[168] 식량 수급의 컨
트롤부재에 의한 사회적 약자, 즉 유망민의 증가와 배회 그리고 도시민의
장지(葬地)의 마련 등이 가장 대표적이다.[169] 이를 해결하기 위해 고대국가
는 율령제라는 틀 속에서 도시 곳곳에서 제사를 지내는데, 이 제사의 흔적
이 바로 역병과 악을 예방하는 부적목간[170]으로, 혹은 남을 저주하는 인형
목간[171]으로 남아있다. 물론 종교적인 방법으로의 해결을 위해 불교와 신
사의 힘을 빌리기도 했다.[172]

---

168) 福原榮太郎, 「天平9年の疫病流行とその政治的影響について」, 『神戸山手大學環境
    文化研究所紀要』4, 2000; 野崎千佳子, 「天平7·9年に流行した疫病に關する一考察」,
    『法政史學』53, 2000 참조.
169) 新村拓, 『日本医療社會史の研究』, 法政大學出版局, 1985; 酒井シヅ, 『病が語る日
    本史』, 講談社, 2008; 福原榮太郎, 「天平9年の疫病流行とその政治的影響について」,
    『神戸山手大學環境文化研究所紀要』4, 2000; 野崎千佳子, 「天平7·9年に流行した疫
    病に關する一考察」, 『法政史學』53, 2000; グラ·アレクサンドル, 「8~9世紀におけ
    る飢疫發生記録に關する一考察」, 『アジア遊學』79, 2005; 董科, 「平安時代前期に
    おける疫病流行の研究」, 『千里山文學論集』82, 2009; 同, 「奈良時代前後における
    疫病流行の研究」, 『東アジア文化交渉研究』3, 2010; 淺見益吉郎, 「『續日本紀』に見
    る飢と疫と災」, 『奈良女子大學食物學會誌』34, 2009; 淺見益吉郎·新江田絹代, 「六國
    後半における飢と疫と災」, 『奈良女子大學食物學會誌』35, 2010; 今津勝紀, 「古代災
    害と地域社會」, 『歷史科學』196, 2009; 淺野潔, 「『日本疫病史』データベース化の試
    み」, 『關西大學經濟論集』54-3·4併合号, 2004 참조.
170) 일반적으로 부적목간은 저주보다 악역을 피하기 위한 액막이를 위한 기능을 가진
    사례가 압도적으로 많다. 저주의 의미를 갖는 기호인 '부첨(符籤)'과 저주하는 문
    장을 써서 그 끝에 '급급여율령(急急如律令)'이라고 쓴 예가 많다.
171) 평성궁적의 다이리 부근의 우물에서 출토한 '저주의 인형'이라고 불리는 인형은
    사람의 모습을 한 얇은 판의 양쪽 눈 부분과 심장 부분에 나무못이 박혀 있고, 묵
    서도 보인다. 가장 청정해야 할 천황의 생활공간인 다이리에서 실제로 저주가 행
    해진 것을 잘 나타내주는 실물자료인 것이다. (佐藤信, NHKカルチャーラジオ歷
    史再發見『木簡から讀み解く平城京』, NHK出版, 2010, 159페이지 참조.)

좀 더 구체적으로 도시문제의 구체상을 언급하자면 평성궁/경 이전의 궁
도였던 등원궁/경은 악취가 진동했다는 기사[173)가 보인다. 사료에 보이는
'예취(穢臭)'는 원래 시신에서 나는 냄새이다. 다시 말하자면 등원궁/경은
초봄에 시신 썩는 냄새로 뒤덮였다는 것이 된다. 이러한 악취가 등원궁/경
의 존속의 단명을 설명하는 중요한 요소가 아닐까.[174) 게다가 평성궁/경 시
대의 정사인 『속일본기(續日本紀)』에는 '예취'를 뜻하는 기사가 비록 지방
에서의 사례지만 725, 749, 776년의 기사에 보인다.[175) 평성궁/경의 인구는
등원궁/경의 약 2.5배가 된다고 보았을 때, 인구 밀집도와 이로부터 파생하
는 오염된 폐기물의 양은 등원궁·경을 훨씬 상회했을 것이다.

그럼 평성궁/경 이후의 궁도인 평안궁/경의 사정은 어떠했을까. 조방제에
의해 바둑판처럼 도시구획이 되어 있는 중에 직선으로 만들어 놓은 도랑마
다 배설물들로 인해 도시의 오염은 심각한 것이었다. 결국 이로 말미암은
역병의 만연도 피할 수 없는 것이었다. 그래서 평안궁/경도 별 수 없이 '분
뇨도시'이고, 병자나 사자의 시신은 물론이고, 동물의 사체도 개천이나 도
랑에 투기하고 있었으니 '예취도시'인 것을 피하기 어려웠을 것이다.[176)

한편, 이러한 도시문제의 해결을 위해 율령국가는 율령제 체제가 정한
테두리 안에서 도시의 도처에 제사의 장을 설정하고 제사를 행한다. 평성궁
/경의 유적에서 종종 출토하는 제사유물에 의해 고대의 율령제적 제사의 실
상을 엿볼 수가 있다.

---

172) 舘野和木, 日本史リブレット7『古代都市平城京の世界』, 山川出版社, 2001, 73~95쪽
     참조; 佐藤信, NHKカルチャーラジオ歷史再發見『木簡から讀み解く平城京』, NHK
     出版, 2010, 157~163페이지 참조.
173) 『續日本紀』慶雲3년3월丁巳조 "如聞, 京城內外多有穢臭" 참조.
174) 송완범, 「'일본율령국가'의 도시 '平城宮·京' 연구」, 『史叢』제77호, 2012 참조.
175) 『續日本紀』神龜2年(725)7月戊戌(17日)條; 동, 天平勝宝元年(749)11月甲寅(24日)條; 동,
     宝龜7年(776)8月丙辰朔條 참조.
176) 安田政彦, 歷史文化ライブラリー224『平安京のニオイ』, 吉川弘文館, 2007, 1~101
     페이지 참조.

율령의 신기령에서는 6월과 12월의 그믐날에 도향제(道饗祭)가 열리는 것을 정하고 있는데, 그것은 궁성의 네 귀퉁이의 귀신이 경내에 침입하는 것을 막는 의미가 있었다.[177] 바로 여기서 다수의 인구가 집중하는 도시와 결부된 궁도의 제사의 모습을 살펴볼 수가 있다. 한편으로 지방의 국부와 군아 등의 지방관아의 유적 주변에서도 궁도와 똑같은 제사유물[178]을 많이 사용하여 물가에서 제사가 행해진 모습이 알려진다.[179]

이상으로 고대도시의 이동에는 여러 가지 도시문제가 얽혀있고, 도시문제의 발생에 대한 고대도시민들의 대응의 양상도 다양한 것임을 실물자료와 관련지어 알 수 있었다. 그렇다면 천궁과 천경 그리고 이동하지 않는 고정도시 평안궁/경의 확보라는 변화의 흐름이 의미하는 것은 무엇일까.

고대일본의 지배자의 거처이며 이를 지탱하는 신하들의 집단거주지이면서 경제생활의 지반이자 상업의 거점 그리고 종교시설의 확보 등이 가능한 일정 공간을 도시와 결부시켜 생각한다고 했을 때, 궁과 경이 중요한 소재임은 부정하기 어렵다. 그런데 이 궁과 경을 도시 이동의 문제와 관련지어 생각한다면 그 의미는 어떻게 정리할 수 있을 것인가.[180]

---

177) 평성궁·경, 기나이(畿內) 각각의 경계에서 악역을 막는 제사가 행해지고 있다. 또 6월,12월의 그믐날에 행해지는 오하라에(大祓)에서는 백관이 참가하여 대규모의 액막이 제사가 주작문(朱雀門) 앞에서 행해졌다.

178) 제사유물 중에는 평성궁이 남면하는 궁성문 앞의 도랑에서 오하라에서 사용된 제사구로 보이는 인형, 제사용구의 하나로 나뭇가지에 종이오리를 매단 이구시(齊串), 목제 제사구(말 모양, 배 모양, 칼 모양 등), 흙으로 만든 말, 사람 얼굴모양의 묵서토기 등이 출토한다. 또한 같은 제사유물은 평성경내의 조방(條坊)도로의 양쪽 편의 도랑이나 하천에 걸린 다리 부근에서도 대량으로 발견된다. 이러한 물가에서 액막이를 하는 제사에 의해 궁도의 청정을 지키고, 경내의 악역의 침입을 지키려고 한 것이었다.

179) 다지마(但馬)국부 부근의 하카자(袴座)유적(兵庫현 豊岡시)에서 방대한 양의 인형과 제관이 출토하고 있고, 미노(美濃)국 무기(武儀)군가(岐阜현 關시)인 미륵사 서(西)유적에서 인형, 이구시가 많이 출토하고 있다.

180) 仁藤敦史, 歴史文化ライブラリー333『都はなぜ移るのか-遷都の古代史-』, 吉川弘文館, 2011 참조.

일본도시의 이동에서 고정으로의 3단계를 들여다보자면, 천궁(7세기 이전)→천경(8세기)→고정도시(9세기 이후)의 3단계는 시사점이 풍부하다. 즉, 천궁의 시기는 한반도와의 관련 속에서 아직 왜국이 국가적 형성기에 속한 단계이고, 8세기 천도의 시기는 동아시아 속의 혼란기라는 7세기 중후반 시기를 지나 왜국에서 일본으로 대왕에서 천황으로의 탈각을 거친 나라시대의 일본을 가리킨다. 그 이후 고정도시 평안궁/경의 등장 이후는 7세기말에 성립되고 8세기의 전개기를 거친 일본율령국가가 이제 한반도와 중국대륙의 영향보다는 일본 자체에 침잠하는 변용의 시기를 맞이하는 또 다른 증거일 수 있다는 것이다.

결. 이동도시와 고정도시

이상을 간단히 요약하면 다음과 같다.

첫째, 지배자의 거주공간이며 정치 공간이기도 한 '궁도'를 도시의 영역에 넣을 수 있다. '궁도'는 수도이며, 방어적 측면에서나, 장엄함과 의례공간으로서나, 대칭성에 빛나는 종교적 성격을 갖고 있다. 또 도시의 청정성과 계층성에 의지하면서 나름의 유통 경제 속에서 생활하는 도시민의 집합 덩어리라는 측면에서도 도시성이 풍부한 공간인 것이다.

둘째, 궁실과 도성, 궁전과 도성을 합해 연구사에서는 궁도라는 표현이 많이 사용되지만, 여기서는 고대일본의 대표적인 궁도인 등원궁/경, 평성궁/경, 평안궁/경 등의 존재에 주목하여 궁과 경을 합해 궁경의 표현을 사용한다.

셋째, 7세기 후반 이후를 고대일본의 완성된 국가형태가 성립된 시기라고 하고 '율령국가'라고 부른다. 궁경이란 바로 이 율령국가의 통치 체제 중 핵심인 천황의 지배 공간이다. 그렇다면 7세기 후반 이전의 지배자들의 정무공간이자 생활공간은 궁경과는 구별된다 할 것이다. 더구나 당시는 아직

경이 성립되지 않았던 것을 의미한다. 결국, 7세기 후반 이전의, 즉 율령국가 성립 이전의 지배자들이 거했던 공간은 왕궁 혹은 궁이라고 부를 수 있다.

넷째, 일본도시의 이동에서 고정으로의 의미는 3단계로 구분할 수 있다. 천궁(7세기 이전)→천경(8세기)→고정도시(9세기 이후)의 3단계 중, 천궁의 시기는 한반도와의 관련 속에서 아직 왜국이 국가적 형성기에 속한 단계이다. 다음, 8세기 천도의 시기는 동아시아 속의 혼란기인 7세기를 지나 왜국에서 일본으로 대왕에서 천황으로의 탈각을 거친 8세기의 나라시대를 가리킨다. 마지막 고정도시 평안궁/경은 7세기말에 성립되고 8세기의 전개기를 거친 일본율령국가가 일본 자체에 침잠하는 변용의 시기를 맞이하는 증거인 것이다.

마지막으로, 일본의 고대군주인 천황이 움직이는 지배자에서 움직이지 않는 지배자로 변하는 점은 일본고대사에서 중요한 의미를 갖는다고 생각한다. 그러나 이 점에 대해서는 아직 본격적인 논의에 미치지 못했는데, 후고를 기약하기로 하고, 제현의 많은 질정을 바란다.

2부 결 론

제1부의 율령국가의 성립에 있어 백제왕씨에 이어 제2부에서는 일본율령국가의 시대에서의 이중성에 대해 주목했다. 일본율령국가의 이중성이란 율령제와 씨족제의 두 개의 시스템으로 고대일본의 율령국가가 운영되었다는 것을 의미한다.

제1장에서는 冠位와 位階를 소재로 하여 율령국가체제 하에서의 백제왕씨에 대해서 검토했다. 또한 백제왕씨 측으로부터의 시점에서 일본율령국가를 살펴보려고 시도했다.

제2장에서는 씨족제의 가장 주요 요소인 씨성 시스템 속에서의 백제왕씨에 주목했다. 그리고 방법론으로서는 백제왕씨를 중심으로 하는 도래유민계 씨족과 거의 같은 도래계씨족인 고구려계 도래씨족과의 비교를 통해 백제왕씨의 존재에 대해서 검토를 시도했다.

그 결과 백제왕씨는 율령제와 씨족제의 양자의 어느 쪽에서도 각별한 존재인 것을 알았다. 그 이유는 일본율령국가에 있어서 백제왕씨라는 존재가 일본율령국가의 성립에 있어서는 물론 일본율령국가의 운영에 있어서도 매우 중요한 존재였기 때문일 것이다.

일본율령국가에 있어서의 백제왕씨의 필요성이란 국내의 귀족층에는 번신의 천황에의 복종이라는 의미에서 대외적인 면에서는 이념상의 번국인 신라를 의식한다고 하는 이중적인 관점으로부터 생각할 수 가 있는 것은 아닐까.

보론에서는 먼저 고대일본에 있어 도시라는 존재의 상정이 가능하다고 정의한다. 이어 고대도시는 천궁, 궁과 경, 천경, 고정의 시대라는 것을 거치는데, 이는 일본국가형성사 차원에서 고대국가의 성립과 전개 그리고 변용의 과정을 설명할 수 있다고 보았다.

일본율령국가의 전환과 백제왕씨

서 언

  제3부에서는 일본율령국가의 전환기라고 말해지는 환무천황 이후의 9세기에 있어 백제왕씨는 어떠한 처지에 놓이게 되었는지에 대해 검토한다.

  우선 제1장에서는 환무천황과 백제왕씨에 대해 다양한 각도에서 검토해 간다. 종래부터 지적되고 있는 혈연적 관계를 재검토함과 함께 백제왕씨의 본거지인 가타노(交野)지구에의 빈번한 출입 등에 주목해보고자 한다.

  제2장에서는 환무천황 이후의 백제왕씨에 대해 구체적으로는 平城天皇 그리고 嵯峨·仁明天皇과 백제왕씨와의 관계를 검토하기로 한다. 그 위에 百濟王氏의 종언을 일본고대국가의 전환과 관련지어 의식하면서 고찰해 나간다.

  이상의 검토와 함께 일본율령국가의 전환과 백제왕씨의 종언과의 관련에 대해 서술하고, 나아가 일본율령국가의 대외관에서의 변화에 대해 고찰하고 일본고대국가로부터 중세국가에의 변화를 읽어내는 하나의 계기로 삼고자 한다.

제1장 환무천황과 백제왕씨

서. 헤이안시대의 백제왕씨

백제왕씨가 7세기 말에 고대일본의 율령국가의 구성원으로서 자리잡은 이래 8세기의 나라시대를 거쳐 백제왕씨는 율령국가의 관인으로서 우대되어 왔다. 이와 아울러 일본율령국가의 또 다른 특징인 씨성체제(우지・가바네)와는 별개의 존재인 것도 지적해왔다. 백제왕씨의 우대의 배경에는 고대일본의 율령국가의 운영에 있어 필요한 실무관료로서의 성격, 군사 씨족적 성격으로서의 첨단기술을 가진 집단이라고 하는 점 등 백제왕씨 자체가 갖고 있던 장점이 들어지고 한편으로는 일본율령국가의 유지라는 목적에서 의사(疑似)적인 번국이면서 실태적인 존재로서 백제왕씨가 기능했다는 사실도 무시할 수 없다.

백제왕씨에의 대우는 평안시대 초기[1]에 정점을 맞이한다. 환무천황의 치세 하에서 백제왕씨는 일찍이 없었던 만큼 대우를 받는데,[2] 그 이유로서

---

1) 笹山晴生「平安初期の政治改革(吉川眞司・大隅清陽 編『展望日本歴史 6律令國家』東京堂出版, 2002, 초출 1976); 瀧波貞子「桓武天皇と皇統意識」(『日本古代宮廷社會の研究』, 思文閣出版, 1991)참조. 그 외에도 헤이안 초기의 전반적인 정치사에 대해서는 佐藤宗諄『平安前期政治史序說』(東京大學出版會, 1977); 森田悌『平安前期政治史研究』(吉川弘文館, 1978); 坂上康俊『日本の歴史05律令國家の轉換と「日本」』(講談社, 2001); 吉川眞司 編『日本の時代史 5平安京』(吉川弘文館, 2002)을 참조.

2) 환무천황 때의 백제왕씨에 관한 연구로서는 井上滿郎「桓武天皇と渡來氏族」(『長岡京古文化叢書』II, 三星出版, 1992); 上田正昭「桓武朝廷と百濟王氏」(『京都市歴史資料館紀要』10, 1992[→同『論究・古代史と東アジア』岩波書店, 1998에 재록]); 田中史生「桓武朝の百濟王氏」(『日本古代國家の民族支配と渡來人』校倉書房, 1997, 초출 1994);

자주 들어지는 것이 백제왕씨와 환무천황이 가까운 혈연관계였다고 하는 사실이다. 그러나 혈연관계만으로는 환무조에서의 백제왕씨가 우대된 설명으로서 충분하다고는 말할 수 없다고 생각한다. 그래서 혈연관계만이 아니고 좀 더 다각적으로 환무천황이 백제왕씨를 우대하게 된 배경을 조사해 보고자 한다.

환무조는 일본율령국가의 확립기이고 중국적인 율령체제에 가장 가까운 형태의 율령국가를 지향한 시기였다고 말해진다. 지금까지 서술해온 바와 같이 고대일본의 율령국가의 대외관을 상징하는 존재로서의 백제왕씨의 의의는 더욱 높아졌다고 할 수 있다. 이러한 점에도 유의하면서 검토를 진행시켜 나가고자 한다.

제1절 환무천황의 혈연적 계보
-구 백제계씨족의 후견으로서의 백제왕씨-

환무천황과 백제왕씨의 혈연관계를 명백히 보여주는 사료는 다음과 같다.

<사료 1> 『續日本紀』延曆9年(790)2月甲午(27日)條
    是日, 詔曰, 百濟王等者, 朕之外戚也. 今, 所以, 擢一兩人, 加投爵位也.

이 사료에는 환무천황 스스로가 백제왕씨가 자신의 외척이라고 하는 사실을 밝히고 있다. 즉, 환무천황의 어머니가 백제왕계 씨족 출신이었다고 하는 것이다. 또한 「擢一兩人」이란 百濟王玄鏡·仁貞·鏡仁의 서위로 실현되었다.[3]

大坪秀敏「桓武朝における百濟王氏」(『龍谷史壇』119·120합간호、2003); 宮永慶美「桓武天皇と外戚-渡來系氏族優遇說の再檢討-」(『續日本紀研究』352, 2004) 등을 참조.
  3) 『續日本紀』延曆9年(790)2月甲午(27日)條 참조.

나아가 환무천황의 어머니인 高野新笠과 백제왕씨와의 관계를 알 수 있
는 사료로서 같은 해 정월조의 기사가 있다.

<사료 2>『續日本紀』延曆8年(789)12月條付載[4] 同9年正月壬子(15日)條
① 葬於大枝山陵. 皇太后, 姓和氏, 諱新笠. 贈正一位乙繼之女也. 母贈
正一位大枝朝臣眞妹. 后先出自百濟武寧王之子純陀太子.
② 皇后, 容德淑茂, 夙着聲譽. 天宗高紹天皇龍潛之日, 娉而納焉. 生今
上·早良親王·能登內親王. 宝龜年中, 改姓爲高野朝臣. 今上卽位, 尊
爲皇太夫人. 九年, 追上尊号, 曰皇太后.
③ 其百濟遠祖都慕王者, 河伯之女, 感日精而所生. 皇太后, 卽其後也.
因以奉諡焉.

이 기사를 참고로 하여 다음과 같은 계도를 게시한다.

〈계도 1〉 광인·환무천황의 약계도

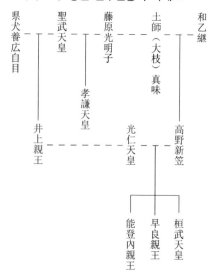

---

4)『續日本紀』天応元年(781)12月의 광인에의 시호(諡)를 주상기사와 같이 실려 있다.

<사료 2>는 환무천황의 母인 황태후 高野新笠의 홍전이다. 高野新笠은 일찌기 和氏 출신이었는데[5] 桓武의 父인 光仁天皇 때에 高野新笠은 高野朝臣으로 개성했다.[6] 母인 大枝氏도 渡來系인 土師氏의 後裔였다.[7] 高野新笠의 조상은 『新撰姓氏錄』에 따르면 百濟武寧王의 후손인 純陀太子이다.[8] 百濟武寧王은 百濟의 第24代 왕이기에 百濟王系와 直接的인 관계가 있었다고 보는 이방에서 나온 발상이다.

그런데 위의 기사를 세부분으로 나누어 생각해 보면 흥미깊은 점이 발견된다. 그것은 다름 아닌 和氏와 백제왕계와의 사이에 혈연적 관계를 찾고자하는 철저한 노력이 행해지고 있다고 하는 점이다. <사료 2>①과 ③에서는 환무의 어머니인 황태후 新笠가 백제왕계의 출신자라는 것을 강조하고 있다. 즉 <사료 2>①의 「后先出自百濟武寧王之子純陀太子」와 <사료 2>③의 「其百濟遠祖都慕王者, 河伯之女, 感日精而所生, 皇太后卽其後也.」는 皇太后 新笠의 출신 문제 그 자체이고 백제왕계와 계보를 함께 하고 있는 점을 강조하는 것에 의해 그 신분의 특별함이 강조된다고 하는 것이다.

요컨데 新笠의 계보에서 가장 중요한 것은 父系의 和氏 혹은 母系의 大

---

5) 新日本古典文學大系 『續日本紀』5(岩波書店, 1998), 보주40-34 참조.
6) 林陸朗 「高野新笠をめぐって」(『折口博士記念古代研究所紀要』3, 1977), 114페이지에서 씨는 이 사성에 대해 개인에게 한정된 사성은 외예적인 것으로 매우 특별한 경우라고 한다.
7) 大枝朝臣씨는 『新撰姓氏錄』에서는 右京神別에 속하지만 원래 土師씨로 『續日本紀』 延曆9年12月壬辰朔條에 환무천황이 외조모 土師宿祢眞妹 등에게 大枝朝臣의 성을 내린다고 하는 기사에 보인다.
   瀧浪貞子 「高野新笠と大枝賜姓」(전게 주 1저서)참조. 또한 土師氏에 대해서는 直木孝次郎 「土師氏の研究-古代的氏族と律令制との關連をめぐって-」(『日本古代の氏族と天皇』塙書房, 1964, 초출은 1960); 小出義治 「土師氏の伝承成立とその歷史的背景」(『土師器と祭祀』雄山閣出版, 1990, 초출 1976); 米澤康 「土師氏の伝承と實態-『日本書紀』の所伝を中心として-」(『日本古代の神話と歷史』吉川弘文館, 1992, 초출 1958)을 참조.
8) 전게 주 5 『續日本紀』5, 보주40-36, 452페이지 참조.

枝氏가 아니고 백제왕계와의 관련을 어떻게 증명할 수 있는가에 달려 있다. 그 때문에 백제왕씨의 존재는 <사료 1>에서 「朕之外戚」라고 말해지는 것에까지 이르고 있다.

皇太后新笠의 먼 父系에 대해서는 다음의 『일본서기』의 사료가 있다.

　<사료 3> 『日本書紀』武烈7年(505)夏4月條
　　百濟王遣斯我君進調. 別表曰, 前進調使麻那者, 非百濟國主之骨族也. 故謹遣斯我, 奉事於朝. 遂有子, 曰法師君. 是倭君之先也.

여기의 「倭君」은 和氏의 조상이라고 말해진다.[9] 「故謹遣斯我, 奉事於朝. 遂有子, 曰法師君. 是倭君之先也.」로 부터는 황태후 新笠의 먼 계보를 알 수가 있다.

그 계보에 근거하여 계도를 만들면 다음과 같다.

<계도 2>는 황태후 新笠의 가계가 백제왕계와 시대는 멀지만 혈연관계에 있는 일, 그리고 그러기 때문에 백제왕씨와 황태후 新笠의 관계도 백제왕계 씨족으로서 여겨지는 여지가 생기는 것을 증명하고 있다. 이것은 제1부의 부론에서 논한 大原博士와 백제왕씨의 관계와 비교하여 보면 흥미롭다.

즉 지통8年(694)의 금석문 사료「甲午年銘法隆寺金銅觀音造像記銅版」에서는 구 백제계씨족이었던 大原博士가 신흥백제계씨족으로서의 백제왕씨의 계보를 보증했다고 이해했다. 그에 비하여 환무조의 백제왕씨는 오히려 구 백제씨족의 계보를 보증하는 입장에 선 존재로 보인다.

和史氏의 출신에 대해서는 『속일본기』연력2년(783)4월 병인(20일)조에 「左京人外從五位下和史國守等卅五人賜姓朝臣」라는 기사가 있는데 그 和朝臣氏는 『신찬성씨록』左京諸蕃下條에 의하면 「和朝臣出自百濟國都慕王十八世孫武寧王也」라고 하여 백제왕계와 관계 깊은 씨족인 것이 확인된다.[10]

---

9) 日本古典文學大系『日本書紀』下(岩波書店, 1965)16페이지와 두주10 참조.

〈계도 2〉 황태후 新笠과 백제왕계와의 관계[11]

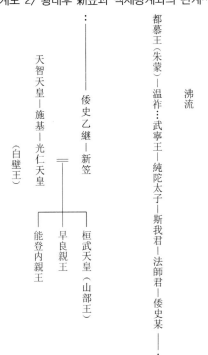

　그런데 다나카(田中史生)씨에 의하면 和史氏가 제사하는 신에는 東漢氏
와의 관계를 연상시키는 것이 많고 和史氏가 東漢氏系의 도래씨족일 가능
성은 매우 높다고 하고, 즉 和史氏는 제사를 통하여 다른 東漢氏系의 도래
계 씨족과 연결되어 있었다고 하는 것이다.

　또 다나카(田中)씨에 따르면 백제왕씨가 「朕之外戚」이라고 하여 환무천

10) 平野邦雄「今來漢人」(『大化前代社會組織の研究』吉川弘文館, 1969), 244~249페이지
　　에서 씨는 和氏는 나중에 계보를 가탁한 신분이 낮은 도래계씨족이라고 한다. 또한
　　林陸朗씨는 전게 주 6논문(106페이지)에서 정창원의 사경소 관계문서에 和氏가 많
　　이 보이는 것으로 보아 헤이죠경의 중하급관인을 배출하는 씨족이 아니었을까 생
　　각한다.
11) 段熙麟『日本史に生きた渡來人たち』(松籟社, 1986), 52페이지 참조.

황의 외척으로서의 지위를 주어진 것은 「和氏譜」에 의해 환무천황의 어머니계 씨족인 和氏가 백제왕족과 관련된다는 계보를 백제왕씨에게 승인받기 위한 것이었다고 한다.[12] 환무천황의 어머니가 和氏로 부터 나오는 것에 의해 자연스럽게 환무천황과 백제왕씨와의 연결이 생겼다고 하는 것이다. 그리고 이렇게 2단계에 걸쳐 환무천황과 백제왕씨의 관계가 만들어진 배경에는 和氏의 신분이 낮았다고 하는 이유가 있었다고 하는 것이다.

위의 다나카씨의 견해에서 和氏가 東漢氏와 관계가 깊은 씨족이었다고 하는 것은 이미 선학의 지적도 있어[13] 별다른 문제는 없다고 생각하지만, 후반부의 주장에 관해서는 필자는 오히려 백제왕씨가 담당한 씨족적 역할에 주목할 필요가 있다고 생각한다. 이미 백제왕씨의 역할은 和氏의 후견역이었다고 생각된다.

백제왕씨의 존재는 「和氏譜」라는 계보상의 문제만이 아니라 실제로 후견인역으로서의 역할을 담당하고 있었다고 생각한다. 백제왕씨의 후견의 내용은 新笠의 가족이 백제왕실과의 관련을 가지고 있었다는 내용 증명이상도 아하도 아닌 것이다. 和氏든 大枝氏든 개사성 자체가 중요한 것이 아니라 백제왕씨와의 관련이 중요한 것이다. 그렇다고 한다면 和氣淸麻呂가 작성했다고 말해지는 「和氏譜」의 내용도 백제왕실과의 관련을 증명하는 것이었을 가능성이 크다.

요컨대 백제왕씨는 구 백제계씨족에 대하여 그들의 후견역으로서 존재했다고 생각된다. 이러한 관점은 제2부 제1장 제2절과 제3절에서 서술한 것처럼 백제왕씨의 주위에는 구 백제계 씨족의 사람들이 많이 모여 있었다고 하는 사실에서도 추측할 수가 있다.

---

12) 『日本後紀』延暦18年(799)2月21日條의 和氣淸麻呂薨伝에 「奉中宮敎、撰和氏譜奏之、帝甚善之」라고 한다. 田中史生, 전게 주 2논문, 81~85페이지 참조.
13) 平野邦雄, 전게 주11논문, 246~247페이지; 林陸朗, 전게 주 6논문, 10~112페이지; 義江明子「平野社の成立と変質」(『日本古代の氏の構造』 1986, 초출 1984), 189~193페이지 참조.

그러한 관점에서 보면 다음의 津連眞道가 菅野朝臣으로 개성할 때에 百濟王仁貞·元信·忠信이라는 세 사람의 백제왕씨가 이름을 나란히 하고 있는 기사는 대단히 흥미 깊다.

<사료 4> 『續日本紀』延曆9年(790)7月辛巳(17日)條

左中弁正五位上兼木工頭百濟王仁貞, 治部少輔從五位下百濟王元信, 中衛少將從五位下百濟王忠信, 図書頭從五位上兼東宮學士左兵衛佐伊予守津連眞道等上表言, 眞道等本系, 出自百濟國貴須王. 貴須王者, 百濟始興第十六世王也. 夫, 百濟太祖都慕大王者, 日神降靈, 奄扶余而開國, 天帝授籙, 惣諸韓而称王. 降及近肖古王, 遙慕 聖化, 始聘貴國. 是則, 神功皇后攝政之年也. 其後, 輕嶋豊明朝御宇應神天皇, 命上毛野氏遠祖荒田別, 使於百濟, 搜聘有識者. 國主貴須王, 恭奉使旨, 擇探宗族, 遣其孫辰孫王〈一名智宗王〉隨使入朝. 天皇嘉焉, 特加寵命, 以爲皇太子之師矣. 於是, 始伝書籍, 大闡儒風. 文敎之興, 誠在於此. 難波高津朝御宇仁德天皇, 以辰孫王長子太阿郎王爲近侍. 太阿郎王子亥陽君. 亥陽君子午定君. 午定君, 生三男. 長子味沙, 仲子辰爾, 季子麻呂. 從此而別, 始爲三姓. 各因所職, 以命氏焉. 葛井·船·津連等卽是也. 逮于他田朝御宇敏達天皇御世, 高麗國, 遣使上鳥羽之表. 群臣·諸史, 莫之能讀. 而辰爾進取其表, 能讀巧寫, 詳奏表文. 天皇嘉其篤學, 深加賞歎. 詔曰, 勤乎懿哉. 汝, 若不愛學, 誰能解讀. 宜從今始近侍殿中. 旣而, 又詔東西諸史曰, 汝等雖衆, 不及辰爾. 斯並國史·家牒, 詳載其事矣. 伏惟, 皇朝, 則天布化, 稽古垂風. 弘澤浹乎群方, 叡政覃於品彙. 故能修廢継絶, 万姓仰而賴慶, 正名弁物, 四海歸而得宜. 凡有懷生, 莫不抃躍. 眞道等先祖, 委質聖朝, 年代深遠, 家伝文雅之業, 族掌西庠之職. 眞道等, 生逢昌運, 預沐天恩. 伏望, 改換連姓. 蒙賜朝臣.

③ 於是, 勅, 因居賜姓菅野朝臣.

이 사료를 내용에 따라 세부분으로 나누면 ①에서는 백제왕씨인 仁貞[14]·元信·忠信[15]이 사성을 바라는 본인 津連眞道과 함께 환무천황에게

---

14) 『續日本紀』宝龜8年10月에 衛門員外佐가 되고 그 후는 近衛員外少將·播磨介·備前

표를 올리고 있다. 이것이 무엇을 의미하고 있는가에 대해서는 뒤에서 상론하기로 한다. ②에서는 津連眞道가 왜 「改換連姓. 蒙賜朝臣」인가에 대해서 상세하게 설명하고 있다.

새로운 성을 받기 위해 두 왕가의 역사에 대해 말하고 있다. 우선 백제왕가에 대해서는 太祖都慕大王·近肖古王·貴須王·辰孫王을, 다음의 왜의 왕가에 대해서는 神功皇后·應神·仁德·敏達大王을 제시하고 그 사이의 왜국과 백제의 양국 간에 여러 가지 사건을 들어 사성의 필연성을 강조하고 있다. 백제에서 도래한 자로서 장기에 이르러 왜국에 대해 많은 공이 있고 이 사실이 개성의 충분한 이유가 된다고 하는 것일 것이다.

이에 더하여 백제왕가와의 관계를 재삼 강조하는 것은 백제왕씨가 津連眞道의 개성의 후견이 되는 것을 기대하는 의도가 숨겨져 있었던 것은 아닐까. 그리고 ③은 津連眞道가 菅野朝臣으로 사성된 결과를 보여주고 있다.

위 기사는 백제왕씨 이외의 백제계씨족과 백제왕씨와의 관계를 반영하고 있다는 점에서 주목된다. 즉 백제왕씨가 지통조에 새롭게 등장한 신흥백제계씨족이라는 소극적인 자세로부터 나라시대의 律令官人化의 길을 통하여 7세기 후반 백제왕씨와 도래시기를 같이 하는 백제계유민은 물론, 그 이전에 도래하고 있었던 구 백제계씨족들과의 관계를 깊게 하고 있었던 일, 그리고 환무조에는 자신들의 처지를 구 백제계씨족의 후견자로서까지 성장하고 있다고 볼 수 있다.

그런 이유야말로 환무천황이 백제왕씨를 「짐의 외척」이라고 하여 받아들이는 것이 가능했던 것이다. 다시 말하자면 백제계씨족 속에서 백제왕씨가 대표성을 가지게 된 것에 의해 구 백제계씨족의 후예이고 황태후 新笠의 후견역으로서의 백제왕씨를 「짐의 외척」이라고 해도 특별한 문제는 없었던 것이 아닐까.

守·中宮亮 등을 거처 延曆10年7月에 左中弁從四位下로 사망한다.
15) 『續日本紀』延曆6年10月己亥條에 百濟王元信·忠信 등에 叙位를 행하였다.

이전에 리코(利光三津夫)씨는 위 기사에 대해 백제왕세력이 개재하여 백제계의 사람들을 비호하는 것에 의해서 비로서 양 씨족의 계보는 정당화되고 권위를 가지게 되었다고 보고 환무조에는 백제왕씨는 율령관인 중에서도 상당한 실력을 가지고 있던 구 백제계씨족들도 그 영향하에 포섭하고 있었다고 하는 것은 의심할 바가 없다고 하면서 또 그것은 이 씨족이 율령기구 내부에 있는 백제계의 중견 관료층을 강하게 장악할 수가 있는 위치에 있었던 것을 의미한다고 했다.[16]

그렇지만 이러한 적극적인 입장에서 위의 기사를 해석할 수가 있는 반면에 <史料 4>②에 있는 「眞道等本系出自百濟國貴須王」의 「等」에 주목하여 상표의 현실적인 대표자는 백제왕씨라고 하기 보다는 津眞道이라고 하는 해석도 있다.[17] 그러나 지금까지 보아 온 것처럼 이 시기에서의 구 백제씨족에 대한 백제왕씨의 우위성에 주목하면 津連眞道가 자신의 공적을 늘어논 후 자신의 새로운 성을 말하기 보다는 복수의 백제왕씨들이 津眞道를 보증해 주는 쪽이 보다 개사성에 효과가 있다고 생각하고 있었던 것을 알 수 있고 나아가 그 복수의 백제왕씨들 중에는 <사료 1>의 동년 2월의 「朕之外戚」발언에서 등용한 百濟王仁貞이 모두에 있는 일로부터 津連眞道은 仁貞을 필두로 하는 백제왕씨 세력을 배경으로 하여 菅野朝臣에의 개사성을 기대하고 있었다고 하는 쪽이 보다 설득력을 가진다고 생각한다.

---

16) 利光三津夫·上野利三「律令制下の百濟王氏」(上野理三『前近代日本の法と政治－邪馬台國及び律令制の研究－』北樹出版, 2002, 초출은 1987), 441~471페이지 참조.

17) 전게 주 5『續日本紀』5, 469페이지, 주13; 關晃『歸化人』(至文堂, 1956), 177~178페이지(→동『著作集第3卷 古代の歸化人』吉川弘文館, 1996에 재록)에서는 「백제왕씨의 지원을 얻어 개성을 신청했다」고 하며, 佐藤宗諄「菅野氏の系譜－平安初期における改賜姓の一事例－」(『奈良女子大學文學部研究年報』30, 1986), 24~25페이지에서는 「지연관계 때문인지 혹은 별격의 씨족인 백제왕씨의 정치적 지위가 필요한 것인지는 확실히 알 수는 없지만 어찌 되었든 백제왕씨와 함께 개사성을 요구한 이상 백제왕씨와 津連氏가 같은 조상인 것을 주장한 것이라고 밖에 볼 수 없고 이것이 오히려 津連의 조상이 백제태조 都慕에 까지 연결되는 결과가 되었다」고 한다.

한 씨족에게 있어 개사성은 씨족의 명운을 건 대사업일 수 있다. 이러한 대사업에 아무런 도움이 안되는 씨족을 전면에 내세울 이유는 없을 것이다. 또 나라시대에 걸쳐 율령 관인화의 길을 걸으면서도 결국은 일본율령국가의 또 다른 특징인 씨족제의 유제 즉 씨성체제와는 별격의 존재였던 백제왕씨의 씨족적 입장을 다시 생각해보면 津眞道같은 구 백제계씨족의 일원이 굳이 백제왕씨를 자신의 이름 앞에 내세우고 있는 것은 그 나름의 이득이 있었기 때문이라고 보는 쪽이 보다 설득력이 있는 것은 아닐까.

연력9년(790)은 환무 초기의 왕권이 불안정한 시기가 끝나고 백제왕씨 일족을 포함한 도래계 씨족에 대한 확고한 입장이 정립된 시기이다. 한편으로 이 시기는 환무천황의 전제군주로서의 융성기를 맞는 시기이기도 했다. 또 이 시기는 백제왕씨가 성립하고 나서 약 1세기가 경과한 때인데[18] 백제왕씨＝백제왕이라는 의식이 계속해서 존재하고 있었던 것이 두가지 관점에서 지적할 수 있다.

우선 첫 번째로 일본율령국가의 입장에서 보면 백제왕씨＝백제왕이라는 도식은 율령국가로서의 이념 「소제국일본」의 실현에 부합하고 있고,[19] 현실로는 「소제국」같은 이념과는 갭이 있었던 「번국신라」와의 관계를[20] 실제로 상징하는 역할을 백제왕씨가 담당한 것이다. 일찌기 신라와 대등한 관계였던 백제의 王을 천황 밑에 둔다고 하는 일은 현실적으로는 백제왕씨의 율령 관인화라는 형태로 나타나고 있었고 그 모습은 변함없이 환무조에도 계승되고 있었던 것이다.

---

18) 제1부 제3장 제2절에서 持統3年(691)은 백제왕씨의 시작이 될 만한 중요한 시기였다는 것을 언급했다.

19) 『令集解』公式令 1 調書式條에 의해 당은 인국, 신라는 번국인 것이 나라시대 이후 율령국가의 대외관이라고 말해진다.

20) 仁藤敦史「七世紀後半の戰亂と古代國家－白村江の戰いと壬申の亂－」(國立歷史博物館 監修『人類にとって戰いとは 1 戰いの進化と國家の生成』東洋書林, 1999), 240 페이지 참조.

두 번째로 백제왕씨가 갖고 있는 자의식에 주목해 보고자 한다. 백제의 멸망과 함께 왜국에 망명한 백제유민은[21] 백제왕 풍장의 동생 선광을 중심으로 하여 지통조에는 백제왕씨가 왜의 질서에 편입되지 않을 수가 없게 되었다. 그러나 백제왕씨는 스스로를 백제 멸망 이전의 백제왕과 똑같은 존재로서 생각하고 있었고 또 그것이 나라조를 통하여 그 후 환무조에 들어서도 구 백제계 사람들의 후견역으로서 활동하는 근거가 되었던 것이다.

다음으로 和朝臣家麻呂의 홍전에 대해 살펴보자.

<史料 5> 『日本後紀』延曆23年(804)4月辛未(27日)條

中納言從三位和朝臣家麻呂薨. 詔贈從二位大納言. 家麻呂. 贈正一位高野朝臣弟嗣之孫也. 其先百濟國人也.

爲人木訥. 無材學. 以帝外戚. 特被擢進. 蕃人入相府. 自此始焉. 可謂人位有余. 天爵不足. 其雖居貴賤. 逢故人者. 不嫌其賤. 握手相語. 見者感焉. 時年七十一.

①은 그의 출신 배경이 백제라는 것을 나타내고 있다. ②에서는 그의 재직 중의 평가와 그 성정에 대해 언급하고 있다. 후자는 「爲人木訥, 無材學」하는 사람이 「以帝外戚, 特被擢進」이라고 하여 능력도 없는 인간이 천황의 외척이라는 이유 한가지만으로 의정관(議政官)이라는 중요 포스트까지 승진했다는 사실을 비판적으로 평가하고 있다. 또 「蕃人入相府. 自此始焉」라는 부분에서는 도래계 씨족의 의정관 승진에 대해 서술하고 있다. 이처럼 도래계 씨족의 약진은 도래계 씨족 출신자를 어머니로 하는 환무천황의 치세를 기다리지 않으면 안 되었다.[22]

---

21) 坂元義種「渡來人の氏族」(『古代の日本11ウヂとイエ』中央公論社, 1987), 336페이지에 의하면 백제 위계 16등 중의 제2위인 달솔 이상의 백제 귀족만으로도 60인 이상이 일본으로 도래했다고 한다. 『日本書紀』天智10年(671)正月是月條 참조.

22) 坂元義種, 전게 주21논문, 347~348페이지 참조.

다음 사료는 藤原朝臣繼繩의 홍전이지만 繼繩는 백제왕씨 출신의 여성 중에서 환무천황으로부터 총애를 많이 받은 사람의 하나인 백제왕 명신의 남편이다.

<史料 6> 『日本後紀』延曆15年(796)7月乙巳(16日)條
右大臣正二位兼行皇太子傳中衛大將藤原朝臣繼繩薨. (略) 薨時年七十.
繼繩歷文武之任. 居端右之重. 時在曹司. 時就朝位. 謙恭自守. 政迹不聞.
雖無材識. 得免世譏也.

이 사료에서는 직접적으로 백제왕씨와의 관계가 나와 있는 셈은 아니지만 繼繩도 앞의 和朝臣家麻呂의 경우와 같은 평가를 받고 있는 것은 주목할 만하다. 즉, 여러가지로 능력이 부적하였음에도 불구하고 「右大臣正二位兼行皇太子傳中衛大將」이라는 고위·고관까지 오른 것은 나아가 「雖無材識」이라는 능력의 없음에 비해 대우를 받은 일 등은 환무조에서의 백제왕 명신과의 관계를 생각하지 않고는 이해할 수 없는 일이 아닐까.

이상과 같이 백제왕씨는 환무천황과의 외척관계 하에서 직접적인 혈연관계를 가지 않는 경우에도 그 영향을 펼 수가 있었던 것이다. 또한 그것은 백제왕씨가 백제도래씨족의 대표자였기 때문에야 말로 가능한 일이었다는 것을 보여주고 있다. 또한 이 사실은 백제왕씨가 구 백제계 씨족의 후견역이었던 것을 다시 한 번 보여주는 것이라고 할 수 있다.

제2절 환무천황과 가타노(交野) 행행

다음으로 환무천황이 나라조 이후 백제왕씨의 집주지이고 본거지였던 가타노(交野)에 빈번히 행행(行幸)했던 것에 대해 논한다. 중국적 율령국가체

제의 확립과 절대적인 천황관에 집착하는 환무천황이었기에 말로 행행이
많았을지도 모르지만[23) 그 대부분이 河內國 交野郡 백제사의 근방이었다
고 하는 사실에 주목하면 지금까지와는 전혀 다른 관점으로부터 백제왕씨
와 환무천황과의 관계에 대해 접근할 수가 있는 것은 아닌가 하고 생각한
다. 그래서 환무천황의 가타노 행행을 백제사·유럽·백제악·천신제사 등을
키워드로 해서 각각 그 의미에 대해 검토하기로 한다.

1) 백제사

여기서는 환무천황 때의 가타노 지역에의 행행의 중심지였던 백제사에
대해 언급해 보자. 우선 천지3(664)년에 백제왕 선광을 셋쓰(攝津)에 둔 사
정에 대해서는 제1부 제3장에서 확인한 대로이지만 그 후 백제왕 경복 때
에 백제왕씨의 주력이 셋쓰로부터 가와치로 이동하고 곧 백제사가 창건되
었던 것은 아닌가 하는 견해가 이전부터 今井啓一씨에 의해 나오고 있었
다.[24) 그런데 백제사 창건에 관해서는 奧田尙씨에 의한 백제왕 경복과의
관련에 대해 의문을 가지는 견해가 있다. 씨에 의하면 연력2년 (783) 6월
을묘조의 '寺院限定政策'[25)으로부터 백제사는 제외되었고 그것에 의해 백
제사는 관사적 위치를 획득했는데 이것은 백제왕 명신의 노력에 의한 것으
로 백제사의 씨족적인 성격을 나타내는 것이라고 할 수 있다. 백제왕 경복
의 홍전에 의하면 경복은 과연 가와치 장관(河內守)에 임명된 적이 있지만
그 기간이 짧았던 점, 그리고 백제사가 그 기록에 전혀 나오고 있지 않은

23) 仁藤敦史「古代王權と行幸」(黛弘道編『古代王權と祭儀』吉川弘文館, 1990); 同「古代の
  行幸についての補論」(『古代史研究』9, 1990); 同『古代王權と都城』(吉川弘文館, 1998)
  의 종장「古代國家における都城と行幸 -「動く王」から「動かない王」への本質 -」을
  참조.
24) 今井啓一『百濟王敬福』(綜芸舍, 1965), 52~56페이지 참조.
25) 『續日本紀』延曆2年(783)6月乙卯條 참조.

점 등이 지적될 수 있다고 한다.

즉 백제왕 경복은 백제사 창설에 무언가의 형태로 관여는 하고 있지만 백제사는 경복의 생존 중에는 완성을 보지 못하고 결국에는 환무의 치세 즉 백제왕 명신의 단계가 되어 완성한 것이 아닌가 하는 것이다.26) 또 씨에 의하면 『百濟王靈祀廟由緒』라는 기록27)에 근거하여 백제왕 남전과의 관련을 구하는 일도 가능하다고 한다.

필자는 경복과 명신과의 역할을 모두 인정하는 입장에서 今井說처럼 交野에의 이주와 백제사의 창건은 백제왕 경복과 관련하는 쪽이 보다 설득력이 있다고 생각한다. 그 후의 百濟寺의 보수와 정비에 대해서 라면 백제왕 명신 때에 행해졌다고 보아도 관계없을 것이다.28) 이처럼 나라시대 중반에 백제왕 경복에 의해 셋쓰국 나니와에서 가와치국 가타노군에의 백제왕씨의 이주가 행해지고 거기에 백제왕씨를 외척으로 하는 환무천황이 빈번하게 출입했다고 이해할 수 있는 것이다.

위와 같은 가타노에서의 백제왕의 기사를 포함하여 다음의 연력2년 환무천황의 가타노 행행 때의 백제사에 대한 기술을 보기로 한다.

<史料 7> 『續日本紀』延曆2年(783)10月庚申(16日)條
詔, 免当郡今年田租. 國郡司及行宮側近高年, 并諸司陪從者, 賜物各有差. 又百濟王等供奉行在所者一兩人, 進階加爵. 施百濟寺近江播磨二國正

---

26) 『枚方市史』第2卷(枚方市, 1972), 192~197페이지 참조.

27) 「百濟王靈祀廟由緒」는 백제왕신사에 전해 오는 기록인데 연기문의 文安3년은 1446년에 해당하고 무로마치시대 중엽의 기록이다. 현재는 枚方의 백제왕신사에 전한다. 山野滿喜夫「百濟王神社－創立沿革と本殿·拜殿についての考察－」(『百濟王神社と特別史跡百濟寺跡』百濟王神社, 1975, 112페이지 참조. 『百濟王靈祀廟由緒』「天平九年三月王前典從三位. 念有病同年九月薨帝愍之. 勅建立百濟王祀廟並百濟仏刹於中宮. 百濟各士靈安置於茲.」참조.

28) 大坪秀敏「聖武朝の交野移住に關する一考察－百濟王氏を中心として－」(『龍谷史壇』96, 1990)참조.

税各五千束. 授正五位上百濟王利善從四位下, 從五位上百濟王武鏡正五位
下, 從五位下百濟王元德·百濟王玄鏡並從五位上, 從四位上百濟王明信正
四位下, 正六位上百濟王眞善從五位下.

이 사료는 환무의 가타노에 있는 백제사 행행에서 그 공을 치하하여 가
타노군의 국·군사와 제사의 배종·백제사·백제왕 들에게 은상을 하사하고
있는 것이 보인다. 나아가 이 사료에 의하면 백제사 한 곳에 오미(近江)국
과 하리마(播磨)국의 정세 오천 속씩 합께 1만속이 포함되어 있고 이러한
대량의 施入을 백제사의 완성과 관계시키는 의견(奧田尙)이 있지만 그렇지
는 아닐 것이다.

앞에서도 본 바와 같이 이미 완성되어 있던 백제사에 백제왕들과의 친근
감을 겉으로 나타내고 있던 환무천황이 빈번히 행행을 하고 그에 대한 보
상으로 대량의 시입(施入)을 했다고 생각하는 쪽이 좋겠다.[29] 그 문제보다
는 왜 오미와 하리마의 정세인가에 대해 주목하고자 한다.

大津透씨는 오미의 개발에서 백제계 유민을 포함한 도래인들이 많이 존
재하는 것을 지적했는데[30] 정말로 그 영향이 위의 <사료 7>처럼 오미의 정
세가 백제사에 시입되는 결과가 되었던 것이 아닐까.[31] 한편 환무천황 때
의 2대 사업의 하나였던 조도(造都) 사업과 관련하여 이해하는 견해가 있
다.[32]

---

29) 또한 많은 백제왕들(利善·武鏡·元德·玄鏡·明信·眞德)에의 서위 기사가 나오는 것
   은 백제사의 완성에 동반하는 논공행상이 아니었던가 생각된다. 瀨川芳則「百濟王
   氏の氏神と氏寺」(전게 주27『百濟王神社と特別史跡百濟寺跡』), 19~20페이지 참조.
30) 大津透「近江と古代國家─近江との開發をめぐって─」(『律令國家支配構造の硏究』岩
   波書店, 1993, 초출은 1987), 97페이지의 <표 6> 참조.
31) 전게 주 5『續日本紀』5, 보주37─35 참조.
32) 林陸朗「長岡·平安京と郊祀円丘」(『古代文化』26, 1974)에서는 특히 長岡京과의 고나
   련이 지적된다. 大坪秀敏, 전게 주 2논문도 참조. 그 외에도 直木孝次郎·中尾芳治
   編『シンポジウム古代の難波と難波宮』(學生社, 2003)에서 大坪씨는 國忌·宣命·齊
   會·難波宮·難波津의 다섯 개를 들어 천지계와 천무계의 의식의 차에 대해 언급하

특히 <사료 7>은 장강경에의 천도의 시기와 겹치고 있는 것으로 보아 백제왕씨의 협력을 얻는 것을 기대한 결과라고 하는 견해는 설득력이 있다고 할 수 있다.

다음으로는 환무천황이 가타노에 약 20회에 걸쳐 행행하고 있는 사실에 주목하고 가타노에서의 백제왕씨와 환무천황과의 관계에 대해 살펴보기로 하자.

1 ① 『續日本紀』延曆2年(783)10月戊午(14日)條
   行幸交野, 放鷹遊獦.
   ② 『續日本紀』延曆2年(783)10月庚申(16日)條
   → <사료 7>

2 『續日本紀』延曆4年(785)11月壬寅(10日)條
   祀天神於交野柏原. 賽宿禱也.

3 ① 『續日本紀』延曆6年(787)10月丙申(17日)條
   天皇, 行幸交野, 放鷹遊獦. 以大納言從二位藤原朝臣繼繩別業爲行宮矣.
   ② 『續日本紀』延曆6年(787)10月己亥(20日)條
   主人率百濟王等奏種種之樂. 授從五位上百濟王玄鏡·藤原朝臣乙叡並正五位下, 正六位上百濟王元眞·善貞·忠信並從五位下, 正五位下藤原朝臣明子正五位上, 從五位下藤原朝臣家野從五位上, 无位百濟王明本從五位下. 是日, 還宮.

4 『續日本紀』延曆6年(787)11月甲寅(5日)條
   祀天神於交野. 其祭文曰, 維延曆六年歲次丁卯十一月庚戌朔甲寅, 嗣天子臣, 謹遣從二位行大納言兼民部卿造東大寺司長官藤原朝臣繼繩, 敢昭告于昊天上帝. 臣, 恭膺眷命, 嗣守鴻基. 幸賴穹蒼降祚, 覆燾騰徵, 四海晏然, 万姓康樂. 方今, 大明南至, 長晷初昇. 敬采燔祀之義, 祇修報德之典. 謹以玉帛·犧齊·粢盛庶品, 備茲禋燎, 祇薦潔誠. 高紹天皇配神作主, 尚饗. 又曰, 維延曆六年歲次丁卯十一月庚戌朔甲寅,

---

고 환무천황의 장강경에의 천도의 중요한 이유는 천무계로부터 천지계로의 황통의 교체의식을 들었다.(300페이지 참조).

孝子皇帝臣諱, 謹遣從二位行大納言兼民部卿造東大寺司長官藤原朝臣
繼繩, 敢昭告于高紹天皇. 臣以庸虛, 忝承天序. 上玄錫祉, 率土宅心.
方今, 履長伊始, 肅事郊禋, 用致燔祀于昊天上帝. 高紹天皇, 慶流長
發, 德冠思文. 對越昭升, 永言配命. 謹以制幣·犧齊·粢盛庶品, 式陳明
薦. 侑神作主, 尙饗.

5 ① 『續日本紀』延曆10年(791)冬10月丁酉(10日)條
　　行幸交野, 放鷹遊獵. 乃以右大臣別業爲行宮.
　　② 『續日本紀』延曆10年(791)10月己亥(12日)條
　　右大臣率百濟王等, 奏百濟樂. 授正五位下藤原朝臣乙叡從四位下, 從
　　五位下百濟王玄風·百濟王善貞並從五位上, 從五位下藤原朝臣淨子正
　　五位下, 正六位上百濟王貞孫從五位下.

6 『類聚國史』32天皇遊獵延曆11年(792)9月庚辰(28日)條
　　遊獵於交野.

7 『類聚國史』78獻物延曆12年(793)2月丁丑(28日)條
　　右大臣從二位藤原朝臣繼繩奉獻, 宴飮奏樂.

8 『類聚國史』32天皇遊獵延曆12年(793)11月乙酉(10日)條
　　遊獵於交野, 右大臣從二位藤原朝臣繼繩獻揩衣, 給五位已上及命婦·
　　采女等.

9 『類聚國史』78獻物延曆13年(794)正月甲午(20日)條
　　右大臣從二位藤原朝臣繼繩奉獻, 奏樂, 賜五位已上衣被.

10 『類聚國史』32天皇遊獵延曆13年(794)9月壬辰(22日)條
　　遊獵于交野.

11 『類聚國史』32天皇遊獵延曆13年(794)10月壬子(13日)條
　　遊獵於交野, 賜百濟王等物.

12 『類聚國史』32天皇遊獵延曆14年(795)3月甲午(27日)條
　　遊獵于交野.

13 『日本紀略』延曆14年(795)10月乙卯(16日)條
　　幸交野, 以右大臣藤原繼繩別業爲行宮.

14 『日本紀略』延曆16年(797)10月庚申(8日)條
　　有啄木鳥, 入前殿, 明日車駕將幸交野, 緣斯而止.

15 『日本後紀』延曆18年(799)2月壬午(8日)條

幸交野.

16 『日本後紀』延曆18年(799)10月乙卯(9日)條
遊獵交野.

17 『類聚國史』32天皇遊宴·78獻物延曆19年(800)正月癸卯(4日)條
中衛大將軍四位下藤原朝臣乙叡奉獻.

18 『日本紀略』延曆19年(800)10月壬午(17日)條
幸交野.

19 『日本紀略』延曆21年(802)10月壬辰(9日)條(→15日 歸京)
幸交野.

위의 가사를 몇개의 범주로 나누어 분류하면 1①·3①·5①·6·8·10·11·
12·13カ33)·15カ·16·18カ·19カ의 유렵 기사34)와 1②·3②·5②·7·9·13カ·
15カ·17·18カ·19カ의 백제악 기사,35) 그리고 2·4·8カ의 천신제사 기
사36)으로 나뉜다. 14는 중지이기 때문에 결국 18회에 걸쳐 가타노 행행기
사로서 들어지고 유렵 기사와 (백제)악의 기사가 세트로 되어 있는 것을 알

---

33) 이하「カ」표시가 붙어 있는 것은 사료가 너무 짧아 확정하는 데까지는 어렵다고 하
더라도 그 가능성을 인정한다는 의미로 사용한다.

34) 『類聚國史』卷32, 天皇遊獵條에 의하면 환무 128회, 평성 10회, 차아 71회, 순화 15
회, 인명 15회 등으로 환무조의 경우가 압도적으로 많다. 林陸朗「桓武天皇と遊獵」
(『栃木史學』創刊号, 1978→同『桓武朝論』雄山閣出版, 1994 재록); 目崎德衛「平安時
代初期における奉獻」(『平安文化史論』櫻楓社, 1968), 전게 주 5『續日本紀』5, 보주33
-34 참조. 그리고 유렵지에 대해서는 新古典文學大系『續日本紀』4(岩波書店, 1995)
보주31-42 참조.

35) 백제악의 기사는 성무천황과 환무천황의 難波·交野에의 행행 때의 2회씩을 포함하
여 이하의 기사처럼 6회 기사가 있다. 大坪秀敏, 전게 주 2논문 참조. 天平12年2月
19日(難波宮 행행, 慈敬·全福)·天平16年2月29日(難波 행행, 女天·慈敬·孝忠·全福)·
神護元年10月30日(河內 행행), 延曆6年10月20日(河內交野 행행, 玄鏡·眞貞·忠信)·延
曆10年10月12日(河內交野 행행, 玄風·善貞·貞孫)·天長10年4月1日(宮中) 참조.

36) 2, 4의 기사 이외에도 『日本文德天皇實錄』齊衡3年(856)11月辛酉(22日)條의 기사가
천신에게 재사 지내는 최후의 기사라고 말해진다. 8カ는 사료상에서는 천신제사의
내용은 보이지 않지만 8의 시기인 11월10일은 2(11月10日)·4(11月5日)의 시기와
거의 대응하기에 가능성은 상당히 높다고 할 수 있다.

수 있다.

즉, 가타노에서의 매사냥 후에는 백제왕씨의 중심지인 백제사와 백제왕씨와 관계가 깊은 藤原継縄의 별장에 가서 밤에는 연회가 펼쳐졌는데, 그때마다 백제왕씨에 의한 백제악이 공연되었던 것이다. 환무천황은 백제왕씨의 수고를 위로하고 그 보상으로 백제왕씨에게는 서위를 백제사에 재물을 바치는 행위(施入)를 하고 있는 것이다.

이상의 내용을 바탕으로, 다음에서는 유렵·백제악과 천신 제사로 나누어 검토하기로 한다.

2) 유렵과 백제악

우선 환무천황기의 유렵은 매(鷹)를 사용한 매사냥(放鷹)이 많았던 점이 특징이다. 아키요시(秋吉正博)씨에 따르면 매사냥(放鷹, 鷹狩)이란 매를 잘 조련하여 조류와 작은 짐승을 잡는 수렵 기술의 한 종류이고 일본역사 상의 매사냥은 고대 야마토정권·율령국가뿐만 아니라 중세와 근세 때의 무가 정권기의 정치권력과 밀접하게 관계하고 있다고 한다.[37]

일본사상에서 매사냥은 백제왕족 酒君에 의해 전래되었다고 하는 기사가 그 시작이다. 백제 酒君이 처음 사료 상에 출현하는 것은 『일본서기』인덕조의 기사[38]인데, 그 내용은 「백제왕족 酒君이 야마토왕권의 사자인 紀角宿称에 대하여 무례한 행동을 하자, 왜의 사자는 백제왕에게 그 사정을 말하고 항의했기 때문에 백제왕은 酒君을 구속하여 왜에 보냈다. 그런데 酒君은 石川錦織首許呂斯의 집에 도망을 가서는 야마토의 왕이 자신의 죄를 용서해 주었다고 거짓을 고하였다. 뒤에 야마토왕은 酒君의 죄를 사면해

---

37) 秋吉正博『日本古代養鷹の研究』(思文閣出版, 2004), 7페이지; 中澤克昭「狩獵と王權」 (岩波講座『天皇と王權を考える第 3卷生產と流通』岩波書店, 2002)도 참조.

38) 『日本書紀』仁德41年 3月條 참조.

주었다」고 한다.

이 기사에서 특기해야 할 점은 야마토의 왕에게 죄를 추궁당한 酒君이 도망친 곳이 石川錦織首許呂斯의 집이었다고 하는 부분이다. 石川錦織首 許呂斯는 酒君보다 먼저 도래한 백제계의 도래씨족이고[39] 酒君과 石川錦 織首許呂斯는 신·구 도래의 차이는 있었더라도 같은 백제계 씨족이라고 하는 강한 연대의식을 공유한다. 그 굳은 연대감이 있었기 때문이야말로 酒 君을 자신의 집에 보호할 수가 있었던 것이다. 그러한 동족의식은 도래계의 사람들에게는 도래 시기의 전후라는 시간적 차에도 불구하고 공유되어 있 었다고 생각된다.[40]

다음의 <사료 8>은 매사냥의 최초 기사이다.

<사료 8> 『日本書紀』인덕조43年9月條
庚子朔, 依網屯倉阿弭古, 捕異鳥, 獻於天皇曰, 臣每張網捕鳥, 未曾得是
鳥之類. 故奇而獻之. 天皇召酒君, 示鳥曰, 是何鳥矣. 酒君對言, 此鳥之類,
多在百濟. 得馴而能從人. 亦捷飛之掠諸鳥. 百濟俗号俱知. 是今時鷹也. 乃
授酒君令養馴. 未幾時而得馴. 酒君則以韋緡著其足, 以小鈴著其尾, 居腕上,
獻于天皇. 是日, 幸百舌野而遊獵. 時雌雉多起. 乃放鷹令捕. 忽獲數十雉.
是月, 甫定鷹甘部. 故時人号其養鷹之處, 曰鷹甘邑也.

백제왕족 酒君의 내일을 둘러싼 우여곡절은 있었지만 매사냥과 매 키우 기를 왜에서 처음으로 전수하고 가르친 인물이 酒君이라고 하는 것을 이 기사는 전하고 있다. 그 결과 드디어 왜에 「鷹甘部」와 「鷹甘邑」이 지정되 어 매사냥이라는 발달된 수렵 기술을 담당하는 전문 집단이 형성되었다. 앞 사료 중의 1①·3①·5①·6·8·10·11·12·13·15·16·18·19 기사는 12(3 月)·15(2月)을 빼고는 매사냥의 시기가 거의 10月 전후에 집중하고 있는 것

---

39) 『日本書紀』雄略2年7月條; 秋吉正博, 전게 주37 저서, 35페이지 참조.
40) 坂元義種, 전게 주21논문 참조.

을 알 수 있다. 10월은 농한기이고 전제군주를 지향하는 환무천황의 민중
지배의 의도를 엿볼 수 있다. 중국적 전제군주를 지향한 환무천황으로서는
매를 이용한 호쾌한 사냥을 통하여 전제군주로서의 풍모를 보이는 한편에
농한기를 선택하는 것에 의해 피지배층에 대한 배려도 인상지울 수가 있었
던 것이다.

한편 가타노에서의 유렵이 행해진 후에는 연회가 펼쳐졌는데 그 장소에
서는 백제악이 연주되고 공연되는 경우가 많았다. 따라서 유렵(1①·3①·5
①·6·8·10·11·12·13·15·16·18·19)과 봉헌(7·9·17)의 사례 중에 많은 경
우에서 백제악이 공연되어졌다고 보아도 좋을 것이다. 백제악의 연주는 가
타노의 백제왕씨들에 의해 행해지고, 최후에는 백제왕씨들에 대한 서위가
행해졌다.

즉, 「유렵」·「백제악」·「백제왕씨 서위」라는 세가지 행위가 하나의 세트
가 되어 반복되어 실현되었다는 점에 환무천황기의 가타노 행행의 특징을
지적할 수가 있다.

그럼 백제왕씨에 의한 백제악[41]의 공연이란 무엇이며 어떠한 의미를 가
진 행위였던가. 『속일본기』와 『속일본후기』에 의하면 백제왕씨에 의한 백
제악과 춤(舞)의 공연은 모두 여섯 차례가 보인다.

---

41) 新日本古典文學大系『續日本紀』2(岩波書店, 1990), 보주11-6「雅樂寮の樂師·樂生」;
보주11-8「百濟樂」(547~548페이지 참조); 荻美津夫『日本古代音樂史論』(吉川弘文館,
1977), 제1부 제1장 「古代音樂の淵源」, 第2部 第1章「雅樂寮」참조. 그 외에도 金善民
『日本古代國家と渡來文化』(早大學位論文, 1999), 제4장「律令國家における百濟樂と
百濟王氏」; 豊永聰美「平安時代における天皇と音樂」(東京音樂大學『研究紀要』25, 2001)
참조.

〈표 1〉 백제왕씨의 백제악과 백제무 피로

번호	천황	내용	출전
I	성무	百濟王等奏風俗樂. 授從五位下百濟王慈敬從五位上, 正六位上百濟王全福從五位下.	『續日本紀』天平12年(740)2月丙子(19日)條
II	동	幸安曇江, 遊覽松林, 百濟王奏百濟樂. 詔, 授無位百濟王女天從四位下, 從五位上百濟王慈敬, 從五位下孝忠·全福並正五位下.	同天平16年(744)2月丙辰(22日)條
III	칭덕	幸弓削寺礼仏. 奏唐·高麗樂於庭.刑部卿從三位百濟王敬福等, 亦奏本國舞.	同天平神護元年(765)10月戊子(30)條
IV	환무	主人率百濟王等奏種種之樂. 授從五位上百濟王玄鏡·藤原朝臣乙叡並正五位下, 正六位上百濟王元眞·善貞·忠信並從五位下, 正五位下藤原朝臣明子正五位上, 從五位下藤原朝臣家野從五位上, 无位百濟王明本從五位下.	同延曆6年(787)10月己亥(20日)條
V	同	右大臣率百濟王等, 奏百濟樂.授正五位下藤原朝臣乙叡從四位下, 從五位下百濟王玄風·百濟王善貞並從五位上, 從五位下藤原朝臣淨子正五位下, 正六位上百濟王貞孫從五位下.	同延曆10年(791)10月己亥(12日)條
VI	仁明	天皇御紫宸殿.賜侍臣酒. 音樂之次. 右京大夫從四位下百濟王勝義奏百濟國風俗舞.晩頭酒罷. 賜四位已上御被, 五位御衣.	『續日本後紀』天長10年(833)4月戊午朔條

　우선 성무천황은 나니와에 빈번히 행차하고 있는데[42] 백제악의 등장은
I·II의 두 차례이다. 성무천황이 나니와에 몇 번이나 행차한 사정에 대해
서는 백제왕씨를 중심으로 하는 백제계 도래세력의 「대불조영사업」에의 협
력요청이 목적이었다고 하는 지적이 있다.[43] 한편 이 표에 의하면 백제무
의 존재가 III·VI의 2회에 걸쳐 등장하지만 어느 것이든 음악으로서의 백제
악의 일부에 의한 것이기 때문에 별도의 구별은 하지 않는다. 그렇다면 IV·

---

42) 앞의 2회 이외에도 다음의 4회 기사가 확인된다. 『續日本紀』神龜2年10月庚申(10日)
　條; 神龜3年 10月癸亥(19日)條; 天平6年 3月辛未(10日)條; 天平17年 8月계축(28日)
　조~9월조 참조.
43) 성무천황의 나니와 행행의 사정에 대해서는 大坪秀敏「聖武天皇の難波行幸に關す
　る一試論－百濟王氏との關連性を中心に－」(『國史學研究』11, 1985)참조.

V의 환무천황기의 백제왕씨에 의한 백제악의 주상기사가 남는다.

앞에서 말한 것처럼 환무천황기의 가타노 행행의 큰 특징으로서 유렵과 백제왕씨에 의한 백제악의 연주, 그리고 백제왕씨에 대한 서위가 하나의 세트처럼 반복되는 일이 지적된다.

이를 염두에 넣고 생각해 보면 1-1의 기사 중에 백제악이 연주된 가능성이 높은 예로서 Ⅳ·Ⅴ과 중복하는 3②·5②를 제외하고는 유렵(1②·6·8·10·11·12·13·15·16·18·19)과 봉헌(7·9·17)기사를 들 수가 있을 것이다.

그 근거로서 우선 3②·5②기사가 交野에서의 유렵을 알리는 3①·5①의 계속으로서 출현하고 있는 점을 중시하면, 위의 11개소의 유렵기사도 유렵만이라고는 한정할 수 없고 나아가 봉헌기사44)이며 7·9가 藤原継縄의 「봉헌」의 다음에 「주악」라고 하지만 계승과 백제왕씨의 보통이 아닌 관계를 생각할 때 「주악」의 악은 백제악일 가능성이 극히 높다. 또한 17의 藤原乙叡의 봉헌 내용에는 백제악이 들어 있을 가능성이 크다. 왜냐하면 乙叡는 継縄의 자식이고 백제왕명신을 어머니로 하는 인물이기 때문이다.

매사냥과 백제악이란 본래 백제왕실에서 즐긴 오락이고 백제왕실을 상징하는 의례이고 하나의 통치행위이기도 하였다. 이러한 통치행위를 환무천황 스스로가 일부러 백제왕씨의 집단 거주지인 가타노까지 가서 행하였다고 하는 것은 환무천황의 백제왕씨와의 혈연관계에 의한 친근감의 표시 이외에도 이러한 통치행위로서의 매사냥·백제악을 실현하는 것의 협력을 백제왕씨에게 기대하고 있었다고 하는 것이 된다. 또 한편으로 중국적 전제군주를 지향하고 있던 환무천황에 있어서는 반도 왕실의 흔적을 남기고 있던 유일의 반도 씨족인 백제왕씨가 환무천황을 위해 유렵과 봉헌 등에 막대한 자금을 소비하면서 까지 대접하는 것은 백제왕을 현실적으로 자배하는 유일의 전제군주로서의 풍모를 과시함에 있어 가장 필요한 의식이기도 하였다.

---

44) 目崎德衛, 전게 주34논문 참조.

3) 천신제사

천신제사의 시행은 郊祀 제천과 함께 환무조의 특징으로서 지적된다. 다시 말하자면 환무천황의 황통의식의 표현이라고 보아 아버지인 光仁天皇을 천지계 황통의 부활자로서 중시했다고 하는 증거라고 한다.45)

천신제사46)와 郊祀 제천47)의 문제는 천명사상과의 관련으로부터도 추구되지만48) 특히 瀧川政次郞씨는 어머니 쪽이 도래계인 和史氏였던 환무는 어릴 때부터 중국 사상에 익숙해 있고 아버지인 光仁天皇의 즉위에 의해 새로운 왕조가 시작하게 되었다고 생각하게 되었으며 長岡京 천도와 연관지어 생각하고 있다. 즉, 長岡 천도는 나라시대의 천무계의 왕조가 여러 가지 정치적 실패 때문에 하늘로부터 버림을 받아 그 대신에 새로운 왕조가 天命을 받아 발족한 것을 형상적으로 분명히 나타내 보이기 위해 천황의 의지에 의해 행한 것이라고 해석하는 것이다.49)

---

45) 林陸朗「桓武朝の政治思想」(山中裕編『平安時代の歴史と文學』歴史編, 吉川弘文館, 1981), 31페이지 참조. 그 외 藤堂かほる「天智朝の榮造と律令國家の先帝意識－山科陵の位置と文武三年の修陵をめぐって－」(『日本歴史』602, 1998); 同「律令國家の國忌と廢務－8世紀の先帝意識と天智の位置付け－」(『日本史研究』430, 1998)참조.

46) 『大唐六典』卷4, 尙書祀部祠部郞中員外郞條「凡祭祀之名有四, 一曰祀天神, 二曰祭地祀, 三曰享人鬼, 四曰釋奠于先望先師」에 보이는 중국사상에 근거한 천신을 이른다.

47) 이 문제에 대해서는 金子修一『古代中國と皇帝祭祀』(汲古書院, 2001)에 일련의 연구가 있다. 그 외에 福永光司「昊天上帝と天皇大帝と元始天尊」(『中哲文學會報』2, 1976); 武者小路穰「幻影の唐から－唐風謳歌から國風自立へ－」(『國文學－解釋と教材の研究－』21~7, 1976), 17~18페이지; 高取正男『神道の成立』(平凡社, 1979) 등도 참조. 또한 전게 주 5『續日本紀』卷5의 보주39－29도 참조.

48) 林陸朗, 전게 주32 논문, 16~19페이지 참조. 關晃「律令國家と天命思想」(『關晃著作集第4卷日本古代の國家と社會』吉川弘文館, 1997, 초출 1977), 156~160페이지 참조.

49) 瀧川政次郞「革命思想と長岡遷都」(『京制並に都城制の研究』角川書店, 1967), 512페이지 참조. 그 외에도 佐藤信「長岡京から平安京へ」(笹山靖夫『古代を考える平安の都』吉川弘文館, 1991), 53페이지; 佐伯有淸 편「長岡京遷都とその建議者達」『日本古代の政治と社會』(吉川弘文館, 1970, 초출은 1958)도 참조.

이러한 많은 기사는 동지 전후(7·12·15는 예외)이라는 공통점을 가진다. 이것은 환무조에 있어서는 동지 제천의례의 앞에 가타노군에서의 사냥(交野遊獵)이나 백제왕에의 서위를 행하는 관례가 성립했다고 하는 것을 나타낸다고 생각된다. 나아가 이상의 기사는 유럽 후에 백제악을 관람하고 백제왕에게 서위를 행한다고 하는 일련의 기사가 세트처럼 나오고 있다. 그러한 일련의 의식적인 행위가 위의 모든 기사에 적용된다고는 확실히 말할 수는 없지만, 적어도 천황의 가타노 행행이라는 고도의 통치행위로부터는 의제적 외척을 중심으로 한 도래계 씨족을 얼마나 소중히 여겼는가를 알 수 있다.

다지마(田島公)씨는 백제왕이 가타노에서 「檢校」를 하고 있는 것에 주목하여[50] 「禁野別当」을 백제왕씨의 氏人이 세습하고 「씨작(氏爵)」으로 했다고 한다.[51] 유력한 씨에 대한 하나의 특전인 씨작은 9세기 후반부터 10세기 초경에 성립하는 것이지만 정월과 卽位·大嘗會·朔旦 때에 행해졌다.[52] 그 중에 백제왕씨의 씨작에 눈을 돌리면 그 시작은 朔旦 冬至부터라 한다. 가타노에서의 천신제사와 유럽 그리고 백제왕에 대한 서위 또는 그 때에 연주된 백제악은 세트가 되는 복합 상징적인 통치 행위라고 생각된다. 이러한 행위는 율령국가체제의 확립을 꾀하는 환무조에 있어 중국적 율령체제의

---

50) 『西宮記』卷17, 臨時五諸院에 의하면 「禁野, 北野(以別当少將), 交野(以百濟王爲檢校), 宇陀院」라고 한다.

51) 田島公「「氏爵」の成立 −儀式·奉仕·叙位−」(『史林』71−1, 1988), 38~50페이지 참조. 씨에 의하면 국립공문서관 내각문서 소장의 応德3年(1086)12月13日付의 '交野禁野司百濟王氏申文'의 서사 문서를 인용하여 논을 전개하고 있다.

52) 정월의 씨작은 王·源·藤原·橘씨의 유력한 씨를 대상으로 하는 것이다. 田島公, 전게 주51 논문, 37페이지 참조. 정월 이외의 씨작은 伴·佐伯·和氣·百濟王씨의 네 씨를 대상으로 한다. 또한 田島氏에 의하면 이 네 씨족에 주어진 씨작의 유래에 대해서 천무계에서 천지계로의 황통이 변화한 광인·환무조에서의 교체의 의식에의 봉사와 공신이라고 칭해지는 선조의 천황가에의 공로에 연원을 갖고 그 공로에 대한 반대급부적인 것임과 동시에 이들 4씨가 몰락함에 따라 씨작의 수여에는 교체의 의식에 대한 봉사이기도 하고 유래가 깊은 씨의 유지·계승과 그것들과 관련하는 행사의 계속을 위한 것이라는 측면도 있었다고 한다.(35페이지 참조).

완성이라는 이념의 게양과 함께 백제왕씨의 존재가 다시 한 번 강조된다고
하는 가장 유력한 증거일 것이다.

　마지막으로 등원남가와 백제왕씨와의 밀접한 관계에 대해 살펴보자. 表
1의 기사 4에서 藤原継縄는 환무천황의 명령으로 천신제사를 제사하고 있
지만 그는 <사료 6>연력15年(796)7월16일의 죽음까지 등원남가의 장이었
다. 継縄는 환무 후궁 중에 권위를 가진 명신의 남편으로서 천황과 백제왕
씨 일족의 양쪽의 신뢰를 얻고 천황과 백제왕씨 일족과의 사이를 원만히
맺어주는 역할을 담당했다고 보인다. 기사 3②·5②·7·8·9·13의 주어는 백
제왕이 아니라 藤原継縄였다. 기사 17로부터는 継縄가 죽고나서 백제왕씨
를 통할하는 역할은 継縄의 자식인 乙叡가 이어받은 것을 알 수 있다. 継
縄의 능력 밖의 출세는 백제왕 명신에 의해 크게 도움을 받은 것이고 이처
럼 등원남가와 백제왕씨 일족은 상호 부조하는 관계였다.

　이상으로 환무천황 시대의 가타노 행행의 문제에 대해 언급해 보았다.
제1절에서는 혈연적 관계에 의한 환무천황과 백제왕씨와의 관계 또 그것과
관련하여 백제왕씨의 구 백제계 씨족의 후견자로서의 모습에 초점을 맞춰
보았지만 본 절에서는 환무천황과 백제왕과의 번국적 요소, 즉 化外的 요
소에 초점을 맞춰보았다. 가타노에의 환무천황의 행행은 매사냥과 백제악
이라고 하는 본래는 백제왕이 왕실의 권위를 과시하기 위해서 행한 일종의
통치행위를 백제왕씨를 빌어 환무천황 스스로가 수행하는 것에 의해 「소중
화 의식」을 표명하는 장으로 삼았던 것이다.

　그럼 다음 절에서는 환무천황 시대에서의 백제왕씨의 위치에 대해 상세
히 검토하기로 하자.

제3절 백제왕씨의 위치

본 절의 목적은 환무조에서의 백제왕씨의 존재의의를 명백히 하는 일에 있다. 그것에 앞서 환무조의 백제왕씨의 획기적 특징이라고 할 수 있는 백제왕씨 출신 여성들이 환무천황의 후궁에 복수로 존재한다는 점에 대해 상론하고자 한다.[53] 환무조의 후궁이었던 백제왕씨 출신 여성들에 대해서는 사료 상의 혼란이 있다. 이는 백제왕 敎法과 敎仁의 동일 인물설[54] 혹은 백제왕 敎法과 貞香의 동일 인물설 등이다.[55] 또 나가야마(長山泰孝)씨는 백제왕씨 여성들의 환무조 후궁에의 참가에 대해 9人이나 관계하고 있었다고 설명한다.[56] 그렇지만 나가야마(長山)씨의 설명은 이마이(今井啓一)씨의 연구 성과를 거의 답습하고 현 단계에서는 사료적 신빙성이 의심되고 있는 「百濟王三松氏系図」에 크게 의존한 설명이기 때문에 근거가 취약한 면이 있다. 그래서 이하에서는 『속일본기』이후의 국사에 근거하여 논을 전개시키고자 한다. 그 때 『一代要記』도 참조해 나간다.[57]

〈표 2〉 환무조후궁의 백제왕씨 여성들

백제왕	1	2	3	4	5	6	7	8
	敎仁	貞香	眞香	眞德	明本	明信	惠信	孝法
출전	一代要記 大田親王	同駿河內 親王の母、	續日本紀 延曆二年	同延曆三 年二月辛	同延曆六 年十月己	日本後紀 延曆十六	同延曆十 六年二月	同

53) 今井啓一「天子後宮における百濟王氏の女人」(전게 주24『百濟王敬福』, 초출은 1955), 117~119페이지 참조. 환무천황의 여성은 나라조 말기와 헤이안 초기에 천황의 후궁이 되어 황자와 황녀를 낳고 혹은 관직에 나간 일이 『續日本紀』이하의 오국사와 『本朝皇胤連錄』『一代要記』『帝王編年記』 등에 보인다. 이에 대해서는 林陸朗「桓武朝後宮の構成とその特質」(『國學院大學大學院紀要文學研究科』24, 1992), 55~58페이지 참조.
54) 玉井力「女御·更衣制度の成立」(『名古屋大學文學部研究論集』19, 1972)참조.
55) 林陸朗, 전게 주45 논문, 주 5 참조.
56) 전게 주26『枚方市史』第2권, 261~265페이지 참조. 今井啓一, 전게 주53 논문 참조.
57) 改定『史籍集覽』第1册, 通記類第2、『一代要記』乙集(臨川書店, 1983), 60~83페이지 참조.

	1	2	3	4	5	6	7	8
	の母從五位下武鏡の女	從四位下, 敎俊の女	十月庚申條	巳條 女嬬	亥條	年正月辛亥條尙侍從三位	癸亥條准男給之	同

※ 百濟王敎法…『續日本後紀』承和7年(840)11月辛丑(29日)條「女御」

　환무조만으로도 많은 백제왕씨 출신의 여성들이 후궁으로 활약하고 있다는 사실은 나라시대와 비교하는 경우 특필해야 할 문제라고 말할 수 있을 것이다.

　또 제2부의 제1장 제2절에서 확인한 바와 같이 奈良時代에 백제왕씨의 중심으로서 활약한 인물은 郞虞의 3男인 경복이었다. 환무조에 있어 경복 같은 활약을 한 인물로서 명신이 들어진다. 명신의 남편은 藤原継繩인데, 본장의 제1절에서 언급한 바와 같이 백제왕 명신의 음덕으로 능력 밖의 높은 지위에까지 승진했다.

　또 명신의 자식인 藤原乙叡도 『일본후기』대동3年(808)6月 갑인(3日)조의 홍전에 의하면 어머니인 명신의 음덕으로 아버지 継繩와 함께 환무천황의 총애를 받아 높은 고위직인 중납언에 까지 이르렀다고 기록되어 있다. 乙叡가 많은 별장을 갖고 있었던 것도 부모의 재산이 많았기 때문이일 것이다.

　그런데 평성천황이 황태자일 때 乙叡은 연회에서 불경을 산 일이 있고 平城天皇 대동2年(807)10月 伊予親王 모반 사건에 연좌하여 죽음을 맞는다. 이 사건을 백제왕 명신과 藤原仲成・藥子의 분쟁에 기인한다고 하는 의견이 있다.[58] 나아가 평성천황 때는 천황가와 백제왕씨 출신 여성과의 황윤이었던 大田親王이 갑자기 사거하는 일 등 백제왕씨를 둘러싼 환경은 크게 변했다.[59] 그것에 대해서는 다음 장에서 상론하기로 하자.

---

58) 金谷信之「百濟王系の女性たちについての若干の考察(2)」(『關西外國語大學短期大學部研究論集』62, 1995), 328페이지 참조.

백제왕씨가 나라시대에 이어 군사 씨족적인 성격을 갖고 있는 점에도 주
목하고 싶다. 나라시대에 율령 관인화되면서도 군사 씨족적 성격을 유지하
고 있던 백제왕씨는 환무조에서도 그 성격을 변화시키는 일은 없었다. 즉,
다음과 같이 백제왕씨는 동북의 에미시 문제 해결에 매달리고 있는 것이다.[60]

〈표 3〉 백제왕씨의 동북 경영

	1	2	3	4	5	6
百濟王	英孫	聰哲	英孫	俊哲	同	敎雲
內容	出羽守	同	陸奧鎭守副將軍	征夷副使	陸奧鎭守將軍	征夷副將軍
出典	續日本紀 延曆4年9月 辛酉	日本後紀 延曆16年正月戊戌	續日本紀 延曆4年5月 甲寅	同延曆10年 7月壬申	同 延曆10年9月 庚辰	日本後紀 延曆23年 正月甲辰

에미시와의 이른바 「38年 戰爭」[광인천황 보구5년(774)~차아천황 홍인2
年(811)]에서의[61] 백제왕씨의 활약은 백제왕씨의 후궁에의 참입과 함께 백
제왕씨의 존재가치를 재인식시키는 것이 되었다. 백제왕씨의 무관 등용의
이유에 대해서는 ① 군사에 대한 선진적인 기술을 보유하고 있었던 일, ②
풍부한 경제력을 배경으로 무구·마필을 장비하고 사적인 병력을 소유하고
있었던 일 등이 지적된다.[62] 그 외에도 백제왕씨의 환무조에서의 무관 보
임은 환무천황과 藤原朝臣 継繩 그리고 백제왕 명신과의 밀접한 관계로부

---

59) 大坪秀敏, 전게 주 2논문 참조. 三松みよ子「百濟王凋落についての一考察」(藤澤一
    夫先生 卒壽記念文集刊行會·帝塚山大學考古學研究所 編『藤澤一夫先生 卒壽生記念論
    文集』眞陽社, 2002)을 참조.
60) 村尾次郎『桓武天皇』(吉川弘文館 1963)참조.
61) 『日本後紀』弘仁2年(811)閏12月辛丑條에「自宝龜五年, 至于今年, 惣卅八歲, 辺寇屢動,
    警國無絶. 丁壯老弱, 或疲於征伐, 或倦於轉運. 百姓窮弊, 未得休息」라고 보인다. '38
    년 전쟁'에 대해서는 熊谷公男「平安初期における征夷の終焉と蝦夷支配の変質」
    (『展望日本歷史 6律令國家』東京堂, 2002, 초출은 1992)을 참조,
62) 전게 주26『枚方市史』제 2권 참조.

터 파생했다고 보인다.[63)]

다음 사료는 신라에서의 일본의 신라 침공에 관한 풍문이 실려 있는 기사이다.

<사료 9> 『三國遺事』卷2 元聖大王條(786年)
貞元二年丙寅十月十一日, 日本王文慶(按日本帝紀. 第五十五主文德王疑是也. 余無文慶或本云是王太子)
擧兵欲伐新羅. 聞新羅有萬波息笛, 退兵.

이 기사는 『속일본기』천평보자8년(764)7月 갑인 (19일)조의 신라사의 말에 나타난 것 같은 신라의 우려, 즉「本國發兵警備. 是疑, 日本國之來問罪也」라고 하는 신라 측의 인식의 반영일 것이다. 당에서의 '안사의 란'에 의한 혼란기에 나카마로 정권에 의해 세워진 '대 신라 전쟁계획'이 이미 붕괴했음에도 불구하고 신라는 일본에 대한 경계감을 계속 가지고 있었던 것이다.

단, 당시의 일본이 실제로 신라를 침략하려고 했는가 아닌가에 대해서는 다른 사료에서 확인할 길이 없다. 그렇지만 환무천황의 등장에 의해 일본 내외의 군사적인 긴장감이 높아지는 일은 일을 수 있을 것이다. 호타테(保立道久)씨는 <사료 8>에서 신라에 대한 적극적인 정책을 지향한 가능성이 상정된다고 서술하고 있고[64)] 국내적으로도 동국의 에미시에의 억압이 강화되고 그에 따라 「환일본해」[65)] 지역에서의 긴장 상태가 형성되었다고 하였다.

---

63) 大坪秀敏, 전게 주 2논문, 149페이지 참조.
64) 保立道久「平安時代の國際意識」(『歷史をみつめ直す−封建制概念の放棄−』校倉書房, 2004, 초출은 1997), 49페이지; 同『黃金國家−東アジアと平安日本−』(青木書店, 2004)참조.
65) 村井章介「中世日本列島の地域空間と國家」(『思想』732, 1985), 47페이지 참조. 村井씨는 13세기 이후의 열도 상의 지역공간에 대해서 서술하고 있지만 고대에도 「환일본해」를 무대로 하는 지역공간은 주변 세력 등의 중요한 활동 무대였다고 한다. 同『アジアのなかの中世日本』(校倉書房、1988)도 참조. 예를 들면 7세기의 제명조

환무천황의 등장은 일본열도의 내부에서 만이 아니고 외부에도 동요를 가져오는 결과로 되었다. 이처럼 환무조에 신라와의 긴장관계가 있었다고 한다면 그것은 백촌강에 이르는 제명·천지조[66]의 대외정세와 공통하는 면이 있었다고 할 수 있을 것이다.

환무천황의 천지계 계승의식은 이미 지적되어 있는 바가 있고[67] 이를 계승하여 생각해 보면 환무천황의 단계에서 백제왕씨가 우대된 이유는 환무천황과 백제왕씨의 혈연 관계만이 아니라 백제 멸망을 구원하려고 한 제명·천지조의 정책을 계승하려고 하는 신왕조의식이 움직이고 있었던 가능성도 상정할 수 있을 것이다.

본장의 제2절에서 본 바와 같이 수렵·천신제사·백제악·백제무는 백제왕씨의 거주지에서 백제왕씨의 협력 하에 반보적으로 행해지고 있고 환무조의 정치 이념과 정치 사상 즉, 「소중화의식」이라고 볼 수가 있고, 환무천황은 보다 완성도가 높은 중국형 율령국가체제를 희망하고 이를 실천하기 위해 노력했다.

환무조의 일본율령국가는 백제라는 존재는 없어졌지만 백제왕의 후예로

에는 阿部比羅夫에 의한 북정[蓑島榮紀「阿部比羅夫の北征と東アジア世界」(佐伯有清先生古稀記念會 編『日本古代の伝承と東アジア』吉川弘文館, 1995), 484~510페이지 참조.(→同『古代國家と北方社會』吉川弘文館, 2001에 재록)]과 함께 반도에 군사적인 진출, 즉 백촌강의 싸움이 있었고, 8세기에는 나카마로(仲麻呂)정권 하의 동국에 있어서의 긴장[『續日本紀』天平宝字3年(758)9月壬午(19日)條의 신라 공격 준비 「三年以內船五百艘建造」기사의 직후인 同月己丑(26日)條의 「始置出羽國雄勝·平鹿二郡, …驛家」의 역가(驛家) 설치와 庚寅(27日)條 「割留相模…下野等七國所送軍士器仗, 以貯雄勝·桃生二城」의 무기 통합의 기사가 있는 것으로 보아 동국의 긴장을 짐작할 수 있다.]과 연동하는 것처럼 對 신라전쟁계획이 있었다. 이러한 움직임과 함께 환무조에는 대대적인 에미시(蝦夷) 지역에의 진출('38년 전쟁'의 발발)이 신라의 일본에 대한 긴장감을 증대시키는 생각도 가능할 것이다.

66) 최근 천지조에 대한 재평가가 주목되는데, 吉川眞司「律令体制の形成」(歷史學研究會·日本史研究會 編『日本史講座第1卷東アジアにおける國家の形成』東京大學出版會, 2004), 233~235페이지 참조.

67) 河內春人「日本古代における昊天祭祀の再檢討」(『古代文化』52-1, 2000)참조.

서 남아 있는 백제왕씨라는 씨족 집단에 주목하고 백제왕씨를 율령국가체제 하에 확실히 두려고 하는 행위에 의해 본래의 율령국가의 이념에 내재하고 있던 「번국」을 실제적으로 구현하려고 하고 그 결과가 백제왕씨의 유별난 대우로서 나타났다고 볼 수 있다.

결. 변화하는 백제왕씨

이상으로 환무천황과 백제왕씨에 대해 검토했다.

제1절에서는 환무천황과 백제계씨족과의 혈연관계에 대해 검토했다. 환무천황의 외조부모는 백제계통의 도래씨족이었다. 조부는 和氏이지만 뒤에 고야씨로 개성하고 조모는 大枝氏이지만 원래는 土師氏라는 도래계 씨족이었다. 다시 말하자면 환무천황의 생모인 高野新笠의 혈통은 완전한 도래계 혈통이었다. 그런데 백제계통의 고야씨의 후견은 백제왕씨였다. 그 결과 환무천황은 백제왕씨를 외적으로 한 것이다. 그리고 위와 같은 일이 연력9년(790)에 집중적으로 발생하고 있는 것으로부터 연력9년경이 환무정권에서 백제왕씨를 포함한 도래씨족의 질서정리가 이 시기에 행해진 것을 알수 있고 또 이것에 의해 환무정권의 지배이념의 확립이 꾀해졌다고 할 수 있다.

제2절에서는 가타노에의 백제씨족의 이주와 백제사의 건설이 나라시대의 백제왕 경복에 의해 이루어졌다고 하는 상정 위에서 가타노와 환무천황의 관계에 대해 검토해 보았다. 백제왕씨의 협력 하에 환무천황은 백제사를 중심으로 하여 유럽을 행하고 백제왕씨의 본거지를 방문하고 백제악·백제무의 환영을 받아 백제왕씨 등에 대한 서위와 임관 그리고 천신제사를 행하는 등 통치행위로서의 의례를 실현하는 등의 「소중화의식」을 표명한 것이다.

제3절에서는 나라시대로부터의 씨족적 특징으로서 군사씨족적인 성격은

여전히 유지한 채로 복수의 후궁관인을 배출하는 등 천황의 후궁 관인으로서의 권력이 환무기에는 추가된 것을 서술했다. 한편으로 대외적 시야로 볼 때 백제왕씨는 환무천황의 신왕조의식 즉 제명·천지조 계승의식을 지탱했다고 할 수 있다. 환무천황기는 신왕조의식의 발상과 함께 중국적인 사상에의 본격적인 도입기였다고 말해진다. 백제왕씨는 이러한 의식에 적합한 씨족으로서 여겨졌기 때문에 결과적으로 백제왕씨가 우대된 것이다.

제2장 일본율령국가의 전환과 백제왕씨의 종언

서. 환무 이후의 백제왕씨

지통조에 창출되고 나라시대에서는 율령 관인으로서 환무천황의 치세에는 「외척」으로서 번영했던 백제왕씨는 환무 이후의 시대에는 어떠한 길을 걸었던 것일까. 종래의 연구에서는 환무조 이후의 백제왕씨에 주목한 것은 거의 없다고 해도 과언이 아니다. 그러나 백제왕씨의 전체상을 추구함에 있어서는 환무 이후의 백제왕씨에 대한 검토가 불가결하다고 생각한다.

특히 환무의 아들이었던 차아천황과 그 자식인 인명천황의 치세는 그 이후의 시대에 비하여 백제왕씨의 존재에 커다란 특징을 가지고 있다. 그래서 우선 차아조에서 인명조까지를 하나의 획기로 하여 검토하고 그 이후의 백제왕씨의 동향을 다음에 검토해 가는 것으로 한다.

제1절 평안초기의 백제왕씨
-차아~인명조를 중심으로-

환무천황의 사후에 등원 식가의 출신자를 어머니로 갖는 황자들에 의해 왕권의 계승이 행해진다. 다음의 계도를 보아 명백히 알 수 있는 것처럼 환무천황의 많은 황자 중에 등원 식가의 출신 세력이 남가와 북가의 세력을 압도하고 있는 것을 확인할 수가 있다.

〈계도 1〉 환무천황과 등원씨와의 상관관계[68]

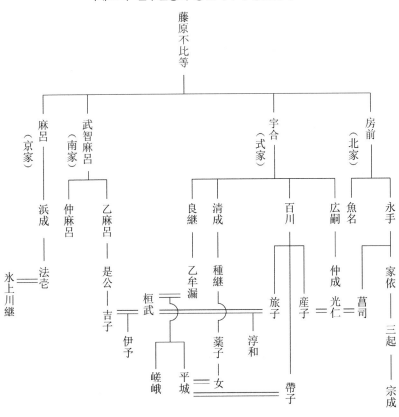

환무천황의 황자들 사이에 반복되어 펼쳐진 정쟁[69]에 대해 여기서 상세히 검토하는 것은 피하지만 백제왕씨와의 관계에 대해서 말하자면 차아천황의 황자인 인명천황의 치세까지가 이후의 시대와 구별된다고 생각된다.

68) 『日本歷史大系原始・古代 1』(山川出版社, 1984), 68페이지 참조.
69) 평성천황 즉위 후의 伊予親王의 변에 대해서는 金谷信之「百濟王系の女性たちについての若干の考察(2)」(『關西外國語大學短期大學部硏究論集』62, 1995), 328페이지 참조. 그리고 平城上皇의 변(藤原藥子의 亂)에 대해서는 北山茂夫「平城上皇の変についての一試論」(『續万葉の世紀』東京大學出版會, 1975), 289~338페이지 참조.

이 이유는 환무조 처럼 차아조와 인명조에서도 백제왕씨 출신의 여성들
이 후궁에서 활약하고 있기 때문이다. 그래서 차아조와 인명조의 백제왕씨
출신의 여성들에 대해 주목하고자 한다. 우선 차아천황의 후궁에서의 백제
왕씨 출신의 여성으로서는 백제왕 귀명과 慶命이 들어진다.

　　　百濟王貴明
　　　·『續日本後紀』承和元年(843)2月乙未(14日)條
　　「忠良親王冠也, 即叙四品, 先太上天皇第四子也, 母百濟氏, 從四位下勳
三等俊哲之女, 從四位下貴明是也.」
　　　·『文德天皇實錄』仁壽元年(851)9月甲戌(5日)條
　　「散事從四位下百濟王貴明卒, 貴明, 從四位下陸奧鎭守將軍兼下野守俊
哲之女也, 貴明資質姝麗, 閑於女工. 嵯峨太上天皇宇之時, 引爲女御, 即是
二品式部卿大宰帥忠良親王之母也. 弘仁十年正月叙從五位上, 十月十一日
叙從四位下.」

　　　百濟王慶命
　　　·『續日本後紀』承和3年(836)8月癸丑(16日)條
　　「正三位百濟王慶命爲尙侍」
　　　·同嘉祥2年(849)正月丁丑(22日)條
　　「尙侍從二位百濟王慶命薨, 有勅, 贈從一位, 遣從四位上豊江王, 從五位
下美志眞王, 從五位下藤原朝臣緒數, 從五位下飯高朝臣永雄, 監護喪事」
　　　·『日本三代實錄』貞觀5年(863)正月丙寅(3日)條
　　「大納言正三位兼行右近衛大將源朝臣定薨, 贈從二位, …母百濟王氏, 其
名曰慶命」

또 인명천황의 후궁에서 백제왕씨 출신의 여성으로서는 차아조에 이어
후궁에 있는 慶命과 전술한 永慶이 있다.

百濟王永慶
·『日本三代實錄』貞觀8年(866)6月己丑(16日)條
「高子內親王薨, …內親王者, 仁明天皇之皇女, 母百濟王氏, 從五位上敎
俊之女也.」

다음 <계도 2>는 차아~인명천황 시대에 있어 천황가와 백제왕씨 여성과
의 관계를 나타낸 것이다.

〈계도 2〉 차아~인명과 백제왕씨[70]

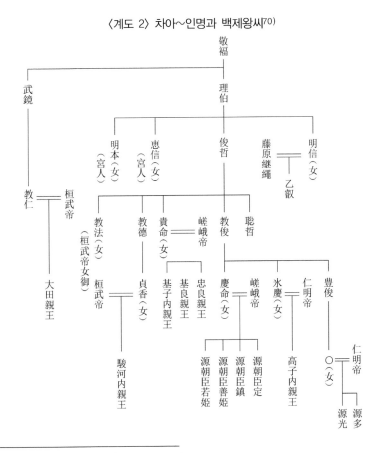

---

70) 『枚方市史』第2卷(1972) 266페이지 참조.

환무천황의 황자로 황위에 오른 3人, 즉 평성·차아·순화천황 중에 권력
을 장악한 기간이 가장 길었던 사람은 차아천황이다. 짧은 재위기간과 함께
藥子의 변에 의해 단기간의 정권으로 남았던 평성천황 그리고 재위 중은
물론 상황이 되고나서도 이모형인 차아를 의식하지 않으면 안 되었던 순화
천황에 비하여 차아천황은 황자인 인명천황이 즉위하고 나서도 큰 영향력
을 계속 갖고 있었다. 承和9年(842)의 차아상황의 사거와 그 때에 일어난
承和의 変은 평안시대 초기에 있어 큰 사건이었다고 말할 수 있다.[71]

차아조는 환무조와 같이 왕권이 귀족층을 영도한다고 하는 체제가 유지
되었다. 또 변관이나 지방관의 경험을 갖는 실무관료가 정책의 입안·추진
에 매달린 시기였다. 그리고 차아천황은 궁정의 의례를 중국풍으로 정비하
는 등 적극적인 정책을 전개하고 있었다.[72] 또 「문장은 경국의 대업」(『凌
雲集』서)이라고 하여 고도한 문화사업을 추진하고 한문학의 융성을 가져온
시기이기도 하였다. 위와 같은 차아조의 문화 전체를 홍인문화라고도 하는
데,[73] 이 융성 속에 백제왕씨가 그 풍부한 교양에 의해 활약하는 장면도 있

---

71) '承和의 변'에 대해서는 玉井力「承和の変について」(『歴史學研究』286, 1964); 福井
   俊彦「承和の変についての一考察」(『日本歴史』260, 1970)을 참조.

72) 目崎德衛「政治史上の嵯峨上皇」(『日本歴史』248, 1969), 17~19페이지; 西本昌弘『日本
   古代儀礼成立史の研究』(塙書房, 1997); 大津透『古代の天皇制』(岩波書店, 1999)의 제
   8장「天皇唐風化の畫期」참조. 渡辺直彦「嵯峨院司の研究」(增訂版『日本古代官位制度
   の基礎的研究』吉川弘文館, 1978, 초출 1965); 森田悌「平安時代政治史研究」(吉川弘
   文館. 1978)제2부 제1장「平安初期政治の考察」; 同『王朝國家』(教育社, 1979). 그 외
   일본고전문학적인 입장으로는 藤原克己『菅原道眞と平安朝漢文學』(東京大學出版會,
   2001); 同『菅原道眞－詩人の運命－』(ウエッジ, 2002) 등이 嵯峨朝의 시대상을 상
   세히 나타내고 있다.

73) 『凌雲集』『文華秀麗集』등의 칙찬 한시문집도 편찬하고 문장박사의 우대 시책을 시
   행한다. 문장박사의 우대 시책은 문장박사의 관위상당을 종칠위에서 종오위하로
   끌어올리는 것으로부터 잘 알 수 있다. 이에 대한 자세한 내용은 『類聚三代格』券5,
   弘仁12年(821)2月17日의 태정관부 참조. 그 외에도『弘仁格式』『內裏式』등의 법전
   과 주석서인 『令義解』, 『新撰姓氏錄』, 『日本靈異記』등이 만들어져 국사편찬사업
   도 실행된다.

었을 것이고 또 그 결과로서 백제왕씨의 후궁에서의 활약이 기대되었을지
도 모르겠다.

그런데 차아조와 인명조에만 복수의 백제왕씨의 여성들이 후궁에서 활약
하고 있었다는 사실은 그 이후의 시대와 비교하여 무언가의 특징이 있었기
때문일 것이다. 承和9年의 차아상황의 죽음에 동반하는 承和의 変 이후의
변화에 주목할 필요가 있을 것이다. 承和의 変 이후의 특징으로서 弥永貞
三씨는 관인 구성의 변화에 주목하고 있다.74) 承和12年(845)에는 차아원
씨75)의 源常이 右大臣이 되고 그의 몰후의 天安元年(857)에는 같은 차아
원씨의 源信이 좌대신으로 되는 등 등원북가의 良房·良相 등과 나란히 차
아원씨가 태정관의 요직에 등용되고 있다.

이에 대해 차아조 이래 참의 클래스에서 정책의 입안·실시에 활약하고
있던 문인적 관료는 급속도로 그 지위를 잃고 있었다. 황친인 源氏에게는
일반적으로 실무관료로서의 경험이 적고 정치적 능력이 부족한 자가 많았
기 때문에 그들이 태정관이면서 중요한 위치를 차지하는 일은 관인 기구의
형해화를 부르고 외척으로서의 등원씨의 전권을 용이하게 하는 결과로 되
었다.76)

그러한 도중에 문인적 관료로서의 성격을 갖고 있던 백제왕씨도 그 지반
이 흔들리게 되었다고 볼 수 있지 않을까.

다음으로 차아조의 후궁에서 크게 활약한 백제왕 경명의 자식인 源朝臣定
의홍전을 들어본다. 이 사료는 경명의 일을 가장 상세히 전하고 있기도 하다.

---

74) 弥永貞三「菅原道眞の前半生」(『日本人物史大系 1』朝倉書店 1961), 169~170페이지
　　참조. 그 외에 주 72전게서, 藤原克己『菅原道眞と平安朝漢文學』 및 同『菅原道眞-
　　詩人の運命-』도 참조.
75) 川崎庸之「嵯峨源氏の動き」(전게 주 74『日本人物史大系 1』所收), 24~34페이지 참조.
　　林陸郎「嵯峨源氏の研究」(『上代政治史の研究』吉川弘文館, 1969), 222~248페이지 참조.
76) 笹山晴夫「平安京の歴史的位置」(『古代を考える平安の都』吉川弘文館, 1991), 1~110
　　페이지 및 弥永貞三, 전게 주 74 논문; 藤原克己의 전게 주 72의 두 저서 참조.

<사료 1> 『日本三代實錄』貞觀5年(863)正月丙寅(3日)條
大納言正三位兼行右近衛大將源朝臣定薨. (略)定者. 嵯峨太上天皇之子
也. 母百濟王氏. 其名曰慶命. 天皇納之. 特蒙優寵. 動有礼則. 甚見尊異.
宮闈之權可謂無比. 官爲尙侍. 爵至二位. 及薨贈從一位. 始太上天皇遷御
嵯峨院之時. 爲築別宮. 令爲居處. 号曰小院. 太上天皇所居爲大院. 尙侍所
居爲其次故也. 權勢之隆至如此焉. 定生而岐嶷. 太上天皇尤鐘愛.

이 기사로부터 알 수 있는 것은 차아상황의 백제왕 慶命에 대한 신임이
얼마나 각별하였던가 이다. 단순히 관위만 보아도 생전은 2위까지 올랐고
몰후도 종일위를 추증되고 있고 또 「特蒙優寵. 動有礼則. 甚見尊異. 宮闈
之權可謂無比. 官爲尙侍」로 부터는 慶命의 일거수일투족이 다른 사람들에
비하여 절도가 있었다고 하는 것을 알 수 있다. 차아는 慶命의 다른 사람들
에게는 볼 수 없었던 절도와 품격을 높이 평가한 것이다.

앞에서 서술한 것처럼 차아천황의 중국적인 경향의 정치를 생각할 때 차
아가 백제왕 경명을 우대한 것은 환무가 백제왕씨를 우대한 것 같은 「소중
화의식」의 표출에 의한 것일 것이다. 나아가 「始太上天皇遷御嵯峨院之時.
爲築別宮. 令爲居處. 号曰小院. 太上天皇所居爲大院. 尙侍所居爲其次故
也. 權勢之隆至如此焉」에 의하면 차아의 경명에 대한 신임과 총애가 얼마나
컸었던 가를 알 수 있다. 차아가 태상천황이 된 시기도 여전히 경명을 우대
했는데 태상천황의 거소를 「대원」이라고 하고, 경명의 거소를 「소원」이라
고 했던 것에서 알 수 있는 것처럼 경명은 큰 권세를 갖고 있었던 것이다.

그렇지만 경명만큼의 권력을 가진 사람이 차아~인명조 이후의 백제왕씨
에는 보이지 않게 된다. 나아가 그 이후 백제왕씨 출신 여성은 천황의 후궁
에도 보이지 않는 것이다. 그리고 백제왕씨 여성 대신에 그 자리를 차지한
것은 등원북가 출신의 여성이었다. 그것은 백제왕씨의 중앙무대에서의 퇴
장을 의미한 것은 아닐까.77)

여기서 백제왕씨와 등원씨가 환무조와 차아조에 걸쳐 어떠한 대우를 받

고 있었던 가에 대해 검토해 볼 필요가 있을 것이다.

<사료 2> 『類聚三代格』卷17蠲免條,延暦16年(797)5月28日勅[78]
勅, 百濟王等遠慕皇化. 航海梯山. 輸誠久矣. 神功攝政之世. 則肖古王遣
使貢其方物. (略)屬新羅肆虐幷呑扶余. (略)宜百濟王等課幷雜徭永從蠲除.
<史料 3> 『類聚三代格』卷17蠲免條,弘仁11年(820)正月6日勅
勅,(略)藤氏先祖(略)帝業由其永寧(略)宜自貫白丁迄于五世. 課役蠲除.

우선 백제왕씨의 우대에 대해서는[79] 다나카(田中史生)씨의 견해가 있다.
씨에 의하면 <사료 2>의 연력16년 격은 백제왕씨에의 단순한 대우라고 하
기 보다는 백제왕씨가 천황에게 충성을 다하는 일본에 포섭된 백제왕권을
상징하는 존재이라는 것을 명시하고 이를 긴 시간에 이르러 보증할 필요성
이 있었기 때문에 나온 것이라고 이해된다고 한다.[80] 그러나 연력16년 격
은 생략된 부분에 전설상의 신공황후의 섭정기에 대해서 까지 언급하고 있

---

77) 三松みよ子「百濟王氏凋落についての一考察」(藤澤一夫先生卒壽記念論文集刊行會·帝塚
山大學考古學研究所編『藤澤一夫先生卒壽記念論文集』眞陽社, 2002)에서 씨는 평안
초기는 백제왕씨의 전성기라고 말해지지만 백제왕씨의 종가인 俊哲계에 대해 등원
씨 북가는 경계감을 높였다고 하면서 그 증거로서 3인의 백제왕씨가 처분된 사례
를 들고 있다. 그 사례들은 백제왕 俊哲의 좌천(787년)·愛筌의 귀양(810년 9월)·敎
俊의 견책(808年)이라고 한다.

78) 동일한 칙이 『令集解』賦役令15沒落外蕃條所引의 延暦16年5月28日勅에 실려 있다.

79) 福井俊彦「弘仁格式の編纂と藤原冬嗣」(『弘仁格の復元的研究民部下篇』吉川弘文館, 1991),
240~244페이지에서는 이 시기는 환무의 강한 권력이 발휘되었던 시기라고 생각되
고 백제씨에의 칙은 환무 개인의 강한 의지를 반영한 백제왕씨가 환무의 외척인
것에 대한 우대책으로 설명한다. 하지만 환무의 어머니 쪽의 계보와 백제왕씨의 계
보는 엄밀히 말하자면 다른 계보인 것을 상정할 때, 혈연관계만으로 설명하는 福井
설에는 따르기 어려운 면이 있다고 생각한다.

80) 田中史生「桓武朝の百濟王氏」(『日本古代國家の民族支配と渡來人』校倉書房, 1997), 98
~103페이지 참조. 씨에 의하면 「屬新羅肆虐幷呑扶余」에 주목하고 백제멸망에 관해
서 신라를 노골적으로 비난하는 것에 의해 백제왕씨가 신라왕권과는 대조적으로
일본의 왕권에 충실한 자세를 보이고 있었기 때문이라 한다.

는 일로부터 추측할 수 있는 것처럼 백제왕씨 생성 이전의 구 백제관계에
까지 거슬러 올라 환무천황의 시대의 논리에 포함시키고 있기 때문에 해석
에는 신중을 기할 필요가 있다.

바꾸어 말하자면 백제왕씨가 환무조에 대우되고 있었던 것의 반영으로서
삼국시대로부터의 백제 복속의 결과라고 하는 인식에서 나온 것을 강조하
는 근거였다고도 이해할 수가 있다.

각설하고 <사료 2>의 격이 백제왕씨의 調庸과 雜徭를 긴 시간에 걸쳐
면제한다고 하는 내용인 것에 대해 후자의 <사료 3>홍인11년의 격은 등원
씨에 대한 우대책을 나타내고 있다. 즉, 등원씨에게는 과역의 면제를 행한
다고 하는 것이다. 등원씨의 과역의 면제가 오세라고 한정되어 있는 것에
비해 백제왕씨는 영년면제이고 백제왕씨는 후의 등원씨와 같은 혹은 그 이
상의 우대를 받고 있었던 것을 알 수 있다.

그렇게 우대된 이유는 후궁에서의 백제왕씨의 활약과 관계한다고 보여지
지만 후궁의 배출은 백제왕씨로부터 등원씨에로 변화하고 있다. 인명천황
보다 뒷시대가 되면 백제왕씨의 여성들은 한 사람도 천황의 후궁에 들어가
는 사례가 없게 되고 등원씨의 여성 들이 그 자리를 대신하게 된다.

다시 말하면 842년의 차아의 사거 그리고 850년의 인명의 사거를 경계로
하여 백제왕씨의 중앙에서의 후퇴가 명확하게 되는 것이다.

今井啓一씨에 의하면 인명천황 이후 천황의 후궁에 백제왕씨 출신의 여
상 대신에 등원씨 출신의 여성들이 등장하는 것과 함께 백제왕씨 내부에
커다란 변화가 생긴다고 하는데[81] 씨는 그 변화가 무엇을 의미하고 있는
가에 대해서는 언급하고 있지 않다. 그래서 그 변화의 의미는 다음 절에서
검토하는 것으로 한다.

---

81) 今井啓一「天子後宮における百濟王氏の女人」(『百濟王敬福』綜芸舍, 1965), 131페이
지 참조.

제2절 9세기의 전환과 백제왕씨의 종언

1) 전환의 9세기와 일본율령국가

전절에서 인명천황을 최후로 백제왕씨 출신의 여성이 천황의 후궁에 들어가는 일이 없게 되는 것을 알았다. 또 전장의 제2절에서 환무조에서 가와치국 가타노의 백제왕씨의 존재에 대해 주목해 보았다. 그 결과, 환무조에서는 천황의 가타노에의 행행이 빈번히 행해지고 있는 것을 알았다.

그렇지만 차아조 이후가 되면 천황의 가타노에의 행행은 단절해 버렸다. 천황 행행의 단절에 대해서는 평안시대의 안정한 천황을 움직이지 않는 천황이라고 하고 천황의 청정성을 강조하는 입장이 있지만[82] 9세기 중반의 천황제의 변질과 고대국가의 변질과 관련지어 흥미 깊은 지적이라고 생각한다.

앞에서 확인한 백제왕씨 출신의 여성이 천황의 후궁에 들어가지 않게 되었던 것과 천황의 백제왕씨의 본거지인 가타노에의 행행이 차아조를 경계로 하여 단절해 버렸다고 하는 점은 평안기의 백제왕씨를 생각하는 위에 주목해야 할 일이다.

다음의 <표 1, 2>는 평안시대에서의 백제왕씨의 서위와 임관의 기사를 각각 정리한 것이다. 그리고 사료의 잔존 상황의 문제 등 자료적 한계가 있는 것을 생각한 위에 경향을 정리하기 위해 <표 1, 2>와 제2부 제1장의 <표 1, 2>를 근거로 하여 <표 3>에 의해 매년의 서위와 임관의 횟수를 정리해 천황마다의 합계 및 일 년마다의 횟수를 산출했다.

---

82) 早川庄八「律令國家、王朝國家における天皇」(『天皇と古代國家』講談社, 2000, 초출은 1987)참조.

〈표 1〉 평안시대의 백제왕씨의 서위[83]

氏名	旧位階	叙位年月	新位階	昇階年月
元基	正六位上		從五位下	延曆 4, 5
孝德	正六位上		從五位下	延曆 5, 1
玄風	正六位上		從五位上	延曆 10, 10
敎德	從五位下		從五位上	弘仁 7, 2
鏡仁	正六位上		從五位下	延曆 9, 2
善貞	正六位上		從五位上	延曆 10, 10
忠信	正六位上		從五位下	延曆 6, 10
難波姬	正六位上		從五位下	延曆 10, 1
勝義	從七位下		從三位	承和 6, 2
孝法	從五位上	延曆 15, 11		
惠信	從五位上	延曆 15, 11	從三位	承和 6, 3
聰哲	正六位上		正五位下	大同 3, 1
元勝	從五位下		正五位上	天長 3, 1
貞孫	正六位上		從五位上	延曆 18, 9
敎俊	從五位下		從五位上	弘仁 3, 1 1
敎法	從四位下			
忠宗	從五位下		從四位上	天長 6, 1
敎雲	從五位下			
元信	正六位上		從五位下	延曆 6, 10
數勝	從五位下			
愛筌	從五位下			
敎貞	正六位上		從五位下	弘仁 7, 1
安義	正六位上		從四位下	天長 10, 10
永哲	正六位上		從五位下	弘仁 11, 1
慶忠	從五位下		從五位上	天長 2, 1
敎養	正六位上		從五位下	元慶 2, 10
善義	正六位上		從五位上	承和 11, 1
慶世	從六位下		從五位上	承和 12, 1

---

83) 전게 주 26『枚方市史』第2卷, 262~263페이지,「平安時代の百濟王氏の叙位表」참조.

氏名	旧位階	叙位年月	新位階	昇階年月
慶命	正四位下		從一位	嘉祥 2, 1
寬命	從五位下	天長 8, 2		
文操	正六位上		從五位下	天長 10, 10
貴命	從五位下	弘仁 10, 1	從四位下	弘仁 10, 10
奉義	正六位上		從五位下	承和 1, 11
慶仁	正六位上		從五位下	承和 1, 11
慶仲	從五位下		從四位下	承和 6, 1
忠誠	正六位上		從五位下	承和 4, 10
永琳	從五位下	承和 3, 2		
慶苑	正六位上		從五位下	承和 3, 2
元仁	正六位上		從五位下	承和 3, 2
永豊	從五位下		從五位上	承和 5, 1
教凝	正六位上		從五位下	承和 5, 11
永仁	正六位上		從五位上	天安 2, 11
安奈	正六位上		從五位上	齊衡 3, 1
教福	正六位上		從五位下	嘉祥 3, 1
忠岑	正六位上			
永善	從五位下		從五位上	仁壽 3, 1
淳仁	從五位下		從五位上	天安 2, 1
俊聰	正六位上		從五位上	元慶 3, 1
香春	從五位下	貞觀 1, 1 1		
貞惠	從五位下	貞觀 2, 1 1		
教隆	從五位下	元慶 3, 1 1		

〈표 2〉 평안시대 백제왕씨의 임관[84]

任官年月日	官位	人名
延曆 3, 3, 14	周防守	武鏡
4, 1, 15		仁貞
1, 27	少納言	玄鏡

---

84) 전게 주 26『枚方市史』第2卷, 267페이지, 「平安時代の百濟王氏の任官表」참조.

任官年月日	官位	人名
5, 20	陸奥鎮守權福將軍英孫	英孫
9, 29	出羽守	
5, 1, 28	右兵衛督	英孫
6, 2, 5	美濃介	玄風
閏 5, 5	日向權介	俊哲
7, 2, 6	河內介	善貞
2, 28	右兵庫頭	教德
8, 2, 4	上總守	玄鏡
	讚岐介	教德
3, 16	中宮亮	仁貞
9, 3, 10	豊後介	鏡仁
3, 26	左中弁兼木工頭	仁貞
	中衛少將	忠信
	治部少輔	元信
7, 24	肥後介	元信
10, 1, 22	下野守	俊哲
7, 13	征夷副使	俊哲
7, 28	越後介	忠信
9, 22	陸奥鎮守將軍	俊哲
16, 1, 13	出羽守	聰哲
	安房守	元勝
1, 24	尙侍	明信
3, 27	右兵衛督	英孫
18, 2, 20	右衛士督	英孫
	治部少輔	鏡仁
6, 16	右少弁	鏡仁
9, 10	刑部卿	玄鏡
	上總守	教德
	下野介	教俊
23, 1, 24	伊予介	忠宗

任官年月日	官位	人名
1, 28	征夷副將軍	敎雲
4, 8	內兵庫正	元勝
24, 1, 16	右中弁	鏡仁
9, 24	主計頭	聰哲
大同 1, 1, 28	美濃守	敎俊
	河內守	鏡仁
2, 16	鍛冶正	元勝
2、	大學少弁	勝義
3, 18	作路司	敎俊
5, 1	越後守	聰哲
3, 6, 9	刑部大輔	聰哲
	陸奧介	敎俊
9, 5	宮內大輔	敎德
弘仁 13, 10, 17	刑部卿	敎德
天長 4, 5、	美作守	勝義
5, 10, 17	右馬大允	善義
10, 4, 1	右京大夫	勝義
11、	左衛門督	勝義
承和 1, 7, 1	右兵衛督兼丹波守	安義
3, 8, 16	尙侍	慶命
4, 1、	相模守	勝義
6, 23	宮內卿	勝義
6, 1, 11	民部大輔	慶仲
7, 1, 30	河內介	慶苑
9, 1, 13	相模守	勝義
9, 8	散事	惠信
10, 2, 10	大監物	忠誠
	右兵庫頭	永仁
14, 12, 14	齋院長官	慶世
嘉祥 3, 5, 2	中務少丞	忠岑

任官年月日	官位	人名
仁壽 1, 4, 1	次侍從	永仁
3, 1, 18	安芸介	安宗
齊衡 1, 2, 16	侍從	敎凝
天安 2, 1, 16	安芸守	安宗
貞觀 1, 2, 13	刑部大輔	慶世
4, 2	次侍從	慶世
11, 19	丹波權掾	俊聰
6, 10, 14	伯耆守	俊聰
元慶 3, 11, 25	右馬大允	敎隆

*굵은 글씨는 현임을 표시한다.

〈표 3〉백제왕씨 서위·임관 기사의 빈도 비교

天皇	西曆	元号	叙位·昇階數	任官數	合計	
桓武	781	天応1年	2	2	4	
	782	延曆1年		2	2	
	783	2	4	1	5	
	784	3	1	1	1	
	785	4	1	4	5	
	786	5	1	1	2	
	787	6	2	2	4	
	788	7		2	2	
	789	8		3	3	
	790	9	1	5	6	
	791	10	3	4	7	
	792	11				
	793	12				
	794	13				
	795	14				
	796	15	2		2	
	797	16	1	3	4	

天皇	西曆	元号	叙位·昇階數	任官數	合計	
	798	17				
	799	18	1	6	7	
	800	19				
	801	20				
	802	21				
	803	22				
	804	23		3	3	
	805	24		2	2	合計60(2.4/年)
平城	806	大同1年		6	6	
	807	2				
	808	3	1	3	4	合計10(3/年)
嵯峨	809	4				
	810	弘仁1年				
	811	2				
	812	3	1		1	
	813	4				
	814	5				
	815	6				
	816	7	2		2	
	817	8				
	818	9				
	819	10	2		2	
	820	11	1		1	
	821	12				
	822	13				合計10(0.7/年)
淳和	823	14				
	824	天長1年				
	825	2	1		1	
	826	3	3		3	
	827	4	1	1	2	

天皇	西曆	元号	叙位·昇階數	任官數	合計	
	828	5	2		2	
	829	6	2		2	
	830	7				
	831	8	1		1	
	832	9				合計11(1/年)
仁明	833	10	2	1	3	
	834	承和1年	2	1	3	
	835	2				
	836	3		1	1	
	837	4		2	2	
	838	5				
	839	6	2	1	3	
	840	7		1	1	
	841	8				
	842	9		1	1	
	843	10		2	2	
	844	11	1		1	
	845	12	1		1	
	846	13				
	847	14		1	1	
	848	嘉祥1年				
	849	2	1		1	合計20(1.2/年)
文德	850	3	1	1	2	
	851	仁壽1年		1	1	
	852	2				
	853	3	1	1	2	
	854	齊衡1年		1	1	
	855	2				
	856	3	1		1	
	857	天安1年				合計7(0.9/年)

天皇	西曆	元号	叙位·昇階數	任官數	合計	
淸和	858	2	2	1	3	
	859	貞觀1年	1	2	3	
	860	2	1		1	
	861	3				
	862	4				
	863	5				
	864	6		1	1	
	865	7				
	866	8				
	867	9				
	868	10				
	869	11				
	870	12				
	871	13				
	872	14				
	873	15				
	874	16				
	875	17				合計8(0.4/年)
陽成	876	18				
	877	元慶1年				
	878	2	1		1	
	879	3	2	1	3	合計4(1/年)

<표 3>을 근거로 이 시기를 3단계로 나누면 제1단계는 환무·평성(781~808), 제2단계는, 차아로부터 인명(809~849), 제3단계는, 문덕에서 양성(850~879)라 한다. 전장에서 환무조에서의 백제왕씨의 존재 그리고 본장 제1절에서 차아조로부터 인명조의 영향력에 대해 지적하고 또 문덕조에는 백제왕씨 출신의 여성이 天皇의 후궁에 들어가는 사례가 없게 된것을 지적했다. 그것과 연동하는 것처럼 <표 3>으로부터는 백제왕씨의 서위·임관 수의 빈

도가 제1단계부터 제2단계 나아가 제3단계로 서서히 적게되어 가는 것을
확인할 수가 있다. 이것은 백제왕씨가 나라시대에 율령관인화하고 환무조·
차아조에서 우대되는 중앙귀족으로서의 존재로부터 백제왕씨의 내외적 환
경의 변화에 의해 백제왕씨의 씨족적 성격이 변질해 가는 것을 나타내는
것이 아닐까.

그럼 백제왕씨가 변질하는 시기는 언제쯤일까. 그것은 차아천황이 실권
을 장악하고 있었던 시대(인명조를 포함하여)가 끝날 쯤일 것이다. 즉, 후궁
에서 백제왕씨 출신의 여성이 소멸하는 시기, 또 가타노 지역의 행행이 단
절하는 시기가 될 것이다.

백제왕 教俊은 육국사에서 『일본후기』에 6회,[85] 『일본삼대실록』에 1
회[86] 등장한다. 教俊은 그 의 딸인 慶命이 후궁에 있고 또 전절의 源朝臣
定의 홍전 기사로부터 慶命이 큰 실권을 갖고 있었던 것에서 알 수 있는
것처럼 일전의 권력을 유지하고 있었다고 보여진다.

그러나 다음 기사는 백제왕 教俊이 견책을 받고 있음을 전하고 있다.

　　<사료 4> 『日本後紀』大同3年(808)7月甲申(4日)條
　　勅. 夫鎭將之任. 寄功边戍. 不虞之護. 不可暫闕. 今聞. 鎭守將軍從五位
　下兼陸奥介百濟王教俊. 遠離鎭所. 常在國府. 儻有非常. 何濟機要. 边將之
　道. 豈合如此. 自今以後. 莫令更然.

당시 教俊은 守將軍으로서 무쓰에 채재하고 있었는데, 본래 상주해야 할

---

85) 『日本後紀』延曆18年(799)9月辛亥(10日)條(「從五位下·下野介」); 同 大同元年(806)正月
　癸巳(28日)條(「從五位下左衛士佐、美濃守」); 同 大同元年(806)4月戊申(15日)條(「左衛
　土佐、等迎齋內親王於伊勢」); 同 大同3年(808)6月庚申(9日)條(「從五位下鎭守將軍、陸
　奥守」); 同 大同3年(808)7月甲申(4日)條(「鎭守將軍(中略)遠離鎭所(略)」); 同 大同4年
　(809)正月癸巳(16日)條(「從五位下下野守」); 同 弘仁3年(812)11月乙亥(20日)條(「(從五
　位下부터) 從五位上出羽守」) 참조.
86) 『日本三代實錄』貞觀8年(866)6月己丑(16日)條(「高子內親王薨、母百濟王、教俊女」) 참조.

전방의 鎭所로부터 멀리 떨어진 후방의 국부에 있던 일로 비난을 받고 있다. 그러한 사정에 의한 것인가. 敎俊의 이름은 딸인 경명의 영화와는 대조적으로 차아조 초기 단계에서 그 모습을 감추고 있다. 이 敎俊의 견책이 그 이후의 백제왕씨의 쇠퇴와 무엇인과 관계가 있는 것은 아닌가하는 상정은 너무 지나친 것일까.

그 외에도 백제왕 愛筌의 기사는 백제왕씨의 일부에 쇠퇴의 기운을 촉발하는 하나의 계기가 되었을지도 모르겠다. 『일본후기』홍인원년(810) 9月 갑인(17日)조에 의하면 「權少掾百濟王愛筌等聞太上天皇幸伊勢國. 擧兵応之」라고 하여 평성상황의 변에서 상황 측에 가담하고 있는 것이 보인다.

이러한 반역행위에 의해 『속일본후기』천장10년(833)6월기사(14일)조의 「罪人(略)百濟王愛筌. 元安房國. 今移參河國」이라고 하는 것처럼 20년 이상이나 죄인으로서 생활하지 않으면 안 되었다. 환무조 이래 대부분의 백제왕씨들이 우대된 것처럼 보이지만 이처럼 백제왕씨의 일각에서는 가시밭길을 걷는 경우도 있었던 것에 주목하고 싶다.

이처럼 인명천황의 사거 후에는 천황의 후궁에서 백제왕씨의 모습은 자취를 감추게 된다. 이것을 백제왕씨의 「종언」이라고 표현해도 좋은 것은 아닐까. 즉, 일본중세 이후의 시대에서도 백제왕씨의 이름은 확인할 수 있지만[87] 그것은 우대된 전대와는 훨씬 차가 나는 입장에 있었던 것이다.

그럼 왜 이 시기에 백제왕씨는 변질하고 조정에서 일정의 권력을 유지하는데 종언을 고하게 된 것일까. 우선 국내적 사정에 대해 보면, 842년의 차아상황의 사거, 850年의 인명천황의 사거 이후에 등원씨가 권력을 장악하게 되고[88] 특히 藤原良房과 藤原基経가 어린 천황에 대신하여 정권을 총

87) 上野利三「百濟王三松氏系図の史料価値について－律令時代渡來人の基礎的研究－」 (『前近代日本の法と政治－邪馬台國及び律令制の研究－』北極出版, 2002, 초출은 1983) 참조.
88) 전게 주77의 三松씨의 논문에 의하면, 백제왕씨의 급격한 몰락은 등원북가에 의한 천황과의 외척화를 통한 정권 만들기와 관련하여 등원북가는 백제왕씨를 대신하는

람하는 전기섭관정치 시대가 도래한다. 또 문화적으로는 그 때까지의 당풍
일색의 분위기에 대신하여 일본적인 것을 재인식하려고 하는 움직임이 태
동하고 있었다.[89]

한편 대외적으로는 8세기 중반 경부터 신라는 일본과 대등한 입장을 주
장함에 따라 양국의 관계는 냉각화하고 발해와의 관계도 점차 무역이 주체
가 되어, 율령법 성립 이래 고대일본의 원망이었던 「동이의 소제국」구조는
공동(空洞)화하고 있었다.

또 9세기 중반[90]이 되면 5도 열도에 당과 신라의 상선이 빈번히 정박하
는 중계기지가 있어, 나아가 신라해적은 하카타(博多)까지 기습하는 지경에
까지 이르렀다. 평안조정은 무역은 계속하면서도 동아시아 여러 나라의 동
란의 영향이 국내의 치안악화를 초래할 것을 두려워해 국가 간의 공적 교
섭이라고 하는 점은 점차로 적극적인 고립주의를 취하게 되었다.[91]

같은 백제계 씨족이면서 백제왕씨보다도 더 격이 높아진 아스카베노 미야쓰코(飛
鳥戶造) 일족을 등용하는 것에 의해 백제왕씨의 후궁을 통한 천황가와의 외척화를
차단하려고 했다고 한다.(492페이지 참조)

89) 국풍문화에 대해서는 笹山晴生「唐風文化と國風文化」(『岩波講座日本通史第 5卷古代
4』岩波書店, 1995), 274~289페이지; 木村茂光『「國風文化」の時代』(靑木書店, 1997)
참조.

90) 石上英一「古代國家と對外關係」(『講座日本歷史古代第 2卷』東京大學出版會, 1984), 277
~282페이지; 村井章介「王土王民思想と九世紀の轉換」(『思想』847, 1995), 30~37페이
지; 河音能平「王土思想と神仏習合」(『中世封建社會の首都と農村』東京大學出版會, 1984
초출은 1976), 12~22페이지; 三上喜孝「古代の辺要國と四天王寺」(『山形大學歷史・地
理・人類學論集』5, 2004), 124페이지 참조.

최근에서는 이러한 왕토사상이 환무조에 이미 출현했다고 하는 지적이 있다.(三谷
芳幸「律令國家の山野支配と王土思想」[笹山晴生 編『日本律令制の構造』吉川弘文館, 2003]
참조). 한편 歷史學研究會・日本史研究會 編『日本史講座第 3卷中世の形成』(東京大學
出版會, 2004)에 있는 木村茂光「一〇世紀の轉換と王朝國家」・寺内浩「貴族政權と地
方支配」의 두 논문은 10세기 전환설을 중심으로 하고 있다. 결국 전자는 중세사의
관점에서, 후자는 고대사의 관점에서 고대의 전환을 각각 다루고 있다.

91) 笹山晴生, 前揭 註89 논문 274~280페이지; 吉田孝・大隅淸陽・佐々木惠介「九－十世
紀の日本－平安京」(전게 주89『岩波講座日本通史古代 4』), 45~48페이지; 佐伯有淸

9세기의 동아시아세계와 일본과의 관계는 일본 이외의 동아시아 여러 나라의 어지러운 성쇠에 주의하여 생각하지 않으면 안 된다. 우선 8세기의 동아시아세계의 중심인 당이 쇠퇴하고 신라와 발해의 남북 간의 대립,[92] 신라와 발해의 쇠퇴 등에 의해 8세기의 동아시아체제는 그 실체가 무너진다.

대륙과 반도는 각각의 혼란기를 거쳐 각각 960년의 송의 건국, 936년의 고려의 통일 등이라는 형태로 다시 재편성되어 통일을 실현시킨다.

그 사이에 일본은 대륙의 당과의 관계에서는 견당사의 정지,[93] 신라와의 관계에서는 공적 사절의 중단 이후의 사적인 교류의 활발화 등 그 이전과는 다른 정치 중심의 관계로부터 교역에 중점을 둔 관계로 변화하고 있었다.

즉, 국가 간의 공적 관계에 의한 접촉보다 사적인 교섭이 증가하게 되었는데,[94] 도래하는 신라인들의 처리로부터 알 수 잇는 것처럼 점차로 폐쇄

「九世紀の日本と朝鮮-來日新羅人の動向を中心として-」(『歷史學硏究』287, 1964); 石上英一「古代國家と對外關係」주90 전게논문; 同「日本古代十世紀の外交」(井上貞光 외『東アジアにおける日本古代史講座7 東アジアの変動と日本律令國家』學生社, 1982) 참조.

92) 한국고대사학계에서는 발해의 정체성을 중시하여 신라와 발해의 병존시대를 「남북국시대」라고 부른다. 김영하「신라의 삼국통일을 보는 시점」(한길역사강좌22『한국고대사론』한길사, 1988), 202~205페이지 참조. 아울러 발해의 역사를 너무나 강조하는 것에도 주의를 기울여야 한다는 입장도 존재한다. 신라삼국통일의 의의를 인정하지 않는 대신에 고려에 의한 「후삼국」의 통일을 강조하는 것에 대한 문제점도 있는 것처럼 보인다. 이러한 인식에 대해서는 송기호「발해사연구에 관한 두세가지의 문제점」(같은 책), 245~250페이지 참조.
한편 일본고대사학계에서는 李成市『渤海をめぐる民族と國家』(『歷史學硏究』626, 1991, 10~14페이지)가 있고 이에 대한 石上英一씨의 코멘트도 참고가 된다.(20페이지 참조). 그 외 발해에 대해서는 佐藤信 編『日本と渤海の古代史』(山川出版社, 2003); 石井正敏『東アジア世界と古代の日本』(山川出版社, 2002); 酒寄雅志『渤海と古代の日本』(校倉書房, 2002)참조. 또한 최근의 발해사연구에 관한 정리는 浜田久美子「渤海史硏究の歩み」(『歷史評論』643, 2003)이 유익하다.
93) 鈴木靖民「寬平の遺唐使をめぐる基礎的考察」(『國學院大學紀要』13, 1975), 61~95페이지; 石井正敏「いわゆる遺唐使の停止について」(『中央大學文學部紀要史學科』35, 1990), 1~13페이지(→동『日本渤海關係史の硏究』[吉川弘文館, 2001]에 재록)참조.

적인 정책을 취하게끔 되었다. 즉, 천장연간 이후 신라상인 중에 내항하는 자가 늘고 '원궁왕신가'나 구주의 재지토호가 이들과 사적인 무역을 행하게 되는 등 민간의 인적 교류는 더욱 활발히 되었다.

그러나 9세기 중반의 일본율령국가는 신라인과 재지세력간의 결합이 국가의 지배력을 무너뜨리는 것을 두려워해 이들을 억제하는 정책을 취했다.[95]

2) 백제왕씨의 종언과 그 후

다음으로 백제왕씨의 종언과 그 후의 전망에 대해 서술하기로 한다. 백제왕씨의 종언을 명확히 사료 상에서 확인하는 일은 어렵지만 우에노(上野利三)씨의 표를 이용하여 <표 4> 6국사 이후의 백제왕씨의 서위와 임관의 기사를 들어 본다.

〈표 4〉 6국사 이후의 백제왕씨의 서위와 임관

	年(西曆)月·日	氏·名	官職·位階	史料	刊本(頁)
1	昌泰3(900)8·20	百濟王	河內權介	河內國某田地賣券(角田文衛所藏文書)	平安遺文古文書編9(3470)
2	延喜元(901)11·7	百濟王		某國免符案(唐招	同1(222)

---

94) 사적으로 관련하는 신라인의 대표적인 인물로서는 신라·당·일본 삼국간의 중계무역으로 크게 성장한 거상 장보고 등이 출현한다. 浦生京子「新羅末期の張保皐の台頭と反亂」(『朝鮮史硏究會論文集』16, 1979)39~67페이지 참조.
한편으로 사적으로 관련하는 일본인으로서는 전게 주91 石上英一 논문 참조. 또 円仁에 대해서는 E.O.ライシャワー著·田村完誓 譯『世界史上の円仁-唐代中國への旅-』(實業之日本社, 1963), 266~272페이지 참조. 최근 한국에서는 (재)해상왕장보고기념사업회의 지원에 의한 장보고연구가 활황을 보이고 있는데, 강봉룡『장보고-한국사의 미아 장보고의 진실-』(한얼미디어, 2004)가 그 간의 연구 성과를 망라하고 있다.
95) 前揭 주91 佐伯有淸論文, 10~13페이지. 전게 주91 石上英一 논문 참조.

年(西曆)月·日	氏·名	官職·位階	史料	刊本(頁)
			提寺文書)	
3　延長元(923)12·13 天慶二(939)5·15	百濟貞運	內舍人	類聚符宣抄 第10	新訂增補國史大系 (286)
	(百濟王貞運)	武藏守	貞信公記	大日本古記錄(188)、 大日本史料1-7(452)
	百濟王貞運	同(前上總守)從五位下	類聚符宣抄第八	新訂增補國史大系 (212)、大日本史料1-7 (452)
	百濟貞運	武藏守	將門記	新校群書類從369-7、 大日本史料1-7(514)
	貞運	武藏守	日本紀略	新訂增補國史大系 (39)、大日本史料1-7 (559)
4　同9(946)10·28 天曆元(947)11·11	百濟王興勢 興勢	散位從五位下	①九曆 ②大嘗會 御禊部類記(九條家本) 貞信公記	①大日本古記錄(177) ②大日本史料1-8(721) 大日本古記錄(250)
5　応和元(961)6·5	百濟王(花押)	図書頭	①華頂要略 ②山城國粟田青蓮院文書	① 大日本史料1-10(727)
6　同(963)正·28	百濟王爲孝	周防權椽正六位上	除目大成抄	新訂增補史籍集覽 (289)、大日本史料2-2 (890)
7　応德三(1086)12·16	百濟王基貞	禁野司小口·從五位下	御卽位叙位部類	大日本史料3-1(24, 27)
8　永久四(1116)12·20	百濟王淸重	播磨權椽·正六位上	除目大成抄	新訂增補史籍集覽 (635)
9　治承四(1180)4·21	百濟王時里	從五位下	吉記	史料大成1(27, 119)
10　寬元四(1246)3·8	百濟王光房	從五位下	平戶記	史料大成2(152)、大日本史料5120(26)
11　弘安11(1288)3·8	百濟王貞秀	從五位下	勘仲記	史料大成2(285)、鎌倉遺文古文書編22(20)
12　永正18(1521)3·17	百濟王遠倫 (申文)	從五位下	除目執筆記	大日本史料9-12 (286、303)

이상의 서위·임관의 기사는 13개소 보이지만 이 숫자는 그 이전과 비교한다면 극단적으로 감소했다고 평가할 수 있다. 즉, 인명천황의 치세까지는 수많은 백제왕씨 관련 사료가 검출되는 것에 비해 6국사 이후의 백제왕씨의 서위·임관에 대해 정리한 표 4로부터는 백제왕씨의 쇠퇴라고 하는 사실을 명확히 읽어낼 수가 있는 것이다. 그리고 이것은 백제왕씨의 종언을 여실하게 보여주고 있는 것이다.

주지한 대로 7세기 말 동아시아의 혼란기에서 당시의 동아시아세력의 거의 전체가 참가했던 백촌강의 싸움이 발생했다. 백촌강의 싸움이라고 하는 국제적인 위기는 왜국에서 국내적으로는 율령국가 성립의 계기로서 작용하고 그 후의 일본고대국가의 대외방침에도 영향을 주었다. 이 국제전쟁의 결과 생긴 백제왕씨는 이후 왜국(일본)의 영역 내의 존재로 되었다. 8세기의 율령국가에서 백제왕씨는 충실한 율령관인화의 길을 걸었다고 말할 수 있다. 그러는 중에 이전부터 도래하고 있었던 많은 백제계 도래인과 새로운 관계를 정립하는 것이 요구되었다.

그런데 천무계 황통으로부터 천지계황통에로의 극적인 변화를 경험하고 있던 광인·환무조에서의 백제왕씨는 새로운 의미로 자리잡게 된다. 그것은 다름 아닌 백제왕씨의 옛 백제도래씨족에 대한 후견역으로서의 역할이다. 환무조에서 차아―인명조에 이르러 천황의 후궁에 백제왕씨의 여성이 들어간다고 하는 그때까지는 보이지 않는 사태가 항상화하고 백제왕씨는 일정의 권력을 갖게 되었다고 말할 수 있다. 그러나 그 이후 국내에서는 등원북가의 대두에 의한 후궁의 독점적 지배구조가 출현하고, 대외적으로는 9세기의 전환이라고 말해지는 것처럼 일본은 견당사의 정지에서 알 수 있는 바와 같이 동아시아 질서 속에 고립을 선택하게 되었다.

이러한 상황을 배경으로 백제왕씨의 존재의의는 국내외를 불문하고 그 중요성을 잃게 되는 것이다. 일본율령국가에 있어서 백제왕씨의 존재의의는 국내를 지향하는 「소중화의식」의 포기라고 말할 수 있을 것이다.

결. 율령국가의 전환과 백제왕씨

본장에서는 차아에서 인명기에 이르는 백제왕씨를 검토했다. 그 결과 차아~인명까지는 환무에서 시작한 백제왕씨와의 관계가 유지되지만 인명 이후는 그 관계가 급속도로 변하는 것을 알 수 있었다. 그 이유로서는 다음의 두 가지가 들어질 것이다.

우선 한 가지는 국내적인 사정이지만 평안초기에 중국적인 천황의 관위의 확립과 함께 청정성 넘치는 천황상이 형성된다. 이윽고 어린 천황의 등장, 움직이지 않는 천황상이 형성되어 간다. 이러한 고대국가 천황상의 변용에 의해 「소중화의식」을 상징하는 백제왕씨의 필요성이 없어졌다고 볼 수 있다.

다른 또 한 가지는 대외적인 사정으로서 당의 쇠퇴와 반도의 패자인 신라의 중앙정부의 권력 약화에 의한 신라해적과 상인의 무차별한 내일이 일본의 대외의식에 변화를 주고, 그 결과 백제왕씨를 필요로 한 시대는 막을 닫은 것이다. 그와 함께 일본의 율령국가도 9세기 중반을 경계로 하여 변질의 시대로 들어간 것이다. 이것은 일본의 「소중화의식」의 방기를 의미하는 것이었다고도 말할 수 있을 것이다.

보론3;

'육국사(六國史)'의 편찬과 '일본율령국가'의 수사(修史)사업

– 『속일본기』와 『일본삼대실록』을 중심으로 –

서. 수사사업이란?

한 국가의 수사(修史)사업 즉, 국가의 대소사를 적어 역사를 편찬하고 서술하는 국가 역사의 기록 작업은 그 국가의 국력이 발현하는 시기에 집중되기 마련이며, 마침 자신감 넘치는 군주가 출현하는 시기이기도 하다. 한편으로 주위 국가에 대해서, 자국의 제도와 문물이 갖춰지고 융성하는 증거로서 어필하는 경우가 많았다.

일본율령국가의 성립기를 언제로 보는 가는 6세기 중반의 스이코(推古)여왕 때를 드는 경우도 있고,[96] 한편으로 7세기 말의 덴무(天武)와 지토(持統)천황의 시기로 보기도 한다.[97] 하지만 최근 율령국가의 성립기를 후자로 보는 설이 유력한 것 같다. 따라서 본격적인 사서 편찬의 시기는 7세기 말의 덴무, 지토조를 그 중요한 획기로 삼을 수 있다고 하더라도 대과는 없

---

96) 坂本太郎, 『日本古代史』, 東京大學出版會, 1960; 井上光貞, 『日本古代國家の研究』, 岩波書店, 1965 참조.

97) 森公章, 『古代日本の對外認識と通交』, 吉川弘文館, 1998; 동, 『「白村江」以後－國家危機と東アジア外交』, 講談社選書メチエ, 1998; 동, 『古代郡司制度の研究』, 吉川弘文館, 2000 참조.

을 것이다. 하지만 전자의 시기에 역사서의 편찬을 알리는 서적의 흔적이 없는 것은 아니다. 스이코여왕과 쇼토쿠(聖德)태자 때를 전후한 시기에 고대 일본의 사서의 기원이 보이는데[98] 이는 『상궁기(上宮記)』[99] 『제기(帝紀)』[100] 『구사(旧辭)』[101] 『국기(國記)』[102] 『천황기(天皇記)』[103] 등이다. 하여튼 『고사기』와 『일본서기』 편찬의 기본사료라고 여겨지는 『제기』와 『구사』의 존재는 7세기경의 어느 한시기라고 인정하는 의견이 있다.[104]

---

98) 『日本書紀』 推古天皇28년(620)조, 「是歲皇太子島大臣共議之 錄天皇記及國記 臣連伴造國造百八十部幷公民等本記」(황태자는 廐戶皇子(聖德太子), 島大臣은 蘇我馬子). 이후의 『일본서기』에 의하면 쇼토쿠(聖德)태자가 만든 역사서 『國記』·『天皇記』는 소가(蘇我)씨가 멸망하던 때에 대부분 소실했는데 타다 남은 것이 중대형(中大兄)황자 즉 나중의 덴지(天智)천황에게 헌상되었다고 한다.

99) 편자는 알 수 없고, 『일본서기』 혹은 『고사기』 보다도 성립이 오랜 7세기경에 성립했다고 추정되는 역사서로서 가마쿠라(鎌倉)시대 후기까지 잔존한 것 같다. 『석일본기(釋日本紀)』·『성덕태자평씨전잡감문(聖德太子平氏傳雜勘文)』에 약간의 내용이 남아있다. 특히 『석일본기』 권13에 인용된 게이타이(継体)천황의 계보는 연구 상의 가치가 있다고 말해진다. 본서의 성격에 대해서는 쇼토쿠태자의 전기라는 설, 상궁왕가(上宮王家)에 전래한 사서라는 설 등 일정치 않다.

100) 본서는 역대의 천황 혹은 황실의 계보류 등일 것으로 추정되나 현존하지 않는다. 681년부터 덴지천황의 아들들에 의해 편찬된 황실의 계보의 전승으로, 일반적으로 황통의 족보라고 이해된다.
遠山美都男, 「根據に乏しい『帝紀』·『旧辭』の成立年代」, 『日本書紀は何を隱してきたか』, 洋泉社, 2001, 196~204페이지 참조.

101) 기기(記紀; 고사기와 일본서기)의 기본 자료로서 각 씨족 전래의 역사서로 생각되고 있다. 『고사기』 서문의 「先代旧辭」 및 「本辭」; 『일본서기』 天武天皇10년 3월 조의 「上古諸事」. 한편 『제기』와 『구사』는 별개의 것이 아니라 같은 책이라는 설도 있다. 遠山美都男, 「根據に乏しい『帝紀』·『旧辭』の成立年代」, 『日本書紀は何を隱してきたか』, 洋泉社, 2001, 196~204페이지 참조.

102) 현존하지 않는 이 책의 성격에 대해서는 왜국의 역사서라는 설, 여러 씨족의 계보와 유래, 공적 등을 기록한 것이라는 설, 왜국의 풍토와 지리를 기록한 지리서라는 설 등이 있다. 『日本書紀』 皇極天皇4년 6월조; 『日本書紀』 推古天皇28년 是歲條 참조. 笹川尙紀, 「推古朝の修史に關する基礎的考察」, 榮原永遠男·西山良平·吉川眞司 編 『律令國家史論集』, 塙書房, 2010 참조.

103) 『日本書紀』 推古天皇28년 是歲條 참조.

한편 후자, 즉 7세기말은 바로 고대일본의 역사서가 본격적으로 편찬되기 시작한 시기이다. 이 시기를 지나면서 일본율령국가의 기본 사서인 『고사기』와 『일본서기』가 편찬되고 있다. 보통 율령국가의 큰 특징이라 하면 기본법인 '율령의 제정'과 율령으로 통치되는 국가의 공식 역사기록인 '관찬 사서의 편찬', 그리고 율령의 이념을 토지에 구현한 '궁宮과 경京(한편으로 궁도宮都, 도성都城이라고도)의 건설' 등을 들 수 있다.[105] 여기서 이 모든 지표들을 함께 천착하는 것은 지면 관계상 불가능하기에, 고대일본의 율령국가 시기의 공식 역사기록으로서의 편찬사료인 '국사(國史)'에 주목하기로 한다. 율령국가의 '국사'는 보통 육국사(六國史)[106]로 불린다.

제1절 율령국가의 운용과 육국사 편찬

우리가 보통 생각하는 일본율령국가의 3대 특징이라 하면 다음과 같다. 먼저 기본법인 '율령의 제정', 다음으로 율령으로 통치되는 국가의 공식 역사기록으로서의 관찬 '사서의 편찬', 세 번째로 율령국가의 이념을 토지에 구현한 '宮과 京(한편으로 宮都, 都城이라고도)의 건설' 등이다.[107] 이 중에서 가장 율령국가의 이념과 이상을 잘 드러낸 것이 바로 개인으로서는

---

104) 遠山美都男,「根據に乏しい『帝紀』・『旧辭』の成立年代」, 『日本書紀は何を隱してきたか』, 洋泉社, 2001; 笹川尙紀,「推古朝の修史に關する基礎的考察」, 笠原永遠男・西山良平・吉川眞司 編 『律令國家史論集』, 塙書房, 2010 참조.

105) 송완범,「'일본율령국가'와 '일본중심주의' - 『일본서기』를 중심소재로 하여」, 동북아역사재단연구총서43 『동아시아세계의 일본사상 - '일본 중심적 세계관' 생성의 시대별 고찰』, 동북아역사재단, 2009; 동,「'일본율령국가'의 도시 '평성궁・경(平城宮・京)' 연구」, 『史叢』 77호, 2012 참조.

106) 나라시대와 헤이안시대에 걸쳐 천황의 칙명에 의해 편찬된 여섯 개의 역사서(日本書紀・續日本紀・日本後紀・續日本後紀・日本文德天皇實錄・日本三代實錄)의 총칭이다.

107) 주105 참조.

족보와 다름없는 국가의 족보 편찬사업이라고 할 수도 있는 정사 편찬 사
업이었던 것이다.

다음은 율령국가 시대의 정사들을 하나의 표로 일람한 것이다.

〈표 1〉 육국사 일람[108]

사서명	해당 시기	권수	완성	편찬자	비 고
일본서기	神代－持統天皇(697)	30	720	舍人親王	30권 이외에도 계도(系圖) 1권 이 있었지만 망실
속일본기	文武－桓武天皇(697~791)	40	797	菅野眞道 藤原継縄	
일본후기	桓武－淳和天皇(792~833)	40	840	藤原多嗣 藤原緒嗣	전 40권 중 10권 만 현존
속일본후기	仁明天皇(833~850)	20	869	藤原良房 春澄善縄	
일본문덕천황실록	文德天皇(850~858)	10	879	藤原基経 菅原是善 嶋田良臣	
일본삼대실록	清和－光孝天皇(858~877)	50	901	藤原時平 大藏善行 菅原道眞	

고대일본의 국사 편찬 사업에서 율령국가의 정사들을 육국사라고 부른
다. 육국사의 전후를 살펴보자면 앞에서도 언급한 바와 같이 육국사 이전은
『천황기』와 『국기』라는 기록이 있었던 것 같으나 현존하지 않는다. 그리
고 육국사 이후는 『신국사(新國史)』[109] 편찬사업이라는 국사 편찬 사업이

---

108) 일본판 위키디피아 해당항목 참조(검색일 2016.04.25)
109) 육국사 이후의 10세기에 편찬이 시도되었다는 일본의 국사로서 완전한 편찬의 단
    계에는 이르지 못하고 초고의 형태로 끝났다고 한다. 다른 이름으로는 『속삼대실
    록』이라고도 한다. 대상으로 삼는 시기는 우다천황과 다이고(醍醐)천황의 시기이
    고, 이후 여러 차례 편찬의 시도는 있었으나 결국 완성된 단계에까지는 이르지 못
    한 것 같다. 육국사 이후의 정사 편찬사업은 메이지시대에 들어 또 다시 계획되었

있었던 듯하지만, 이도 완성 단계에까지는 이르지 못했다. 그렇다고 한다면, 고대일본의 국사 편찬 사업은, 육국사가 거의 유일한 사업이라 해도 과언이 아닐 것이다.

그렇다면 육국사의 각각의 특징을 중심으로 대략적으로나마 기술해 보기로 하자.[110] 우선『일본서기』의 경우 다른 사서들과 비교하여 가장 큰 차이는 '신화'가 포함되어 있는 점이다. 이 신화에는 천지창조와 국토창세의 이야기, 천손강림의 설화 등이 주요 내용이다. 근래의 고고학적 조사 등에 의해 이전에 부정된 사료 기술이 사실에 가까운 예로 증명된 예[111]도 있어, 그 사료적 비판에 있어 신중을 기해야 하는 일본 고대사의 일급사료인 점은 부정할 수 없다.

다음은『속일본기』이다. 육국사 중 두 번째의 역사서로 이전의『일본서기』가 신화의 이야기부터 시작된 것에 비해, 이 책의 가장 큰 특징은 이미 성립해 있는 고대국가에 대한 이야기라는 점이다. 이러한 서술 태도는 이후 육국사의 기본 형태라 할 수 있을 것이다. 그런 점에서 율령국가의 가장 두드러진 특징 중의 하나인 '문서행정주의'[112]에 입각해 기술하고 있다는 점에서『일본서기』와는 본질적으로 다른 사서라 할 수 있다.

세 번째로『일본후기』이다. 이 사서는 전체 40권 중 30권이 망실되어 사료의 현존 비율이 극히 낮은 점이 특징이라면 특징이다. 하지만 현존하고

으나 역시 실현되지 못하고, 대신『대일본사료』(우다천황 때부터 에도시대를 대상으로 역사상의 주요 사건에 대해서 연대순으로 전거가 되는 사료를 열거)가 편찬되게 되었다. 遠藤慶太,『平安勅撰書研究』, 皇學館大學出版部, 2006 참조.

110) 坂本太郎, 日本歷史叢書『六國史』, 吉川弘文館, 1994 신장판(초판은 1970), 43~357페이지 참조.

111) 吉田孝,『日本の誕生』, 岩波書店, 1997; 神野志隆光,『「日本」とは何か』, 講談社現代新書, 2005; 鐘江宏之,『全集日本の歷史3 律令國家と万葉びと』, 小學館, 2008; 渡辺晃宏,『日本の歷史04 平城京と木簡の世紀』, 講談社, 2001 참조.

112) 渡辺滋, 科研研究費造成事業2008年度實績報告書(2006~2008),『日本古代における「文書主義」の導入と、その展開過程』, 國立歷史民俗博物館.

있는 사료를 보는 한 이 사서의 기술 태도는 적어도 『속일본기』보다 훨씬 더 정교하고 치밀한 서술 태도를 유지하고 있었으며 그 외에도 다른 사서에 비해 사망한 인물의 기사인 훙전(薨伝)의 기술 태도가 유달리 엄격한 점이 눈에 띤다.

네 번째로 『속일본후기』이다. 육국사 중 처음으로 한 대의 천황(仁明天皇, 재위기간 833~850년)의 기사만으로 구성된 사서로서 기술의 밀도가 치밀하며 한 천황의 일대사료 라는 점이 가장 큰 특징이다.

다섯 번째로 『일본문덕천황실록』이다. 『속일본후기』에 이어 이도 역시 한 천황의 기록만으로 된 것으로, 이제까지의 '○○기'라는 사서명이 '○○실록'으로 바뀐 최초의 사례이다. 본래 육국사란 것이 천황 중심의 역사서 라고는 하나, 이 문덕천황실록 이후 사서의 이미지가 국가의 기록에서, 천황의 일대기라는 것으로 역사서의 본연의 성격이 바뀐 것이라는 점에서 특징을 찾을 수 있다. 또한 육국사 중에서 다루고 있는 시기와 사서의 분량이 가장 적은 편이다.

마지막 여섯 번째로 『일본삼대실록』이다. 이 사서는 육국사 중 가장 그 기술이 충실한 것으로 정평이 있는데, 이는 나중의 관료들이 실무를 담당할 때 선례의 기준으로 참고가 될 수 있도록 의식한 것일 정도이다. 구체적으로는 조칙과 상표문, 그리고 관례 등에 이르기까지의 상세한 부분을 기록에 남기고 있는 점이 두드러진 특징이라 하겠다.

제2절 육국사의 실질적인 시작과 『속일본기』

『속일본기』는 『일본서기』를 이어 편찬된 두 번째 육국사로서 헤이안시대 초기에 해당하는 797년에 완성되었는데 담아내고 있는 시기는 문무(文武)천황 원년인 697년부터 간무(桓武)천황의 연력10년인 791년까지의 95년간이므로, 거의 동시대의 기록인 점이 눈에 띤다.[113] 사정이 이렇다 보니 기록의 당사자들이 생전 중임을 알지만 역사에는 기사마다의 포폄(襃貶)이 있게 마련이고, 또 그러다 보니 인물에 대한 호오(好惡)가 드러나게 되고 한편으로 이에 만족하지 못하는 사람이나 사안이 생겨난다.

특히 간무(桓武)천황 때의 기록 중에 자신의 치세에 큰 상처를 남겼던 자신의 친동생이었던 사와라(早良)친왕을 태자의 자리에서 폐위한 사건[114]과, 이 사건의 발단이 되었던 것으로 이해되는 사건인 후지와라노 다네쓰구(藤原種継)의 암살사건[115]이 삭제되고 있다. 이 삭제된 부분은 다음 천황인 헤이제이(平城)천황 때에 부활한다. 하지만 또 그 다음의 사가(嵯峨)천황 대에 이르러 다시 삭제된다. 이 삭제된 부분은 헤이안시대의 백과사전인 『일본기략(日本紀略)』[116)에 남아 있어 전모의 파악이 가능하다.

---

113) 이재석, 「『續日本紀』 편찬의 제문제」, 『일본역사연구』 42, 2015, 31~38페이지 참조.
114) 『일본기략』 연력4년(785) 9월 병진, 경인조 참조. 자세한 연구 성과는 이하의 논문 참조. 高田淳, 「早良親王と長岡遷都 ‒ 遷都事情の再檢討」, 『日本古代の政治と制度』, 續群書類從完成會, 1985; 長谷部將司, 「〈崇道天皇〉の成立とその展開 ‒ 九世紀における〈天皇〉の位相 ‒ 」, 根本誠二 他 編, 『奈良平安時代の〈知〉の相關』, 岩田書院, 2015 참조.
115) 『속일본기』 연력4년(785) 9월 乙卯(23일)조, 동 丙辰(24일)조 참조. 자세한 설명은 이하의 연구 성과를 참조하면 좋을 것이다. 藤原種継, 北山茂夫, 「藤原種継事件の前後」, 『日本古代政治史の硏究』, 岩波書店, 1959; 榮原永遠男, 「藤原種継暗殺事件後の任官人事」, 『長岡京古文化論叢』, 同朋社出版, 1986; 木本好信, 「藤原種継暗殺と早良廢太子の政治的背景」, 『奈良時代の人びとと政爭』, おうふう, 2003; 木本好信, 『藤原種継』, ミネルヴァ書房, 2015 참조.
116) 헤이안시대에 편찬된 역사서로 육국사를 발췌한 것으로 육국사 이후 고이치조(後一條)천황까지의 기록이다. 범위는 신대부터 장원(長元)9년(1036)까지로 편자는 알 수 없고, 편년체로 모두 34권이다. 본래의 서명 이외에도 『일본사기략(日本史紀略)』, 『일본사략(日本史略)』, 『일본사류(日本史類)』라고도 불리고 있다. 모두의 신대 부분은 나중에 삽입된 듯하다. 육국사에 없는 독자적인 문장의 삽입도 보인다. 후지와라노 다네쓰구(藤原種継)의 암살 사건과 사와라친왕이 배제된 사정에 관한 부분에서는 정치적 이유로 삭제된 『속일본기』의 삭제문을 다시 기록한 것으로 중요하다. 그 외에도 『일본후기』의 망실 부분을 복원하는데도 도움이 된다. 우다(宇

이러한 특정 사건의 기록의 삭제와 부활 재삭제를 전후한 배경에는 복잡한 정치적 상황이 결부되어 있다. 사와라친왕이 당시 사회의 두려움의 대상이었던 원령(怨靈)[117]이 되었다고 하는 설과 관계한다. 다시 말해 관련 기술이 부활된 헤이제이천황 때에는 다네쓰구의 딸인 후지와라노 구스코(藤原藥子)[118]가 천황의 총애를 독차지하고 있었다. 또한 헤이제이천황이 사와라친왕이 폐위된 탓으로 황태자가 된 입장이다 보니 사와라친왕의 원령설을 부정한다는 것은, 다른 면에서는 후임 천황의 황위계승을 정당화할 수 있는 근거가 되는 것이다.

그 외에도 나라시대에 중앙정부에 반란을 일으킨 '후지와라노 히로쓰구(藤原廣嗣)의 난'[119]의 주동자인 히로쓰구에 대한 호의적인 기사와 우사하

多)천황부터 고이치조천황까지의, 887년부터 1036년의 기술은 발췌가 아니고 편자가 직접 기록한 부분으로『신국사』등에서 자료를 찾은 것이겠지만 내용은 소략된 곳이 많다. 기본 텍스트는 黑板勝美 編,『新訂增補國史大系日本紀略』, 前篇(上下卷)과 後篇一卷, 吉川弘文館, 초판은 1929, 보급판 1979 참조.

117) 사람들을 위협하는 천재와 역병의 발생을 원한을 가지고 죽은 사람의 탓으로 하여 제명에 못 죽은 사람의 영혼을 원령(怨靈)이라고 한다. 山田雄司,『跋扈する怨靈』, 吉川弘文館, 2007; 山田雄司,『怨靈とは何か』, 中央公論新社, 2014; 이세연,「일본중세 무사들의 원한과 화해」,『일본사상』27, 2014 참조.

118) 헤이안시대 초기의 여관(女官)으로 후지와라 식가(式家)인 후지와라노 다네쓰구(藤原種繼)의 딸이다. 한때 감무천황의 미움을 사 황태자궁에서 추방을 당하지만, 나중에 감무가 사망하고 아테친왕이 즉위하자 여관의 최고위직인 상시(尙侍)가 된다. 809년(大同4) 헤이제이천황은 병을 이유로 동생인 가미노(神野)친왕(나중의 사가(嵯峨)천황)에게 양위하고 헤이조쿄(平城京)로 옮기는데, 구스코는 나카나리와 함께 헤이제이천황의 복위를 목적으로 했기에 분란이 생겼다. 다음 해인 810년에 사가천황은 헤이안쿄(平安京)에 있던 나카나리를 체포하고 구스코의 관위를 삭탈한다. 이에 헤이제이상황은 구스코와 함께 거병하는데 사가천황의 군대에게 패하게 되자, 헤이제이상황은 헤이조쿄로 돌아가 삭발하고 구스코는 음독자살한다. 上横手雅敬,「『建永の法難』について」, 上横手 編『鎌倉時代の權力と制度』, 思文閣出版, 2008 참조.

119) 히로쓰구는 나라시대의 중신으로 후지와라 식가의 원조인 후지와라노 우마카이(藤原宇合)의 장남이다. 738년에는 조정 내의 반 후지와라씨 세력에 서서 친족에의 비방을 이유로 다자이후로 좌천되고 있다. 히로쓰구는 이 조치에 불복하여 기

치만궁(宇佐八幡宮)의 신탁사건120)과 승려 도교(道鏡)121)에 관한 기술에도 정치적 의도가 포함되어 있다고 하는 설도 있다. 그렇지만 전반적으로『일본서기』에 비해서는『속일본기』의 사료적 신빙성은 비교가 되지 않을 만큼 높다고 할 수 있다.

한편,『속일본기』에 보이는 대(對) 한반도관은 특이한 구석이 있다. 구체적으로 언급하자면 신라를 '정벌(征伐)'하자는 기사가 보인다. 나라시대에서의 '신라정벌계획'은 두 차례 있었다. 두 차례의 신라정벌의 구상에는 반드시 절도사(節度使)가 등장한다.122) 그 배경에는 신라에 대해 일방적이라

비노 마키비(吉備眞備)과 승정(僧正)의 자리에 오른 당대의 실력자 겐보(玄昉)를 비난하는 상소를 올리고 있다. 하지만 실력자로 우대신(右大臣)의 자리에 있던 다치바나노 모로에(橘諸兄)는 이를 모반으로 여겨 소환 명령을 내린다. 이에 히로쓰구는 740년(천평12)에 동생 쓰나테(綱手)와 함께 다자이후의 세력과 규슈 남부의 이민족인 하야토(隼人) 등을 규합하여 1만 여의 병력으로 반란을 일으킨다. 北山茂夫,「七四0年の藤原廣嗣の叛亂」,『日本古代政治史の研究』, 吉川弘文館, 1959 참조.

120) 나라시대의 신호경운(神護景雲)3년(769)에 우사하치만궁(宇佐八幡宮)에서 쇼토쿠(稱德) 천황(나중 고켄(孝謙) 천황) 때에 승려 도교(道鏡)가 황위에 올라야한다는 신탁을 받았다고 하여 일어난 소동. 관련 연구로는 中西康裕,『續日本紀と奈良朝の政変』, 吉川弘文館, 2002; 細井浩志,『古代の天文異変と史書』, 吉川弘文館, 2007 참조.

121) 橫田健一, 人物叢書『道鏡』, 吉川弘文館, 初版 1959, 新裝版 1988; 北山茂夫,『女帝と道鏡』, 中央公論社, 中公新書, 1969, 講談社學術文庫 2008; 平野邦雄,『和氣淸麻呂』, 吉川弘文館, 초판 1964, 신장판 1986 참조.

122) 坂本太郎,「正倉院文書出雲國計會帳に見えた節度使と四度使」,『坂本太郎著作集』7, 吉川弘文館, 1989, 초출 1932; 村尾次郎,「出雲國風土記の勘造と節度使」,『律令財政史の研究』, 吉川弘文館, 1961, 초출 1953; 石母田正,「國家成立史における國際的契機」,『日本の古代國家』, 岩波書店, 1971; 奧田尙,「天平初期における日羅關係について」,『日本史論集』, 淸文堂, 1975; 瀧川政次郎,「山陰道節度使僉日本海沿岸の國防僉」,『國學院大學紀要』15, 1977; 友寄隆史,「節度使設置について」,『立正史學』45, 1979; 平川南,「鎭守府論I」,『東北歷史資料館研究紀要』6, 1980; 北啓太, 「天平四年の節度使」, 土田直鎭先生還曆記念會 編,『奈良平安時代史論集』上卷, 吉川弘文館, 1984; 大原良通,「唐の節度使と日本の遣唐使」,『史泉』77, 1993; 下向井龍彦,「軍縮と軍擴の奈良時代」,『歷博』71, 1995; 原田諭,「天平の節度使につ

고 해도 좋을 만큼 강한 적대감이 있었다.

제3절 육국사의 종언과 『일본삼대실록』

앞에서 『일본삼대실록』의 특징으로 꼽은 것은 이 사서가 육국사 중 가장
그 기술이 충실한 것으로 정평이 있다는 것이었다. 『일본삼대실록』의 기재
가 자세한 이유는 후세의 관료들이 실무를 담당할 때 선례의 기준으로 삼
은 데서도 잘 드러난다. 그런데 국사의 편찬에 이용된 기초적인 사료들에는
어떤 것들이 있었을까. 대개 이전의 국사가 참조되었을 것이고, 기문(記文)
과 일기(日記)가 주요 사료로 이용된 것이 확인된다.[123] 그럼 기문과 일기
에 대해 좀 더 상세히 알아볼 필요가 있다. 다시 말해 훗날의 정무에 선례
가 되기에 충분했던 『일본삼대실록』과 같은 국사, 그리고 기초 사료로서의
기문과 일기는 다음의 국사를 만드는데 가장 중요한 자료였다고 할 수 있다.

국사에 남기지 않으면 안 될 사료는 제왕이 백성을 교화하는 덕인 성교
(聲敎)와 선을 권하고 악을 벌하는 권선징악으로서의 권징(勸懲)의 내용이
었다.[124] 또 국사 편찬을 실제로 담당하는 관료는 각 관청의 실무관인, 외
기와 유사(儒士), 그리고 국사 편찬의 실무를 담당하기 위해 파견된 관리들
이었다. 그런데 『일본삼대실록』을 마지막으로 국사의 편찬 사업이 중지된
다. 이러한 변화는 이전의 국사의 편찬사업에 어떤 변화가 있었던 것을 말
하는 것일까. 종래의 학계는 이 중요한 사실에 명확한 답을 내놓지 못하고

いて」, 『續日本紀研究』 321, 1999; 小田切敏雄, 「天平四年節度使再考」, 『法政史學』
70, 2008; 中尾浩康, 「天平期の節度使に關する一考察」, 『續日本紀研究』 388, 2010;
五十嵐基善, 「天平期における節度使体制の軍事的意義について」, 『日本古代學』 第
4号, 2012, 3~18페이지 참조.
123) 遠藤慶太, 『平安勅撰史書研究』, 皇學館大學出版部, 2006(초출은 2001) 제7장 참조.
124) 『속일본기』 연력13년 상표(上表) 참조.

있다. 그래서 여기서는 그 변화의 사정을 살펴보도록 하자.

우선 『일본삼대실록』의 편찬에는 이전 국사의 편찬에는 보이지 않던 변조가 보인다고 한다. 첫 번째로 육국사 중 유일하게 간지와 일부를 병용하고 있는 점. 두 번째로 음양료(陰陽寮)의 점언(占言)을 게재하고 있는 점. 세 번째로 항례 행사의 적극적인 채록 등이다. 그 외에 엔도(遠藤京太)씨가 들고 있는 결정적 이유란 『유취국사(類聚國史)』125)의 등장이다.126)

과연 그럴까. 비록 『유취국사』가 연대기체로 써졌으며 정무의 공구서로서 편리함을 극대화한 사서라고는 하지만, 7세기말의 율령국가 성립 이래 견지해온 육국사의 편찬 사업을 방기할만한 이유로 볼 수 있을 것인 가에는 의문이 남는다.

다음의 표에는 육국사 중의 상서(祥瑞)와 재이(災異) 기사가 보인다.

〈표 2〉 육국사 중의 상서(祥瑞)와 재이(災異) 기사127)

	상 서			재 이	
	구름	눈	木連理	지진	화재
일본서기	0	0	2	25	12
속일본기	7	1	8	84	19
일본후기	5	23	2	112	18

125) 편년체인 육국사의 기재를 중국의 백과사전류, 즉 유서(類書)의 체제에 따라 분류하고 편찬한 것으로 스가하라 미치자네(菅原道眞)가 편찬했으며, 그 완성은 892년(관평4년)이다. 원래는 본문 200권, 목록 2권, 계도 3권의 총 205권이었지만 현존은 62권이다. 18의 분류(유취)마다 정리한 것으로, 그 분류는 다음의 신기(神祇), 제왕(帝王), 후궁(後宮), 인(人), 세시(歲時), 음악(音樂), 상연(賞宴), 봉헌(奉獻), 정리(政理), 형법(刑法), 직관(職官), 문(文), 전지(田地), 상서(祥瑞), 재이(災異), 불도(仏道), 풍속(風俗), 수속(殊俗) 등이다.

126) 遠藤慶太, 『平安勅撰史書研究』, 皇學館大學出版部, 2006(초출은 2001) 제7장, 제13장 참조.

127) 坂本太郎, 日本歷史叢書 『六國史』, 吉川弘文館, 1994 신장판(초판은 1970), 310페이지 참조.

	상 서			재 이	
	구름	눈	木連理	지진	화재
속일본후기	3	0	0	48	14
문덕천황실록	2	4	7	94	9
일본삼대실록	8	18	30	293	39

이 중에 『일본삼대실록』에 집중적으로 재이 기사가 많이 보이는 것은 무엇을 말하는 것일까. 『일본삼대실록』은 세이와(清和), 요우제이(陽成), 고코(光孝)천황의 삼대의 기록으로 시기적으로는 858년부터 877년까지의 기록이다. 다시 말해 19년간의 기록인데, 재이 기사의 빈도는 거의 매년 꼴로 17회씩 발생하고 있다. 그렇다면 매달 1.4건 이상의 지진과 화재가 발생했다는 것이 된다. 요컨대 19년 동안 매달 1.4건 이상의 이상(異常) 현상이 빈발했다는 소리가 된다.

이러한 사실을 포함해서 율령국가가 그토록 심혈을 기울여 벌인 국사 편찬 사업이 이때에 막을 내린다고 하는 것은 어떤 이유가 있었을 것이다. 이를 두고 보통 율령정치의 쇠퇴가 이야기된다. 좀 더 구체적으로 보자면, 『일본삼대실록』, 조간(貞觀)11년(869) 5월26일조의 기사와 같은 대재해가 배경에 있지 않았을까. 이 기사에 의하면,

"밤인데도 불구하고 발광현상이 일어나 대낮처럼 밝았다. 집들이 무너지고 땅이 갈라져 사람들이 산채로 파묻히는 바람에 수많은 피해자가 속출했다. 말과 소들은 울부짖으며 서로를 짓밟으며 배회하고 있었다. 무쓰 국의 국부인 다가죠(多賀城)의 성곽과 창고와 문, 초소와 벽은 모두 무너져 내려 피해를 어떻게 상정할 도리가 없다. 바다가 벽력같은 소리를 내며 미쳐 날뛰다가 회오리치면서 팽창하고, 그 결과 생겨난 거대한 파도는 순식간에 성을 휩쓸었다. 바다는 수십, 수백 리에 걸쳐있어, 어디가 땅이고 어디가 바다인지 경계가 알 수 없게 되었다. 지금은 길도 들도 모두 물속에 잠겨있다. 바다로 도망칠 수도 없고, 높은 산에 올라 피신도 하지 못해 익사한 자는 천명

에 이른다. 사람들 모두의 자산은 물론 내년에 심을 종자조차 건지지 못해 거의 빈털터리로 이제 수중에 남아있는 것은 아무것도 없었다."

위 사료의 밑줄 친 부분은 '3.11 동일본대지진'의 거대 쓰나미를 연상시킨다. 지역도 피해 범위도 비슷했던 것 같다. 이를 일러 9세기 중후반의 시기는 연속된 대지동란(大地動亂)의 시대[128] 였던 셈이다.

이 기사가 보이는 시기는 세이와(淸和)천황 때이다. 세이와천황은 858년 9세의 어린 나이로 즉위하여, 876년 26세의 나이로 양위하고, 880년 31세의 나이로 세상을 떠났다. 세이와천황의 즉위 이후 사거할 때까지 그의 생애는 천재이변의 연속이었다. 달리 표현하자면 세이와는 약 30년간의 존명기간 거의 노이로제 상태로 살았다고 과언이 아니다. 특히 다음은 그가 기거했던 헤이안궁과 헤이안경이 이변의 연속이었음을 말해준다.

858년 즉위
868년 헤이안경 지진(21회)
869년 조간대지진
872년 헤이안경 지진(15회)
873년 헤이안경 지진(12회)
874년 헤이안경 지진(13회)
876년 다이고쿠덴(大極殿) 화재/**양위**
879년 출가/헤이안경 지진(12회)
880년 헤이안경 지진(31회)/**사망**

게다가 866년의 응천문(応天門)의 변,[129] 869년의 신라해적에 의한 연공

---

128) 保立道久, 『歷史の中の大地動亂-奈良·平安の地震と天皇-』, 岩波書店, 2012, Ⅲ章 참조.

129) 헤이안시대의 정치사건으로 応天門이 방화된 사건이라고도 한다. 고발과 무죄를 거쳐 다시 밀고가 이어지는 등, 도모노 요시오(伴善男) 부자에게 혐의가 씌어져

(年貢)공납선 습격사건[130] 등은 세이와천황에게 국내, 국외의 정치적 부담으로 작용했을 것임이 틀림없다.

이상과 같은 천재이변의 연속은 일본의 3대 마쓰리 중의 하나인 교토의 기온(祇園)마쓰리의 기원이 이 시기였음을 짐작케 한다. 다시 말해 기온마쓰리의 제신을 '지진신'으로 설정해도 아무런 위화감이 없는 것이다.[131]

앞에서 『일본삼대실록』 시대는 세이와, 요제이, 고코천황의 삼대의 기록으로, 시기적으로는 858년부터 877년까지에 해당된다고 했다. 그럼 점에서 각 천황의 시대를 자세하게 나누어 자연현상과의 관련을 더듬어 보자.

세이와(淸和)천황(858~876년)
863년 엣츄(越中), 에쓰고(越後) 지진
864년 후지분화, 아소산 신레이이케 분화
867년 분고(豊後) 쓰루미타케(鶴見岳) 분화, 아소산 분화
868년 하리마(播磨)지진, 평안경군발 지진
<u>869년 무쓰(陸奧)해구 지진과 쓰나미(M8.3),</u>
       비고(肥後)국 지진, 야마토(大和) 지진
871년 데와 초카이산(鳥海山) 분화
874년 사쓰마(薩摩) 가이몬타케(開聞岳) 분화
요제이(陽成)천황(876~884년)
878년 남관동 지진
880년 이즈모(出雲) 지진, 평안경 군발지진

유형에 처해졌다. 이로써 고대의 명족이었던 도모(오토모씨)가 몰락했다. 후지와라씨의 다른 씨족에 대한 배척사건의 하나로 여겨진다.
130) 『日本三代實錄』貞觀11년 6월 15일조 참조.
131) 기온마쓰리는 헤이안시대의 조간11년(869)에 역병이 유행했을 때, 역병을 막아주는 고즈(牛頭)천왕(스사노오노미코토)을 받들고 부정을 불식하며, 자신의 뜻과는 상관없이 죽음을 맞이한 영혼들에 의한 재앙을 막기 위한 목적으로 고료에(御靈會)를 행한 것이 그 시초이다. 이 고즈천왕 자신이 지진을 예방하는 신이었던 셈이다. 保立道久, 『歷史の中の大地動亂—奈良・平安の地震と天皇』, 岩波書店, 2012 참조.

고코(光孝)천황(884~887년)

885년   사쓰마 가이몬타케 분화
886년   이즈(伊豆) 니지마(新島) 분화
887년   남해와 동해 연동지진(M8~M8.5)

이상의 세 천황의 재해 관련 기사만으로도 9세기 중후반의 율령국가에 드리운 그림자가 짙음을 알 것 같다. 특히 887년의『일본삼대실록』은 헤이 안경 만이 아니라 일본 전국을 가리키는 의미인 '오기(五畿)와 칠도(七道)' 가 크게 흔들렸다고 기록하고 있다.132) 당시의 고코(光孝) 천황은 궁전에서 피난하여 정원마당을 거주공간으로 삼았을 정도이다. 창고와 가옥이 도괴 하여 다수가 압사하고, 관리들 중에는 쇼크로 죽은 자마저 생겨났다.『일본 삼대실록』의 마지막은 아직도 여진이 지속하는 8월에 고코 천황이 급서하 고 있는 기사로 끝나고 있다.133)

이후 다음 천황들의 정사인『신국사』의 편찬이 시도되었다고는 하지만 완성을 보지 못했다.134) 일본율령국가의 가장 중요한 사업이었던 국사 편 찬사업은 이것으로 종지부를 찍게 되는 것이다.135) 결국 일본율령국가의 핵심 사업이자 국가 질서의 근간인 정사의 편찬이라는 텍스트 편찬 사업이 중단하게 된 이면에는 끊임없이 다발하는 9세기 중엽 이후의 천재이변이 있었던 것이다. 다시 말해 율령국가는 더 이상 7세기말의 모습으로는 존속 이 불가능하게 되었다는 것을 고백하지 않을 수 없게 되었던 것이다.136)

---

132)『日本三代實錄』仁和3년(887) 7월30일(辛丑)조 참조.
133)『日本三代實錄』仁和3년(887) 8월조 참조.
134) 육국사 최후의『일본삼대실록』의 뒤를 이어, 10세기 편찬하려한 고대일본의 국사 로 초고인 상태로 끝났다고 한다. 다른 이름으로는『속삼대실록』이라고도 한다. 그 이후에도, 우다천황과 다이고천황 2대의 시기를 다룬 정사편찬사업이 시도된 흔적이 있었던 것으로 보인다.
135) 細井浩志,『古代の天文異変と史書』, 吉川弘文館, 2007; 遠藤慶太,『平安勅撰史書研 究』, 皇學館大學出版部, 2006 참조.
136) 송완범,「일본율령국가의 변용에 대한 일고찰-간무(桓武)천황의 가타노(交野) 행

결. 수사사업의 중단과 율령국가의 전환

이상을 간단히 요약하면 다음과 같다. 고대일본의 완성된 국가형태라고 말해지는 율령국가는 몇 가지 특징 중 관찬 사서의 편찬 작업은 자국의 발전의 융성을 보여주고 나타내는 좋은 기념비적 행위인 셈이다. 다시 말해 고대일본의 수사사업은 일본사에서 고대국가의 완성기라고 말해지는 율령국가의 성립기에 크게 진척되었다고 말해진다.

이와 더불어 율령국가의 수사사업이 중단된 이유는 『일본삼대실록』에서 보이는 빈발하는 자연재해가 중요한 요인임을 밝혔다. 요컨대 율령국가의 수사사업으로서의 육국사의 실질적인 시작과 종말에 보이는 여러 요인을 살피는 것에 의해 율령국가의 시작과 변환의 다양한 얼굴이 드러날 수 있다고 생각한다.

행(行幸)을 중심으로ー」, 『일본학연구』 31호, 2010 참조.

3부 결 론

평안시대에 들어서면 백제왕씨는 환무천황의 외척이라고 하는 혈연적 관계로 인해 높게 평가를 받아 씨족에 대한 우대는 정점을 달했다. 그러나 환무천황과 백제왕씨의 관계를 혈연적 관점에만 집중하여 검토하려고 하는 시도만으로는 양자의 관계가 정확히 보이지 않는 것은 아닐까. 그래서 환무천황의 가타노(交野) 행행에 주목하여 특히 백제사, 유렵, 천신제사, 백제악과 백제무 등을 키워드로 삼아 검토를 행한 결과, 매 사냥과 백제악은 본래 백제왕이 왕의 권위를 과시하게 위해 행한 통치 행위이고 이것을 백제왕씨의 지원 하에서 환무가 스스로 행한다고 하는 사실은 백제왕씨 집단을 매개로 하여 환무의 중국적 율령국가와 중국적 천자상의 실현이라고 하는 의도가 숨어 있는 것을 밝혔다. 나아가 환무 시대의 다양한 퍼포먼스의 배경에는 천무조에서 천지조로의 황통이 교체되었다는 사실도 여러 가지 행동 작동의 기제가 되었을 것이다.

하지만 당과 신라, 발해라고 하는 동아시아세계를 환무의 이상의 실현 대상으로 하는 것은 지난한 과제이고 환무천황은 열도 내부에서 번국(蕃國)과 이적(夷狄)을 구하고 있다. 그 존재는 백제왕씨라고 하는 번국의 후예이고 에미시라고 하는 동북의 이적 집단이었다.

백제왕씨의 '종언'은 9세기 후반에 일어났다. 종언이라고 해도 백제왕씨 전체가 한꺼번에 일제히 소멸했다고 하는 것은 아니다. 그러나 고대일본에 있어서 9세기 중반의 인명천황의 시기를 경계로 하여 천황의 후궁으로부터 백제왕씨의 여성들이 갑자기 소멸하고 백제왕씨의 거점인 가타노에의 행행이 중단되는 등 전대까지의 백제왕씨의 우대적 지위는 박탈되고 있다.

그럼 고대일본에서의 9세기 중반이란 어떠한 의미가 있는 것인가. 이시모다(石母田正)씨가 '고대 전환기로서의 10세기'라고 하는 테제를 제창한 이래 10세기에 일본고대국가와 사회가 심각한 전환을 이루고 가마쿠라막부에 있어 완성하는 중세적 정치 형태의 최초의 전제가 형성된다고 하는 10세기 전환설은 매우 강고한 패러다임으로서 오늘날에 이르고 있다.[137]

이러한 이시모다씨의 10세기 전환설에 대해 무라이(村井章介)씨는 중세적 왕토왕민상상과 신국사상의 출발은 9세기의 신라와의 관계를 중시하지 않으면 이해할 수 없다고 주장하고 있는데 이것이 9세기 전환설이다.[138] 이어 무라이씨는 일본이라는 국가가 자기 지배의 객체를 인식하고 지배의 정당성을 재인식하는 이데올로기로서 왕토왕민사상을 언급하고 있다. 다시 말해 일본의 지배층이 왕토를 닫힌 공간으로서의 국토에 지나지 않는다는 것을 자각하고 게가레(穢れ), 즉 부정(不淨)이 충만한 이역(異域)으로부터 국가 영역의 청정성을 지키려고 하는 퇴행적인 대외 자세를 유지하려고 했다는 것이다.

이러한 견해는 백제왕씨이 종언을 생각하는 중에 매우 시사적이다. 종래 내부의 번국인 백제왕씨를 일본고대국가와 천황의 밑에 두는 것에 의해 '소중화사상'을 만족시켜 왔던 일본이 동아시아 질서 속에서 고립의 길을 걷게 되자 백제왕씨가 갖고 있던 '내부의 번국'이라고 하는 독특한 성격이 더 이상 매력적이지 않게 된 것이다. 이로 인해 백제왕씨의 종언은 9세기 중반의 율령국가의 전환의 시점과 묘하게도 겹치게 된 것은 아닐까.

보론에서는 율령국가의 특징 중 하나인 관찬사서의 편찬이 9세기 중반을 경계로 중단된 사정에 대하여 종래의 정치사적 접근보다는 천재이변의 빈발에 의한 사정도 고려할 필요가 있다고 주장한다.

---

137) 石母田正, 『古代末期の政治過程および政治形態』, 1950; 동 『古代末期政治史序説』, 未來社, 1960 참조.
138) 村井章介, 「王土思想と九世紀の轉換」, 『思想』847, 1995 참조.

종 장

일본율령국가에서의 백제왕씨의 존재의의

이상의 내용을 요약하면 다음과 같다. 우선 제1부 「일본율령국가의 성립과 백제왕씨」에서는 백제 멸망 전후부터 지통조까지의 시대를 다루었다. 제1장 「7세기의 왜국과 백제-백제왕자 풍장의 동향을 중심으로-」에서는 백제왕자 풍장에 관한 기초적 고찰을 근거로 7세기의 왜국과 백제와의 관계의 고찰을 행하였다. 종래는 왜국의 정치 상황 속에 이해되는 바가 많았던 풍장의 내왜와 백제왕 옹립에 대해서 본고에서는 새로운 백제 국내에서의 정치 상황이나 외교정책 그리고 부흥군의 내실이라는 시점에서 검토를 행하였다.

제2장 「백촌강의 싸움과 왜-동아시아 신체제의 재편과 관련하여-」에서는 백촌강의 싸움과 그것에 의해 발생한 백제유민에 대해서 검토했다. 백제의 정치 상황과 백제부흥군의 입장에 주목하고 나아가 백제유민을 받아들이는 야마토정권 측의 대외관에 대해서도 고찰했다.

제3장 「백제왕씨의 성립과 일본율령국가」에서는 백제왕씨 성립에 이르는 과정을 동아시아 세계를 시야에 넣고 백제유민의 시점에도 주의하면서 재검토를 시도하였다. 왜국에 의한 「백제왕」의 승인은 동아시아 세계 속에서도 특이한 대응이고 위기적인 대외 사정을 배경으로 한 결단이었다. 종래 이 「백제왕」 임명은 왜국의 「소제국주의」를 나타내는 사례라고 말해져 왔지만 임명 주체는 말할 것도 없이 어디까지나 부흥군 측이었고 왜왕권은 그것을 추인한 것에 지나지 않은 것이라고 생각된다. 그 후에도 왜왕권은

「백제왕」과 백제유민의 자립성을 인정하면서도, 한편으로는 서서히 자신의 지배하로의 포섭을 심화시켜 가서, 드디어 지통조에 이르러 「백제왕」은 드디어 성, 씨족명칭으로의 변화를 이루고 그 통솔력이나 자립성은 서서히 잃어진다. 이처럼 백제왕씨의 성립 과정은 그대로 「백제왕」과 백제유민의 자립성 붕괴의 과정이기도 했던 것을 명백히 했다.

그리고 부론 「금석문 갑오년명 법륭사 금동관음 조상기 동판(甲午年銘 法隆寺金銅觀音造像記銅版)」에서 보는 백제왕씨」에서는 금석문 사료를 이용하여 백제왕에서 백제왕씨로의 변화를 살펴보았다.

제2부 「일본율령국가의 전개와 백제왕씨」에서는 나라시대에서의 백제왕씨의 존재에 대해 검토를 시도하였다. 제1장 「나라시대의 백제왕씨」에서는 관위(冠位)와 위계(位階)로부터 백제왕씨 우대의 실태를 살펴보고, 또 이 시기에서의 백제왕씨의 중심적 인물인 백제왕경복의 동향과 가타노(交野)에의 이주에 대해서 검토하고 나아가 나라시대 정치사상의 백제왕씨의 위치에 대해서도 논급했다. 백제왕씨는 군사적이고 학문적 역할을 다하는 것과 함께 「내부의 번국」이라고 하는 율령국가의 소중화사상을 지탱하는 이념적 존재로서의 역할도 기대되었던 것을 명백하게 밝혔다.

제2장 「도래계 유민의 개사성 기사로부터 본 백제왕씨」에서는 같은 도래계 씨족인 고구려계 도래씨족과의 비교를 통하여 검토를 시도해 보았다. 그 결과 복잡한 멸망 사정을 가진 고구려 유민에 비하여 백제왕씨는 씨족제적인 우지(ウジ)·가바네(カバネ)의 틀 속에 속하지 않는다고 하는 특징을 가지는 등 많은 면에서 우대되는 입장에 있었던 것을 알 수 있었다.

제3부 「일본율령국가의 전환과 백제왕씨」에서는 헤이안(平安)시대 이후의 백제왕씨에 대해서 검토했다. 환무조에 대해서는 지금까지 비교적 언급되는 적이 많았지만 그 이후의 시기에 대해서는 사료적 한계로부터도 별로 검토되지 않았다. 그래서 본고에서는 불과 얼마 남겨지지 않은 사료로부터 그 이후의 백제왕씨에 대해서도 부언하기로 했다. 제1장 「환무천황과 백제

왕씨」에서는 종래에 환무천황의 외척이라는 혈연적 관계만에 관심이 집중
되었던 것에 비하여 백제왕씨와 백제계 제씨족과의 관련에 대해 지적하는
것과 함께 가타노 행차에서의 백제사·유렵(遊獵)·천신제사·백제악과 백제
무 피로에 주목하고, 환무천황의 중국적 율령국가와 중국적 천자상의 실현
이라는 목적에 백제왕씨의 존재가 크나큰 역할을 담당한 것을 지적했다.

제2장「일본율령국가의 전환과 백제왕씨의 종언」에서는 차아(嵯峨)~인
명(仁明)기에서의 백제왕씨를 중심으로 검토했다. 차아~인명조까지는 백
제왕씨의 여성이 이 후궁에 들어가는 것에 의해 백제왕씨는 일정의 권력을
확보할 수가 있었다. 그러나 그 이후가 되면 사료상에 나타나는 백제왕씨의
지위는 명백히 강하하고 전대까지의 우대되던 입장은 완전히 박탈당하게
되는 것이다. 본고에서는 이를「백제왕씨의 종언」이라고 표현했다. 종언의
배경으로서는 9세기 중반을 경계로 일본이 동아시아 질서 속에서 고립하게
되고 백제왕씨가 갖고 있던「내부의 번국」이라는 독특한 성격도 그 역할을
끝마치게 된 것으로 추측했다.

다음으로 본론을 종래의 연구와 비교한 경우의 특징을 들어 보자. 먼저
첫 번째로, 종래의 백제왕씨의 발생에 대한 대부분의 연구가 왜의 입장에서
의 시점인 것에 대하여 본론은 백제부흥군 측 그리고 백제유민 측의 입장
에서 검토했다. 그것에 의해 백제왕에서 백제왕씨에의 변화를 보다 구체적
으로 읽어낼 수가 있었다.

두 번째로, 종래의 연구가 나라시대의 백제왕씨에 대해서 그 율령 관인
화의 측면만에 주목하는 바가 많았던 것에 대하여 본론에서는 단순한 율령
관인화의 길에 그치지 않고 구백제계 제씨족들과의 관계 계속이라고 하는
면에도 주의했다. 특히 환무와 백제왕씨의 혈연 관계에 주목하는 연구는 많
았지만 거기서부터 백제왕씨의 구백제 도래계 씨족의 대표적 존재로서의
위치와 천황의 모계의 계보를 뒷받침하는 역할에까지 언급한 것은 없었다
고 할 수 있다.

세 번째로, 헤이안조의 백제왕씨에 대한 종래의 연구는 거의 없었다고 할 수 있지만 본론에서는 차아~인명조를 끝으로 백제왕씨가 「종언」을 맞이하게 되었다는 전망을 보일 수가 있었다.

마지막으로, 이번 연구에서는 백제왕씨라고 하는 하나의 도래계 씨족을 통하여 일본율령국가의 특성을 명백히 할 수 있었는데 앞으로는 중국과 반도 제국(고구려·신라·백제)로부터 도래한 다양한 여러 씨족을 연구의 소재로 하여 일본율령국가의 전체상을 보다 광범위한 시각으로부터 분석하고 그 특성을 검토해 나가는 것을 목표로 하고 싶다고 생각한다.

참고문헌

『日本書紀』,『續日本記』,『日本後紀』,『續日本後紀』,『日本文德天皇實錄』,『日本三代實錄』,『日本紀略』,『風土記』,『万葉集』,『令義解』,『令集解』,『類聚三代格』,『延喜式』,『寧樂遺文』,『平安遺文』,『大日本古記錄』,『史料大成』,『大日本古文書』,『舊唐書』,『新唐書』,『資治通鑑』,『通典』,『三國史記』,『三國遺事』

石母田正,『日本の古代國家』第1章, 岩波書店, 1971

奥田尙,「天平初期における日羅關係について」,『時野谷勝教授退官記念日本史論集』, 吉川弘文館, 1972

鬼頭淸明,「敵·新羅·天皇制」,『歷史學研究』646, 1993

坂本太郎,「正倉院文書出雲國會計長に見えた節度使と四度使」,『日本古代史の基礎的研究』下, 東京大學出版會, 1964

早川庄八,「天平6年出雲國會計長の研究」,『日本古代の文書と典籍』, 吉川弘文館, 1997

村尾次郎,「出雲國風土記の勘造と節度使」,『增訂版律令財政史の研究』, 吉川弘文館, 1964

北啓太,「天平4年の節度使」,『土田直鎭先生還暦記念奈良平安時代史論集』上, 吉川弘文館, 1984

大原良通,「唐の節度使と日本の遣唐使」,『史泉』77, 1993

塚口義信,『神宮皇后伝説の研究』, 創元社, 1980

關晃,「上代における日本書紀購讀の研究」,『著作集五日本古代の政治と文化』, 吉川弘文館, 1997

井上薰,『奈良朝仏教史の研究』, 吉川弘文館, 1966

_____,『古代史の群像』, 創元社, 1980

北山茂夫,『日本古代政治史の研究』, 岩波書店, 1959

岸俊男,『藤原仲麻呂』, 吉川弘文館, 1969

和田軍一,「淳仁朝に於ける新羅征討計畵について」,『史學雜誌』35-10, 11, 1924

藤間生大,「古代權力肥大の國際的契機」,『東アジア世界の形成第2版』, 春秋社, 1977

東野治之, 「日羅間における渤海の中繼的役割」, 『日本歷史』438, 1984

李成市, 『東アジア王權と交易』, 靑木書店, 1997

田村円澄, 『古代日本の國家と仏敎』, 吉川弘文館, 1999

酒寄雅志, 『渤海と古代の日本』, 塙書房, 2001

石井正敏, 『日本渤海關係史の硏究』, 吉川弘文館, 2001

河內春人, 「アジアにおける安史の亂の影響と新羅征討計畵」, 『日本歷史』561,
　　　　　1995

_____, 「日本古代における礼的秩序の成立」, 『明治大學人文科學硏究所紀
　　　　　要』43, 1997

_____, 「詔勅·處分にみる新羅觀と新羅征討政策」, 『駿台史學』108, 1999

古畑徹, 「7世紀末から8世紀初にかけての新羅·唐關係」, 『朝鮮學報』107, 1984

鈴木靖民, 『古代對外關係史の硏究』, 吉川弘文館, 1985

山尾幸久, 『古代の日朝關係』, 塙書房, 1989

濱田耕作, 『新羅國史の硏究』, 吉川弘文館, 2002

池田溫, 『東アジアの文化交流史』, 2002

_____, 『古代を考える唐と日本』, 吉川弘文館, 1992

金子修一, 『隋唐の國際秩序と東アジア』, 名著刊行會, 2001

森公章a, 『『白村江以後』―國家危機と東アジア外交―』, 講談社, 1998

_____b, 『古代日本の對外認識と通交』, 吉川弘文館, 1998

北山茂夫, 『萬葉集とその世紀』, 新潮社, 1985

倉本一宏, 『戰爭の日本史 2壬申の亂』, 吉川弘文館, 2007

_____, 『歷史の旅 壬申の亂を步く』, 吉川弘文館, 2007

_____, 『持統女帝と皇位継承』, 吉川弘文館, 2009

송완범, 「백촌강싸움과 왜―동아시아세계의 재편과 관련하여―」, 『한국고대사연
　　　　구』 45, 2007(→송완범 외, 고려대학교 일본연구센터 일본학총서27 『일본
　　　　의 전쟁과 평화』, 인터북스, 2014)

唐代史硏究會 編, 『隋唐帝國と東アジア世界』汲古書院, 1979

金鉉球, 『大和政權の對外關係硏究』, 吉川弘文館, 1985

日野開三郎, 『東洋史學論集第8卷 小高句麗國の硏究』, 三一書房, 1984

倉本一宏, 「天智朝末年の國際關係と壬申の亂」, 『日本古代國家成立期の政
　　　　　權構造』, 吉川廣文館, 1997

龜田修一, 「日韓古代山城の比較」, 『古代武器硏究』9, 2008

森田悌, 「神火」, 『國史大辭典 15』, 吉川弘文館, 1996

星野良作, 『硏究史 壬申の亂』(增補版), 吉川弘文館, 1978

송완범, 「김춘추의 외교와 동아시아-640년대 쿠데타의 도미노와 관련하여」, 『동아시아고대학』19, 2009

吉川眞司, 「律令体制の形成」, 『日本史講座第 1卷律令國家の法と社會』, 東京大學出版會, 2004

北康宏, 「日本律令國家法意識の形成過程-君臣意識と習俗統制から-」, 『日本史研究』501, 2004

佐藤信 編, 『日本と渤海の古代史』, 山川出版社, 2003

石井正敏, 『日本古代國家と渤海』, 山川出版社, 2003

浜田久美子, 「渤海史研究の歩み」, 『歷史評論』643, 2003

송완범 역, 『일본의 고대사 인식-'동아시아세계론'과 일본-』, 역사비평사, 2008 (西嶋定生 著·李成市 編, 『古代東アジア世界と日本』, 岩波書店, 2000)

馬場直也/高麗文康 저, 柳田敏司 감수, 『高麗神社』, さきたま文庫, 2000

土田直鎭, 『古代の武藏を讀む』, 吉川弘文館, 1994

김현구 외, 경인한일관계연구총서 47『한일 상호간 集團居住地의 역사적 연구-미래 지향적 한일관계의 提言-』, 경인문화사, 2011

고려대학교 일본사연구회 편, 『동아시아 속의 한일관계사-반도와 열도의 교류-』상, 제이앤씨, 2010

노태돈 외, 한일관계사연구논집 13『고대 동아시아 재편과 한일관계』, 경인문화사, 2010

加藤謙吉, 「高麗若光과 高麗福信-高句麗系 渡來人과 東國-」, 고려대학교 일본사연구회 편, 『동아시아 속의 한일관계사-반도와 열도의 교류-』상, 제이앤씨, 2010

間宮士信 等 編, 『新編相模國風土記稿』, 第3輯(大住·愛甲·高座郡), 近代デジタルライブラリー 國立國會図書館, 검색

大津透, 「近江と古代國家」, 『律令國家支配構造の研究』, 岩波書店, 1993

송완범/서각수/이계황/현명철, 『조선총독부역사교과서분석 Ⅳ』, 동북아역사재단(내부 자료집), 2012

金任仲, 「古代日本と朝鮮渡來文化(一)高麗神社と聖天院をめぐって」, 『文芸研究』109, 2009

송완범, 「일본율령국가의 개·사성정책에 대하여-반도의 유민을 중심으로-」, 『일본역사연구』22집, 2005

송완범, 「조선총독부 초등국사교과서의 고대사 서술에 대한 일고찰」, 『일본연구』

　　　23집, 2015

金達壽,「日本の中の高句麗文化」,『古代の高句麗と日本』, 學生社, 1988

　　　,『日本の中の朝鮮文化』, 講談社, 1970

カール·マルクス(手島正毅 譯), 國民文庫28『資本主義的生産に先行する諸形
　　　態』, 大月書店, 1959

狩野久,『日本古代の國家と都城』, 東京大學出版會, 1990

鬼頭淸明,『日本古代都市論序說』, 法政大學出版局, 1977

岸俊男, NHK大學講座『日本の古代宮都』, 日本放送出版協會, 1981

佐藤 信,「궁도の形成と変容」, 新体系日本史6『都市社會史』, 山川出版社, 2001

舘野和木, 日本史リブレット7『古代都市平城京の世界』, 山川出版社, 2001

林部均, 歷史文化ライブラリー249『飛鳥の宮と藤原京-よみがえる古代王宮
　　　-』, 吉川弘文館, 2008

飯沼賢司,『環境歷史學とはなにか』(日本史リブレット), 吉川弘文館, 2004

本谷勳,『歷史としての環境問題 』(日本史リブレット), 吉川弘文館, 2004

佐藤信, NHKカルチャーラジオ歷史再發見『木簡から讀み解く平城京』, NHK
　　　出版, 2010

馬場基,『平城京に暮す-天平びとの泣き笑い-』, 吉川弘文館, 2010

仁藤敦史, 歷史文化ライブラリー333『都はなぜ移るのか-遷都の古代史-』,
　　　吉川弘文館, 2011

新村拓,『日本医療社會史の研究』, 法政大學出版局, 1985

酒井シヅ,『病が語る日本史』, 講談社, 2008

安田政彦, 歷史文化ライブラリー224『平安京のニオイ』, 吉川弘文館, 2007

송완범,「고대일본의 '궁도'에 대하여」,『신라문화제학술논문집』제29집, 2008

　　　,「'일본율령국가'의 도시 '平城宮·京' 연구」,『史叢』제77호, 2012

　　　,「9세기 일본율령국가의 전환과 백제왕씨의 변용」,『한일관계사연구』제29
　　　집, 2008

　　　,「일본율령국가의 변용에 대한 일고찰」,『일본학연구』31호, 2010

福原榮太郎,「天平9年の疫病流行とその政治的影響について」,『神戶山手大
　　　學環境文化研究所紀要』4, 2000

野崎千佳子,「天平7·9年に流行した疫病に關する一考察」,『法政史學』53, 2000

グラ·アレクサンドル,「8~9世紀における飢疫發生記錄に關する一考察」,『アジ
　　　ア遊學』79, 2005

董科,「平安時代前期における疫病流行の研究」,『千里山文學論集』82, 2009

____, 「奈良時代前後における疫病流行の研究」, 『東アジア文化交渉研究』3, 2010

淺見益吉郞, 「『續日本紀』に見る飢と疫と災」, 『奈良女子大學食物學會誌』34, 2009

淺見益吉郞·新江田絹代, 「六國後半における飢と疫と災」, 『奈良女子大學食物學會誌』35, 2010

今津勝紀, 「古代災害と地域社會」, 『歷史科學』196, 2009

淺野潔, 「『日本疫病史』データベース化の試み」, 『關西大學経濟論集』54-3·4併合号, 2004

고려대학교일본연구센터 [포스트3.11과 인간: 재난과 안전연구팀] 역, 『검증 3.11 동일본대지진』, 도서출판문, 2012

송완범 외 역, 『제언 3.11동일본대지진』, 도서출판문, 2013

김영근 역, 『일본대재해의 교훈』, 도서출판 문, 2012

保立道久, 『歷史の中の大地動亂－奈良·平安の地震と天皇』, 岩波書店, 2012

保立道久 외, 『津波, 噴火...日本列島地震の2000年史』, 朝日新聞出版, 2013

송완범, 「'3.11'로 보는 역사 속의 동일본대진재」, 『저팬리뷰2012』, 도서출판문, 2012

____, 「'일본율령국가'와 '일본중심주의'」, 『동아시아세계의 일본사상』, 동북아역사재단, 2009

古代中世地震史料硏究會/靜岡大學防災總合センター(http://sakuya.ed.shizuoka.ac.jp/erice/)

村井章介, 「王土思想と九世紀の轉換」, 『思想』847, 1995

今村明恒, 「三陸沿岸に於ける過去の津浪に就て」『東京帝國大學地震硏究所地震硏究所彙報別冊』第1号, 1934

今村明恒, 『鯰のざれごと』, 三省堂, 1941

石橋克彦, 『原發震災 警鐘の軌跡』, 七つ森書館, 2012

北原糸子 編, 『日本災害史』, 吉川弘文館, 2006

メディア·デザイン硏究所, 五十嵐太郎監修, 『3.11/After 記憶と再生へのプロセス』, LIXIL出版, 2012

保立道久, 『歷史の中の大地動亂－奈良·平安の地震と天皇－』, 岩波新書, 2012

寒川旭, 『地震の日本史』, 中公新書, 2007

吉田東伍, 「貞觀十一年 陸奥府城の震動洪溢」『歷史地理』第8卷 第12号, 1906

石橋克彦, 『大地動亂の時代』, 岩波新書350, 1994

伊藤和明, 『地震と噴火の日本史』, 岩波新書798, 2002

寒川旭, 『地震の日本史』, 中公新書, 2011

尾池和夫, 『四季の地球科學』, 岩波新書, 2012

保立道久, 『かぐや姫と王權神話』, 洋泉社歷史新書, 2010

坂本太郎, 『日本古代史』, 東京大學出版會, 1960

井上光貞, 『日本古代國家の研究』, 岩波書店, 1965

森公章, 『古代日本の對外認識と通交』, 吉川弘文館, 1998

坂本太郎, 日本歷史叢書 『六國史』, 吉川弘文館, 1994

細井浩志, 『古代の天文異變と史書』, 吉川弘文館, 2007

遠藤慶太, 『平安勅撰史書研究』, 皇學館大學出版部, 2006

保立道久, 『歷史の中の大地動亂－奈良·平安の地震と天皇－』, 岩波書店, 2012

遠山美都男, 「根據に乏しい『帝紀』·『旧辭』の成立年代」, 『日本書紀は何を隱してきたか』, 洋泉社, 2001

笹川尙紀, 「推古朝の修史に關する基礎的考察」, 笠原永遠男 외 編 『律令國家史論集』, 塙書房, 2010

이재석, 「『續日本紀』편찬의 제문제」, 『일본역사연구』42, 2015

高田淳, 「早良親王と長岡遷都－遷都事情の再檢討」, 『日本古代の政治と制度』, 續群書類從完成會, 1985

長谷部將司, 「〈崇道天皇〉の成立とその展開－九世紀における〈天皇〉の位相－」, 根本誠二 他 編, 『奈良平安時代の〈知〉の相關』, 岩田書院, 2015

五十嵐基善, 「天平期における節度使体制の軍事的意義について」, 『日本古代學』第4号, 2012

송완범, 「8세기 중엽 '신라정토'계획으로 본 고대일본의 대외방침」, 『韓日關係史研究』25집, 2006

_____, 「일본율령국가의 信仰과 災難－'四天王신앙'과 '貞觀대지진'－」, 『일본학』34집, 2012

_____, 「일본율령국가의 天災異変과 정책의 전환」, 『일본사상』제25호, 2013

초출일람

제1부 일본율령국가의 성립과 백제왕씨

제1장 7세기의 왜국과 백제-백제왕자 풍장의 동향을 중심으로-
→「七世紀の倭國と百濟」(『日本歷史』686号, 2005.07
제2장 '백촌강 싸움'과 왜-동아시아 신체제의 재편과 관련하여-
→「백촌강싸움과 倭」, 『한국고대사연구』45집. 2007.03
제3장 백제왕씨의 성립과 일본율령국가
→「'百濟王氏'의 성립과 日本律令國家」, 『동아시아 속의 한일관계사(상)』, 제이앤씨, 2010.05
보론1;
→「'임신의 난'과 日本」, 『史叢』83호, 2014.09

제2부 일본율령국가의 전개와 백제왕씨

제1장 나라시대의 백제왕씨
→「동아시아세계 속의 '백제왕씨'의 성립과 전개」, 『백제연구』44, 2006.08
제2장 유민 후예들의 개사성 기사로 본 백제왕씨
→「일본율령국가의 改・賜姓정책에 대하여」, 『일본역사연구』22집, 2005.12
보론2;
→「고대 일본의 도시와 移動의 문제」, 『동아시아고대학』31, 2013.08

제3부 일본율령국가의 전환과 백제왕씨

제1장 환무천황과 백제왕씨
→「간무(桓武)천황과 백제왕씨」, 『일본역사연구』31집, 2010.06
제2장 일본율령국가의 전환과 백제왕씨의 종언
→「일본율령국가의 變容에 대한 일고찰」, 『일본학연구』31호, 2010.09
보론3;
→「'육국사'의 편찬과 '일본율령국가'의 修史사업」, 『일본역사연구』43호, 2016.06

찾아보기

ㅇ

저자 소개

송완범

고려대학교 사학과 졸업, 연세대학교대학원사학과 석사과정수료, 일본 東京대학교대학원일본사학과 석·박사과정 졸업(문학박사), 현재 고려대학교 교수 겸 글로벌일본연구원 부원장, 동아시아고대학회 회장, 일본역사문화학회 회장(한국일본학회), 한국일본사상사학회 부회장, 한일관계사학회 편집위원 등.

동아시아세계 속의 일본율령국가 연구
　- 百濟王氏를 중심으로 -

2020년 12월 01일 초판 1쇄
2024년 06월 17일 초판 4쇄

지 은 이　　　송완범
발 행 인　　　한정희
발 행 처　　　경인문화사
편 집 부　　　한주연 김지선 김숙희 이보은
마 케 팅　　　하재일 유인순
출판신고　　　제406-1973-000003호
주　　 소　　　(10881) 파주시 회동길 445-1 경인빌딩 B동 4층
대표전화　　　031-955-9300　 팩 스　　031-955-9310
홈페이지　　　http://www.kyunginp.co.kr
이 메 일　　　kyungin@kyunginp.co.kr

ISBN 978-89-499-4928-4 93910
값 22,000원